人の発達段階を考慮したものづくり教育の体系化

大 橋 和 正 著

風 間 書 房

まえがき

　人はものづくりによって高度な文明を築き、生活に潤いをもたらせてきた。道具を使い、機械を活用することで、より高度なものづくりへと技術力が展開されてきた。そのものづくりの根幹を支えるものは子どものころからのものづくり教育である。人は幼いころより遊びの中でものづくりを体験し、道具の使い方やものづくりに向けての正しい知識を感覚として身につけてきた。身近な材料である紙や木を使って、楽しく工作することで、新しい発見や発想が生み出され、やがては学校教育の中で、今まで実践してきたものづくりが、教科の理論へと結びつき、理解が深まってくるものである。

　そこで本書は、このような観点に立ち、人の発達段階に沿って、その人の年齢・時期に実践できるものづくりの考え方・とらえ方・学習のあり方をものづくり教育として体系化したものである。また、人の発達段階による区分を小学校高学年から一般社会人に至るまでの期間を考え、それを1期、2期、3期に分けて、段階的に円滑に能力育成ができるようものづくり教育の本質を追及したものである。

　ものづくりは、設計からはじまり、工程計画を経て、実際に製作するという流れの中での活動であり、年齢・時期によって理解の深まりの程度は異なるものである。たとえば、設計図面には製品の材料から完成に至るまでの詳細な加工・組立情報が詰め込まれており、これを読み解く読解力は年齢によって異なる。子どものころには、子どもなりの論理を持ち、主に感性に訴える能力、児童・生徒には、学校で習った教科と関連づけて論理的に問題解決をはかる能力、学生・一般社会人には、専門分野をベースに論理的・解析的能力を、さらには効率的かつ方略的に問題解決を行うことができる能力等、段階的能力育成を確実に実行することが必要である。そこで、人のそれぞれ

の認知発達段階でのものづくり能力の向上を目指して、年齢・時期ごとに学ぶべき内容とそのめあてを教育の指標として捉え、努力することで、人の成長に応じた確実なものづくり教育の確立と長期的で高度な人材育成が可能になると考える。

　ものづくりは、多くの学問が基礎・基本の領域で関わり合うことによって成り立っている。そして、人の成長に応じて、先進的学問が、基礎・基本の上に積み重なってくることになる。このように積み上がってくる高度な生産に関する知識を、ものづくりという実践活動と共に定着させるためには、義務教育段階から徐々に年齢に応じたものづくり教育を開始し、将来に向けた高度なものづくり力育成のための学習計画づくりが大切になると考える。この学習計画を確実に進めていくために、1期、2期、3期の区切りとなる時期に、ものづくりのパフォーマンス評価を実施し、ものづくり教育の目標到達の程度を客観的に判断できるよう配慮した点に本書の特徴がある。

　従って、ものづくりは学問として、ある時期にのみ一方的に学んでも、年齢に応じてものづくりの経験を継続的に積まなければ、学んだ知識をつながりをもって生かすことはできない。また、生かさなくては本当に勉強をしたことにはならないと考える。幼いころからの、ものづくりに関する理論と実践の融合、まさに中国の儒学者である王陽明のいう「知行合一」の精神と重なる思いである。

　本書を執筆するに当たり、中心的話題になっているものづくりに関しては、とくに恩師である人見勝人先生（京都大学名誉教授）から生産システム工学に関する多くのことを教わり、また懇切丁寧なる研究指導を賜りました。ここに、感謝の意を表し、厚く御礼を申し上げます。

　また、生産工学に関する工作機械の自動化研究では加賀勝也先生（奈良高専名誉教授）、NC駆動系の制御理論に関しては相羽三良先生（山梨大学名誉教授）、機構学・NC組立ロボットに関しては牧野洋先生（山梨大学名誉教授）に感謝の意を捧げる次第です。

このような環境下で、生産に関わる専門研究を深く実践する一方で、新たに技術教育という人の育成に関わる研究分野も開拓しつつ、人の発達段階を考慮したものづくり教育として新しい学問の体系化を目指してきた。体系化したものづくり教育の有効性を実証するために、岡山大学教育学部の学生や同大学大学院教育学研究科の学生、さらには同大学教育学部附属中学校や附属小学校の生徒・児童の皆様方から多大のデータ提供と共に、ご協力を得た。ここに、深く感謝する次第である。結果として、本書が現代の高度なものづくりの継続的教育に対応することを期待しつつ、幼いころより人の成長と共に学びゆく生産教育のひとつの指南書としての存在になればと願うものである。

　なお、本書は日本学術振興会平成26年度科学研究費助成事業（科学研究費補助金）（研究成果公開促進費）の交付を受けて刊行するものである。本書を刊行するにあたり、格別のご配慮を賜った風間書房社長風間敬子様、また細部にわたり原稿を校正してくださった編集部の皆様方に対して、心から感謝の意を表す次第である。

　2014年6月
　　耳順の歳を迎え、素直に学びの大切さ、教育の大切さを感じつつ。

研究室にて
大　橋　和　正

目　次

まえがき

第Ⅰ編　序論 …………………………………………………………… 1
第1章　人の発達段階におけるものづくり教育の必要性 ……… 2
第2章　ものづくりの流れと生産教育論 ………………………… 7
第3章　人のスキル発達段階とものづくり力の育成 …………… 9
第4章　研究の目的と本書の概要 ………………………………… 13
第Ⅰ編の文献 ……………………………………………………… 19

第Ⅱ編　ものづくりの考え方を育て、基礎を培う教育
　　　　（小学校高学年から中学校前半の義務教育期間）……… 21
第1章　ものづくりの導入研究 …………………………………… 24
　第1節　からくり仕掛けの動くおもちゃ ……………………… 24
　第2節　展開図の表し方 ………………………………………… 28
第2章　ものをつくるための製品の設計 ………………………… 32
　第1節　ゴム動力のおもちゃ設計 ……………………………… 34
　第2節　モータ駆動のおもちゃ設計 …………………………… 43
第3章　からくり機構をもつおもちゃ設計の基礎 ……………… 45
　第1節　からくり機構として用いられる機械要素 …………… 45
　第2節　紙を用いた機械要素の工作 …………………………… 47
　第3節　からくり機構の動きの創造 …………………………… 62
第4章　からくりおもちゃの構造設計の基礎 …………………… 66
第5章　ものづくりのための作業の設計 ………………………… 69

第1節　機械活用による作業設計 …………………………………… 69
　　　第2節　人手による作業設計 ………………………………………… 80
　　第Ⅱ編のまとめと考察 ……………………………………………………… 87
　　第Ⅱ編の文献 ………………………………………………………………… 92
　　参考文献 ……………………………………………………………………… 94

第Ⅲ編　ものづくりの基礎基本をふまえ、目標を設定して理論化・最適化を考える教育
　　　　　（中学校後半から高等学校までの期間） ………………………… 95

　　第1章　ものづくりの機構・構造設計に関する基礎研究 …………… 97
　　　第1節　機械要素設計の方法 ………………………………………… 97
　　　第2節　機構解析 ……………………………………………………… 108
　　　第3節　構造設計の方法 ……………………………………………… 111
　　　第4節　機構・構造に基づく製品設計の方法 …………………… 114
　　第2章　ものづくりの工程計画・製作に関する基礎研究 …………… 117
　　　第1節　組み付け作業の数式表現法 ………………………………… 117
　　　第2節　各種工作機械の使用のための作業設計法 ……………… 121
　　第3章　学校教育におけるものづくり評価に関する基礎研究 ……… 139
　　　第1節　旋削加工の作業評価に関する研究 ……………………… 139
　　　第2節　穴あけ加工の作業評価に関する研究 …………………… 155
　　第4章　技能上達のための訓練法に関する基礎研究 ………………… 162
　　　第1節　段取作業における作業熟練と訓練法 …………………… 162
　　　第2節　知的複雑労働の作業熟練と訓練法 ……………………… 173
　　　第3節　パレット上での段取作業習熟への適用 ………………… 182
　　第Ⅲ編のまとめと考察 …………………………………………………… 194
　　第Ⅲ編の文献 ……………………………………………………………… 201

第Ⅳ編 ものづくりの最適化とともに、方略性ある効率化を
　　　　考える教育（大学から一般社会人の期間）……………… 207
　第1章　ものづくりの設計論に関する研究……………………… 210
　　第1節　機械の動きの解析法とシミュレーション……………… 210
　　第2節　機械構造の解析法とシミュレーション………………… 216
　　第3節　パルスモータ制御による設計技術……………………… 224
　　第4節　ディジタル回路技術の最適設計に関する教材研究…… 231
　第2章　ものづくりにおける工程設計の最適化………………… 235
　　第1節　最適な作業工程計画……………………………………… 235
　　第2節　最適な作業編成法………………………………………… 237
　第3章　ものづくりの動的工程計画法に関する研究…………… 243
　　第1節　マシニングセンタにおける工程計画法………………… 243
　　第2節　単一多能生産システムにおける動的工程計画法……… 255
　第4章　技能上達のための動的訓練モデルと訓練法に関する研究…… 267
　第Ⅳ編のまとめと考察……………………………………………… 279
　第Ⅳ編の文献………………………………………………………… 287

本書に関連する著者の学術論文等………………………………… 291
索引……………………………………………………………………… 299

第Ⅰ編　序論

第1章　人の発達段階におけるものづくり教育の必要性

　人は成長するにつれて、基本的で単純なものづくりから、精度ある複雑なものづくりへと知識を深めていく[1-4]。そこで、人の発達段階に沿ったものづくり教育を行うことが重要となる。ものづくりには、その程度によって多くの道具類や機械類が関わってくる。人の成長に応じて道具や機械類を上手に使いこなし、ものづくりの方法論を体系的に習得することで、円滑にものづくりへの興味が芽生えることになる。

　区切りとなる年齢は、幼稚園、小学校、中学校の各時期のような、必ずしも学校単位ごとの時期ではなくて、科学的に立証された認知心理学的な裏付けのある年齢を考える必要がある。

　そこで、子どもの知能や発達、いわゆる認知機能の発達という観点[5-12]から、人はいくつかの段階的発達を遂げるものである。とくに、小学校では7歳から12歳までは具体的操作期といわれ、論理的・形式的に考えることができるようになるが、思考内容はまだ未熟な時期であるという[5-8]。12歳以上になると形式的操作期といわれ、思考は完成した働きをし、科学的・実験的思考が可能になるという[5-8]。

　一方、脳の発達を進化的にみても、10歳児でほぼ大人と同じ大きさの脳をもつという[5-8]。従って、10歳児から12～13歳のころの教育が一つのキーポイントになる。学校種でいえば、小学校5年から中学校1年の時期であり、教育的にも小学校から中学校への橋渡し教育、すなわち接続期の教育が大切であるといえる[8]。

　子どもの発達段階を意識した教育指導は、実際の小学校の教育現場におけるノート指導にも生かされている。たとえば、表Ⅰ-1は、岡山県下の3小

表 I－1　ノート指導上のマス目の大きさ（小学校）

	A小学校		B小学校		C小学校	
	国語	算数	国語	算数	国語	算数
3年	15mm マス	10mm マス	12mm マス	12mm マス	1行 12mm	10mm マス
4年	12mm マス	10mm マス	1行 12mm	10mm マス	1行 12mm	10mm マス
5年	10mm マス	10mm マス	1行 10mm	10mm マス	1行 10mm	10mm マス
6年	10mm マス	10mm マス	1行 10mm	10mm マス	1行 10mm	10mm マス

学校での国語、算数における使用ノートの形式を表にまとめたものである。これより、文字、数字をノートにきっちり書き込むための訓練は、子どもの発達段階に合わせて工夫しており、そのためマス目や行の大きさを各学年で指導しやすい大きさに定めている点である[13]。このような観点においても、5、6年生は認知発達面においても1まとまりのグループとして教育することの妥当性がうかがえる。

とくに、ものづくり教育の観点では、小学校の工作において、5・6年の学年では道具・工具の使用と共に、電動糸のこ盤という機械の使用も安全作業に注意しながら実施されているのが現状である。中学校から新しく始まる技術・家庭科の技術分野へのつながりも意識しながら、ものづくりを指導していく必要があると考えている。

そのためには、小学校での工作指導においては、全体的には道具・工具類の安全な使い方を身につけながら、5・6年では楽しいものづくりだけではなく、精度あるものづくりへの方法論にも気づき、中学校の技術分野で論理的思考力を育成するものづくりへとつながっていくことを期待している。

学校教育の中で、ものづくり教育を考えるとき、小学校段階では、算数、理科、図画工作での学習がベースになり、中学校の技術・家庭の技術分野へつながっていく。また、教科ごとの学習内容と連携活動がものづくり教育の奥深さを物語ることになる。表 I－2は、小学校算数での指導内容である。ものづくりの中でも、設計で必要となる展開図の考え方が学習される。

表Ⅰ-2　小学校算数の指導内容[14]

○小学校（算数）
・三角形、四角形、はこの形、はこづくり（算数2年下）
・円と球（算数3年上）
・直方体、立方体（算数4年下）→見取図や展開図を描く
・面積、円と正多角形、角柱と円柱（算数5年下）
　　　→立体の展開図、組立ててできる立体、分析的考察
・線対象、点対象、拡大、縮小、円の面積、立体の体積（算数6年上下）

表Ⅰ-3　小学校理科の指導内容[15]

○小学校（理科）
・3学年　昆虫のからだ→おもちゃの構造（モノコック構造）基礎
　　　ゴム動力、風力、太陽光→おもちゃの動力基礎
　　　乾電池と豆電球、磁石→おもちゃのしくみ基礎
・4学年　電気のはたらき（電流、電池数、つなぎ方、光電池）、動物（人）のからだ→おもちゃの回路・構造設計
・5学年　電流がうみだす力→電磁石
・6学年　てこのはたらき→おもちゃの構造設計、
　　　てこ（支点、力点等）を利用した道具→ペンチ、はさみ、くぎ抜き、ピンセット
　　　電気をつくる→発電

　表Ⅰ-3は、小学校理科の指導内容であり、設計・製作の基礎となる構造体や動力の知識、電気や力学の基礎が培われる。
　さらに、小学校における図画工作、とくに工作の指導内容を、材料、用具の特徴や技能等の観点から、表Ⅰ-4、表Ⅰ-5に示す。
　一方、中学校におけるものづくり教育は、小学校での工作学習から中学校における技術・家庭科の技術分野に受け継がれ、表Ⅰ-6に示すように、本格的なものづくりに向けて、専門的に考える基盤が確立されることになる。
　9年間の義務教育を終えて、高等学校以降でのものづくりを考える（表Ⅰ-7）。たとえば工業高等学校、さらに大学では、これまでに学習してきた知識をベースにしながら、ものづくりの理論化、最適化など、一歩進めて科学に裏打ちされた論理的なものづくりの方法論やものづくりの評価論、さらには方略的ものづくり論の確立等が急務の課題である。とくに、工業高等学

表Ⅰ-4　小学校図画工作の指導内容[16]

○小学校（図画工作）
材料、用具についての特徴、経験や技能
・紙、はさみの使い方、接着・接合、基本的技能、動くおもちゃの基礎（1・2学年）
　→装飾して遊ぶものをつくる。形や色、材料について知り考え方を養う。
・動くおもちゃをつくる。（3・4学年）
　→材料は簡単でも、動かし方、発想を求める。タイヤをつける。くぎうち。ゴム動力。
・組み木、動くしくみをつくって動かす（5・6学年）
　→電動糸のこぎり、曲線切り、だぼ、カムのしくみ、クランク（針金クランク）のしくみ

表Ⅰ-5　小学校図画工作で使用する用具類[16]

○小学校（図画工作）
材料、用具についての特徴や技能
・1・2学年
　画用紙、色紙、折り紙、はさみ、のり、化学接着剤、セロハンテープ、ホチキス、輪ゴム、竹ひご、磁石、
・3・4学年
　カッターナイフ、カッターマット、両面テープ、かなづち・げんのう、くぎ、ドライバー、木ねじ、くぎ抜き、ペンチ・ラジオペンチ、四つ目ぎり、木工万力、紙やすり、のこぎり、角材・板材、クリップ、はと目・はと目パンチ、
・5・6学年
　はりがね、アルミはりがね、ニッパー、電動糸のこぎり、やすり、蝶番（ちょうつがい）・木工金具、金網、ボルト・ナット、金切りばさみ

表Ⅰ-6　中学校技術・家庭科とくに技術分野の指導内容[17-18]

○中学校（技術・家庭技術分野）
・材料と加工
　材料の性質（木材、金属、プラスティック）構想・設計・製図→工程設計・作業設計→加工方法・組立→製品の評価
・エネルギー変換
　構造・機構設計（機械・電気的しくみ）→動力伝達のしくみ
・生物育成
　動植物を育てる技術→植物工場の計測制御
・情報
　計測・制御のしくみ→センサー技術の応用、インターフェース

表Ⅰ-7　高等学校・大学でのものづくり

○工業高校から大学へ向けてのものづくり教育の深化
・［工業高等学校］工業技術の基礎的・基本的な知識と技術を習得，創造的な能力と実践的な態度の育成
・［大学］高度専門知識の習得と活用、最先端の知識や研究現状と問題点
・生産の最適化、効率化
　学生や作業者個々のスキルに見合った評価とスキル管理
　　　→ゴール・フリー評価につながる課題（ものづくりの教育評価）
　競争相手を意識した方略的意思決定にもとづくものづくり

校では、これまで培ってきた中学校技術・家庭科の技術分野での学習を受け、「工業技術基礎」科目で生徒が円滑に工業に関する専門を学べるよう接続期の教育として配慮している。

第2章　ものづくりの流れと生産教育論

　ものづくりに関しては、子どものころから適切な教育を行う必要性があり、子どもの発達段階に応じて、各種ものづくりの基礎・基本を身につけることが肝要である。ものづくりは設計から工程計画、製作へと段階的につながる必要があり、段階ごとに作業者の技量に応じた適切な訓練を実施することで、実際のものづくり力が養われることになる。

　図Ⅰ－1は、本研究で目指す本格的ものづくり教育の全般的な流れを表したものである。とくに、ものづくりは、設計段階から製作段階へ直接的につながるのではなく、その橋渡しである工程計画というインターフェース的役割の存在の重要性を認識し、理解し学習することで論理的な上手なものづくりの方法論を身につけることができる。また、戦略性のある工程計画論を展開することで、競争的環境下においても有利なものづくりを実践できることになる。

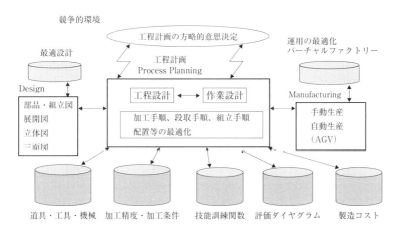

図Ⅰ－1　ものづくりの流れ

具体的には、まず設計段階においては、どのようなものを製作するかを思考しながら、製作すべき製品の適切な形状・重量・構成等が明らかにされる。このとき製品の形の情報伝達手段として図面があり、これがものづくりの根幹を支えることになる。図面に描写されたものづくり情報を基に、工程計画段階では、製作のための工具・機械類の準備段階であり、効率良く作業を進めるためには内容的には工程設計と作業設計に分けて考える必要がある。工程設計は生産工程全体に関する意思決定であり、作業設計は個々の作業に関する具体的な意思決定となる[19]。競争的ものづくりが実施される場合には、この工程計画の実施方法によってはずいぶん異なった斬新なものづくりのあり方・方法が提示できる。

　最後に、製作段階においては、図面情報に基づき、工具・機械類を活用しながら、実際に加工作業や組立作業が実施される。製作の方法論としては、伝統的技法をもとに手づくり生産を行う場合や近代的工場でオートメーションによる自動生産等がある。

第3章　人のスキル発達段階とものづくり力の育成

　日本はものづくり大国でありながら、ものづくり力に関する養成教育は、遅れているのが実情である。そのためには、子どもの発達段階に応じて、小学校の頃からものづくりに慣れ親しむ教育が必要であり、時間（年齢）の経過とともに、段階的教育を経て、大学・社会での高度な技術教育・工学教育へとつながることが求められる。

　そのためにも、人の発達段階を考慮し、年齢からくるスキル上達の程度を基に三段階に区別する。すなわち、第1期を小学校高学年から中学校前半の義務教育期間（10歳～13歳（（小4）・小5～中1））、第2期を中学校後半から高等学校までの期間、第3期を大学から一般社会人（たとえば、技術者）の期間と考える。そして、それぞれの期間に適合したものづくりの基本的学習、理論的学習、技量の訓練理論及び方法論を修得する必要があり、ここで提案するものづくり教育の体系化を基に確立する。

　一方で、ものの流れにおいても、工程計画という図面から製作に移る作業内容を適切に学ぶ必要がある。年齢に応じて、ものづくりを上手に行うには、どのような訓練・学習を実施したらよいかを意思決定することが教育においては求められることになる。そのためにもものづくりに関する訓練理論・学習論の構築と訓練プログラムの適切な実施と評価が求められる[20]。図Ⅰ－2は、その関係図を示したものである。

　ものづくり力の評価としては、目的意識をもち、生産モデルの単純化、最適化、具体化といったシステム工学的アプローチ[19]での最適解を目指した訓練方法や、目的をあえて固定的にもたないで訓練を行う方法等について考察する。具体的には、目標となる技能レベルを単一的にとらえる単一目標評価から複数の目標を同時に満たすことを考える多目標評価[21]、さらには、

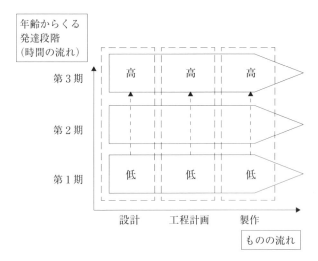

図Ⅰ-2 人の発達段階とものづくりの流れの関係図

その人の力量に応じて、ゴールにとらわれない評価であるゴール・フリー評価法[22]について考察する。そして、それらの評価法の展開とそれをベースにした訓練理論の構築で、人の発達段階に即応した、理論的で適切なものづくり力の養成プログラムが確立できることになる。

実際のものづくり作業は、旋盤、ボール盤、糸のこ盤などの機械や道具・工具類からなるマシンショップで行われ、機械・道具を上手に使って、精度良く作ることが求められる。そのためには、作業者は設計、工程計画、製作の各ものづくり段階で適宜学習・訓練を実施する必要があり、ものづくりに関する訓練・学習理論に基づいて、ものづくり力向上を目指す。

ものづくり力の向上を目指す教育は、設計、工程計画、製作を通して、実際にものを作って実技を強化するだけでは必ずしも効果的とはいえない。人は、製作物の図面を見たとき、実際にものを作らなくても、頭の中でどのようにして作るのか、製作プロセス、使用機械・工具を想定することで、創り方を読む力を育成することで、十分ものづくりのトレーニングになると考え

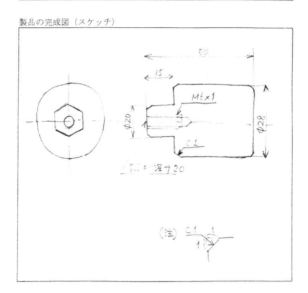

図Ⅰ-3　ねじ回しの柄の製作図

る。実際の製作図面には、製作物の完成情報だけではなく、材料の加工情報から組み立て情報に至る製作プロセス情報が満載されており、それらの情報をいかに抽出し、正確に読み取るかという読解力が大切である。この読解力は、人の発達段階に応じて、人のものづくり経験に応じて異なるけれども、教育することでそれを十分鍛えることができるし、鍛える必要が今求められている。図１-３に示す図面は、真鍮でできたねじ回しの柄の部分の製作図面である。この図面を、教育学部技術教育カリキュラムでものづくり力養成中の大学生に提示し、図面の読解力を確認するために、製作プロセスについて、ことばでの説明を求めた。その結果を図１-４に示す。これは、学生が図面を見て、製作手順を考えてレポートしたものである。

製作工程の読解力（製作工程を文章で書け。）

> 旋盤の切り込み量を 0.5mm に設定して、材料が直径 30mm のシンチュウなので、回転数を 560rpm に設定する。バイトはスローアウェイ・バイトを使用する。柄の部分の切削を 2 回行い、直径を 28mm にする。その後、穴を開ける方の端から 15mm のところまで先程と同じ条件で、切削を 8 回行い、直径を 20mm にする。直径が 20mm 側の中心に穴が開けられるように中心に印をつける。柄を旋盤からはずして、柄をバイスで動かないようにしっかり固定し、ボール盤で下穴を開ける。下穴が開いたら、ボール盤からはずし、M6x1 のタップを使って、ネジ切りをする。以上の作業がすべてすんだら、やすりで角をとったり、仕上げをして完成させる。下穴を開けるときは、ボール盤ではなく、旋盤にドリル工具をつけると、中心に下穴を正確に開けることができる。

図Ⅰ-4　図面から知り得た製作プロセス情報（大学生対象）

　これより、実際にものづくりを行う前段階の教育として、図面から読み取った製作プロセス情報をことばで整理することの難しさ、大切さが伝わってくる。この大学生は、下穴あけ作業は旋盤で可能であることには気づきながらも、経験不足からボール盤の適用を適切であると判断している。また、タップ作業の前段階の作業である下穴を開ける際、ドリル径をいくらにするかの意思決定はなされていない。旋盤を使って円筒切削する際のバイトの切り込み量をいくらにするのか、何回切り込むのか、ねじ切りを行う際の下穴の径はどれくらいにすればよいのか、何よりも安全作業に徹した加工作業を行い、要求通りの製品に仕上げるにはどうすればよいのか、正しい意思決定が求められることになる。

　本研究は、ものづくり力をいかに効果的に養成するかをテーマに考察する。そのためには、小学校の義務教育段階から一貫してものづくりの基礎・基本を学習・訓練し、その人の年齢や技量に応じた、最適な訓練をして、成長に応じてものづくりに関する設計力、工程計画力、製作力を高める必要があると考える。

第4章　研究の目的と本書の概要

　本研究は、社会におけるものづくりの理論と実際を、単に産業を支える製造工程の方法論として学習するのではなく、子どものころからのものづくり教育として、人の成長に併せた人間形成過程でのものづくり教育として、体系的にまとめたものである。

　人は発達段階に応じて、その年齢・時期でできる幾多の教育を積み重ねてきた。とくに、ものづくりの観点でいえば、人は小学生の頃から道具・工具類に触れ、それらを上手に活用してものづくりに励んできた。この時期は、ものづくりに、まずは興味を覚え、面白さを体験する時期でもある。このとき、正しい知識をもって、ものづくりに携わり、次の成長時期へ向けての知識もステップアップさせて、飛躍していく必要がある。

　本研究は、人の発達段階を考慮して、ものづくり教育全般を考えたものである。人の時間的発達段階とものづくりのプロセスを2次元的に表現することで、高度なものづくり技術を人の発達段階と共に、また日本の学校教育の中で、どのように学習・展開して学ぶべきかを考察したものである。2次元的な表現の中の1軸として、ものの流れ軸を考え、これを設計、工程計画、製作という生産プロセスの基本軸とする。そして、人のものづくり経験や発達段階に対応したスキルの獲得などが関与する年齢に応じた時間軸を他の1軸にとり、設計学習、工程計画学習、製作学習を年齢・時間との関連でどのようにとらえ、発展させ学習していくかを、系統的に学ぶ方法論を体系化したものである。

　図Ⅰ-2に示すように、ものの流れ軸をX軸としたとき、ものの流れの基本学習を考える。ものづくりは設計し、製作することが基本である。しかし、設計と製作は無関係に独立したものではなく、前述のように、両者をつなぐ

インターフェース的役割として、工程計画がある。つくるための方法論が設計図の中に刷り込まれているため、それを引き出す読解力が作業者には必要となる。そして、製作準備のための支度が工程計画である。工程計画には、工程設計と作業設計があり、前者は、全体的なものの流れに関する工程の意思決定、後者は具体的な作業に関する意思決定である[23]。

　このようなものの流れの学習においても、人の年齢からくる発達段階（時間の流れ）の第1期、2期、3期では、内容面において、大きく異なってくる。人の成長の第1期段階では、はじめてのものづくりという観点から、ものづくりの考え方を育てることに重点を置いて、できるだけ身近な材料として、たとえば紙を用いてものづくりの面白さを実感してもらうことである。このとき、単につくるだけではなくて、学校で習う多くの教科がものづくりに関わり、論理的・科学的に考える必要があることを知る。これによって、小学校での工作活動の中で、工具の使い方の科学的理解、展開図の描き方の理解、動力としての輪ゴムやモータの活用の理解を通して、中学校でのものづくりの基本学習にスムーズにつながることができる。

　人の成長の第2期段階では、ものづくりの基礎・基本が定着する年齢で、この時期には製作目標を設定して、つくるために理論的に考えることが必要となる。理論的に考えることによって、ものづくりの製作プロセスの最適化を具体的に考えることができるようになる。設計段階においては、機構設計や構造設計のための解析を理論的に考え、工程計画段階では、段取作業を能率的にするための方法論を科学的に分析し、製作段階では、製作のための工作機械や機械類の運用を最適にすることになる。そして、作業者個人個人のものづくりの上達度を科学的に評価しながら、ものづくりのスキル向上についても言及する。

　人の成長の第3期段階では、ものづくりの今までの経験を踏まえて、設計から製作に至るまでのプロセスを解析し、最適化しながら、方略性と効率化を考える必要がある。ものづくりも最適化から、競争相手を意識して、相手

を上回るための設計のあり方、工程計画のあり方、製作のあり方、スキルの身につけ方などに言及する。このことは、設計、工程計画、製作を連携させながら、市場の動きに連動した生産体制のあり方を考察することであり、現代生産の根幹をなす教育として、重要である。

このように、人が成長していく過程の中で、図Ⅰ－2に示すものづくり内容をどのように学習していくかをステージ・マップとして、表現することを考える。

図Ⅰ－5において、記号AからIは、各段階でのものづくり内容を記号で置き換えたものであり、ものづくりを体系立てて、学習するには好都合である。たとえば、E領域を学習するのであれば、第2期のものづくりについて横軸方向の流れを中心に学習し、第2期での工程計画の役割の重要さを学ぶ。また、領域Eは、縦軸方向（人の年齢からくる発達段階軸）の工程計画の中で、第1期、第2期、第3期との連携、協調についても十分学習しておく必要がある。横軸と縦軸を絡めながら、全体を把握して、目的の領域でのものづくりと共に、生涯におけるものづくり教育の指標として、ものづくりに関する全体カリキュラム概要として、学校教育の全体設計に生かすことができると考えられる。

ここで、第1期の領域A、B、Cの内容について、次にまとめる。

図Ⅰ－5　学び方のステージ・マップ

領域A：身近な材料である木、紙等を用いて基礎的な動くしくみ、しっかりした構造、適切な寸法設定からなる工作品（製品）を、スケッチをもとに計画することができる。工作品の動力源については、ゴム動力を基本とするが、モータ駆動の場合は、乾電池の直・並列、豆電球の明るさ等の知識をもとに、計画することができる。

領域B：はさみからドライバー、ペンチ、のこぎりに至る道具類の原理を知り、それを適切に使用することができる。加工機械としては、電動糸のこ盤のしくみを知り、それを上手に使いこなすためのスキルを獲得する。

領域C：材料を上手に加工したり、工夫しながら組み立てたりすることで、工作品（製品）を思い通りに、楽しく仕上げることができる。

　第2期の領域D、E、Fの内容は以下の通りである。

領域D：作りたい製品を図面に描き、製品の動きの解析や構造の解析を理論的に行い、目的をもって、製作の遂行を計画・設計することができる。また、製品の動力源と制御のしくみについては、モータ駆動を基本にし、メカトロニクスの知識を導入して、適切な制御を設計・計画することができる。

領域E：目的の製品に仕上げるために、道具類の適切な使用・管理から旋盤などの汎用工作機械の適切な運用・管理まで、作業設計法を十分考えることができる。また、上手に作るためには段取作業の大切さに気づき、その訓練・教育の方法を科学的に考えながら、全体的なものづくり評価を行うことができる。

領域F：精度の良い均一な製品を作るために、汎用工作機械や数値制御工作機械を活用して、経験と科学に裏打ちされた理屈に合った製作活動をすることができる。

　第3期は、ものづくりを学ぶ過程の完成時期であり、領域G、H、Iの内容を次のようにまとめる。

領域G：ものづくりの目的を明確にもち、製品のメカニズムの最適設計や最適な構造設計、コンピュータシミュレーションの活用で、品質保証された製

品の設計・計画を行うことができる。また、製品の動力源や制御方法については、パルスモータ駆動でディジタル制御を考慮した設計を計画・遂行することができる。

領域H：製品の品質保証のために、汎用工作機械や複合工作機械を最適に運用しながら、バーチャルファクトリー等によるものづくりの全体シミュレーションを通して、競争に負けないものづくりの方法論を考える。また、ダイナミックな環境変化に対応できる工程設計・作業設計を考えながら、作業者の技量の質保証のための訓練・指導法を考える。

領域I：作業者の技量上達のプロセスを理論的に管理しながら、人と機械が一体となって、汎用工作機械や複合工作機械を適切に活用し、競争力あるものづくりの製作法を完成することができる。

以上の考え方を踏まえ、本書はものづくり教育に関する方法論をIV編構成でまとめたものである。

第I編　序論：

ものづくり教育は、人の発達段階に応じて、各種環境下、工作経験をベースに、その都度実施されてきた。また、生涯にわたって人との関わりの中で、とくに生活・産業の中でものづくり教育は必要とされる。しかし、小学校から系統立った教育はなされておらず、他教科との関連を踏まえながら連携した一連のものづくり教育の重要性が指摘されている。そこで、本編では、ものづくり教育の体系化を目指し、系統的なものづくり教育の実践のし方とものづくり力の育成方法について全般的に考察する。

第II編　ものづくりの考え方を育て、基礎を培う教育：

人の発達段階で第1期となる小学校高学年から中学校前半の義務教育期間においては、まずは、楽しみながら、ものづくりの考え方を学ぶ。具体的には、創る喜びの中から、論理的な考え方を身につけていく。身近な材料である紙を使って、おもちゃの製作を通して、見取り図をもとに道具類の段取りを体験しながら、適切に製作していく能力を育成する。

第Ⅲ編　ものづくりの基礎基本をふまえ、目標を設定して理論化・最適化を考える教育：

　人の発達段階で第2期となる中学校後半から高等学校までの期間においては、ものづくりの流れを設計、工程計画、製作として定着化させ、論理的思考の中から解析力を身につけさせる段階である。目標をもったものづくりを理論的に構築できる能力、そこから解析力を生かして最適化を実現できる能力が養われる段階である。また、ものづくり評価やスキルの向上の程度を自己管理でき、個人のものづくりから、グループでのものづくりへと、幅広く対応できる能力を育成する。

第Ⅳ編　ものづくりの最適化とともに、方略性ある効率化を考える教育：

　人の発達段階で第3期となる大学から一般社会人（たとえば、技術者）の期間においては、現代生産に対応できる能力育成を目指す。現代生産段階におけるものづくり教育は、設計、工程計画、製作の流れの中で、コンピュータを活用して、最適生産から相手に負けないものづくりへとステップアップさせる方略的生産教育への展開が必要とされる。そのためには、設計段階では機械、電気といった個別の知識からメカトロニクスなどの複合領域の知識、CAD（Computer Aided Design）関連知識、最適設計に関する知識などコンピュータ活用能力の育成が望まれる。コンピュータを活用した工程計画法はCAPP（Computer Aided Process Planning）と呼ばれ、競争力あるものづくりを実現する中枢的な存在となる。コンピューター援用の製造法はCAM（Computer Aided Manufacturing）と呼ばれ、単機能の工作機械から多機能工作機械、FMC（Flexible Machining Cell）、FMS（Flexible Manufacturing System）など現代生産システムの活用である[19]。これらを有効に活用できる能力育成が望まれる。また、個人個人のものづくり力のスキルアップ、グループによるものづくり力の評価など、人のスキルに関する管理手法の確立も、ものづくり力を進歩させる重要な課題となる。

第Ⅰ編の文献

[1] 大橋和正，"ペーパークラフトによる動くおもちゃの製作実践"，岡山大学教育学部研究集録，Vol. 145, pp. 77-84, 2010.
[2] 大橋和正，"対戦型ロボットの機構設計に関する授業実践"，岡山大学教育学部研究集録，Vo. 129, pp. 97-102, 2005.
[3] 大橋和正，妹尾一道，"ロボットコンテストを利用したものづくり教育に関する研究"，岡山大学教育学部研究集録，Vol. 144, pp. 7-12, 2010.
[4] 大橋和正，暮らしに役立つ技術と工学の基礎知識，共立出版，pp. 3-6, 2008.
[5] J.ピアジェ（著），中垣啓（訳），ピアジェに学ぶ認知発達の科学，北大路書房，2012.
[6] 永江誠司，子どもの思考と言語システムの発達と脳―神経発達心理学序論（Ⅳ）―，福岡教育大学紀要，第55号，第4分冊，pp. 177-193, 2006.
[7] 安彦忠彦（編），子どもの発達と脳科学―カリキュラム開発のために，勁草書房，2012.
[8] 岡山大学教育学部一貫教育専門委員会編，附属学校園における幼・小・中一貫教育の理論と実践―考える力を育てることばの教育―，pp. 7-8, 2013.
[9] 酒井邦嘉，言語の脳科学―脳はどのようにことばを生みだすか，中公新書，2009.
[10] 林成之，子どもの才能は3歳，7歳，10歳で決まる，幻冬舎新書，2011.
[11] 永江誠司，世界一の子ども教育モンテッソーリ（12歳までに脳を賢く優しく育てる方法），講談社＋α新書，2010.
[12] ルドルフ・シュタイナー（著）高橋巌（訳），子どもの教育―シュタイナー・コレクション1，筑摩書房，2012.
[13] 京都女子大学附属小学校編，考える子どもを育てる京女式ノート指導術（小学校国語），2010.
[14] 清水静海，船越俊介，他，わくわく算数，文部科学省検定済教科書小学校算数科用，啓林舘，2011.
[15] 毛利衛，黒田玲子，他，新しい理科，文部科学省検定済教科書小学校理科用，東京書籍，2011.
[16] 日本造形教育研究会，図画工作，文部科学省検定済教科書小学校図画工作科用，

開隆堂出版, 2011.
[17] 加藤幸一, 永野和男 他, 新しい技術・家庭 技術分野, 東京書籍, 2011.
[18] 文部科学省, 中学校学習指導要領 第8節技術・家庭（技術分野）, 2008年3月.
[19] たとえば, 人見勝人, 生産システム工学（第2版）, 共立出版, 1990.
[20] 大橋和正, "生産教育における技能訓練の効率化", オフィスオートメーション, Vol. 22, No. 2, pp. 44-49, 2001.
[21] たとえば, J.P. Ignizio（著）, 高桑宗右ヱ門（訳）, 単一目標・多目標システムにおける線形計画法, コロナ社, 1985.
[22] たとえば, 根津朋実, カリキュラム評価の方法－ゴール・フリー評価論の応用－, 多賀出版, 2006.
[23] たとえば、人見勝人, 入門編生産システム工学（第3版）, 共立出版, p. 66, 2005.

第Ⅱ編　ものづくりの考え方を育て、基礎を培う教育
(小学校高学年から中学校前半の義務教育期間)

小学校でのものづくりは、まず作りたいものを意識することから始まる。それは、図面におこした設計図ではなく、児童にとって意識した作品のスケッチや展開図といった様式であり、自由な発想の見取り図である。その見取り図をもとに、材料や道具・工具類を準備し、加工・組立の容易な状態に整えながら、製作作業の前段階としての段取り作業を実施することになる。この作業が工程計画であり、これまでのものづくりの経験に基づき、上手に作るための段取りが施される。この後、本格的な製作作業が道具・工具類や機械を使って実施されることになる。この段階でのものづくりの流れを図Ⅱ－1に示す。

小学校の工作においては、材料として紙や木材の使用が多く、それらを加工するためのはさみや糸のこ盤など道具の上手な活用が求められる。とくに、電動糸のこ盤は、のこ刃の速度、材料の送り速度、材料を押さえる力等が加工精度に影響を及ぼすため、工程計画の正しい理解と実践が望まれる。

小学校での児童の工作学習、とくに低学年では、まずは身近な紙とはさみを使って楽しく工作することから始まる[1]。しかし、小学校高学年になってくると工作に使う材料の種類も増え、それを加工する道具類についても正しく学習しておくことが重要となる。たとえば、小学校高学年で行う組み木製作では、糸のこぎり、やすり、電動糸のこ盤等を上手に使って木製板を加

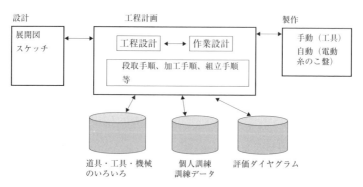

図Ⅱ－1　人の発達段階における第1期でのものづくりの流れ

工する必要がある。このとき、児童は、道具や電動糸のこ盤などの機械の安全作業に注意を払いながら、それらを上手に使うためのテクニックを経験を通して身につけることになる。一方、中学校においては、技術・家庭科の技術分野の授業で加工のための道具・工具・工作機械の使い方を論理的に理解しながら、それらを能率よく活用して、上手なものづくりへとスキルアップしていく[2,3]。このように、小学校、中学校という学校種は異なるが、児童・生徒は発達段階に応じて、ものづくりの方法を体験的、あるいは論理的に理解し、スキルを修得することで、さらなるものづくりのためのスキルアップを図ることが可能となる。このように、義務教育の早い段階で、ものづくりの理論と実践を体験的な学習も交えながら、学ぶことが重要である[4]。

　そこで本研究では、子どもの認知発達段階[5-12]を考えたとき、小学校の段階でものづくり教育の必要性を考え、やがて、それは中学校技術・家庭科の技術分野へと考え方をつないでいくことが大切であると考える。具体的な研究としては、身近な材料である紙を使ったものづくりや板材を用いた組み木製作活動等を考え、そこから派生するものづくりの考え方を学び、考察する。

第1章　ものづくりの導入研究

第1節　からくり仕掛けの動くおもちゃ

　伝統的なからくり仕掛けのおもちゃは、江戸期のころに盛んに作られた。中でも1796年には当時としては画期的な機巧図彙[13]という技術書が出版された。この書物には、多くのからくりおもちゃの内部構造が設計図面として描かれ、また図面だけではなく、その作り方、解説、動くしくみなどが事細かく示されている。

　ここでは、このような伝統的な種々のからくりおもちゃ[13~22]を参考にしながら、まずそれらの動き方、動くためのしくみ作りを学習することから始める。

1．春駒人形
　竹の棒の先端に馬の頭を、末尾に車輪を取り付けた春駒という玩具に、子どもがまたいで遊んでいる様子を人形にしたものである[22]。ぜんまいを巻くと、子どもが頭を振りながら歩き始めると共に、それと連動して馬の頭も動いて、まるで竹馬にまたがって子どもが遊んでいるかのように動くおもちゃである。春駒人形のスケッチを図Ⅱ－2に示す。

2．茶運び人形
　人形の手にもつ茶台の上に茶碗をおけば、その状態で人の方へ移動する。人がその茶碗をとれば止まり、また茶碗を茶台に置けば、人形は振り返りもとの所へもどるというしくみである[13,22]。当時、動力源には鯨のひげで作

図Ⅱ-2　春駒人形

[外観]

[内部構造][22]

図Ⅱ-3　茶運び人形

ったぜんまいを用いた。ぜんまいの力を車軸や他の動軸に伝えるのが歯車である。この歯車には、一緒に動くカムが取り付けられている。このカムが回転して人形を方向転換させるスイッチ役となる。茶運び人形のスケッチを図Ⅱ-3に示す。

3．弓曳き童子

弓曳き童子[7,10]は、からくり人形の中でも、しくみとしては最高傑作の一つである。弓を射る動作は、まるでコンピュータ仕掛けのおもちゃのようである。動力源はぜんまいであり、7枚のカムとひもで動きをコントロール

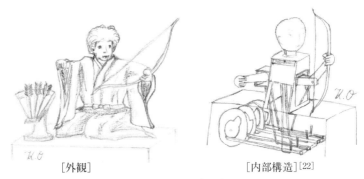

[外観] [内部構造][22]

図Ⅱ－4　弓曳き童子

するしくみである。具体的には、1つのカムで左腕の制御をし、他の6つのカムで、人形の頭、首、肩、右腕の制御をしている。図Ⅱ－4に弓曳き童子の外観と内部構造を示す。

4．指南車

　指南車とは、常時、南の方向を指し示す手押し車のことである。しくみの特徴としては、方位磁石を用いないで歯車を使って実現しているところに特徴がある。この車のしくみは、直線的な進行に対しては左右の車輪の回転の差は生じないが、曲がるときには左右で回転差が発生することを利用したものである。この回転差を利用して方位を特定するところに特徴がある[20]。図Ⅱ－5に指南車の外観を示す。

5．機械式時計（和時計）

　日本では古くから不定時法といって、昼は日の出から日の入り、夜は日の入りから日の出として、それぞれ6等分して時刻を決めていた。従って、昼夜の境、すなわち、夜が明ける時刻を明け六つ、日の暮れる時刻を暮れ六つとした。この方法では、季節によって昼と夜の長さを変える必要があり、定期的に文字盤を交換したり、文字盤表示を自動的に変更させたり、いろいろ

第1章　ものづくりの導入研究　27

図Ⅱ－5　指南車[22]

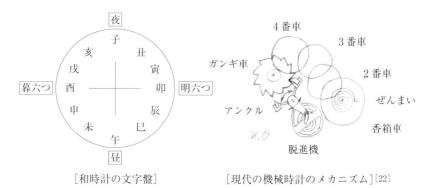

[和時計の文字盤]　　　　　[現代の機械時計のメカニズム][22]
図Ⅱ－6　機械式時計の構造の変遷

なしくみが工夫されて作られた[21]。時計の文字盤には十二支を配置して、時刻を表した。今の時計の文字盤の「12」の位置を「子（ね）」として、時計回りに、「丑（うし）」、「寅（とら）」、「卯（う）」、「辰（たつ）」、「巳（み）」、「午（うま）」、「未（ひつじ）」、「申（さる）」、「酉（とり）」、「戌（いぬ）」、「亥（い）」の順で12等分して配置した。

　動力源としては、ぜんまいを用い、その力を一定に引き出すしくみである。力の伝達には歯車[23]を用いて、ぜんまいの力を長針、短針に伝えている。図Ⅱ－6は江戸期の和時計と現代の機械式時計を示したものである。

表Ⅱ－1　展開図作成時の考慮すべき点

考慮すべき項目	特徴
切りやすくする。	切断精度が向上する。
	切削技能を伴わない。
のりしろ（接続部分）箇所を少なくする。	組立精度をあげる。
	接着の不十分さからくる乖離の防止、接着剤の節約
	強度の均一性が向上する。

6．紙を用いたからくりおもちゃ

　紙を使った工作は、机上で実施可能であり、ものづくりの基本である加工・組立作業が容易である。この点において、ものづくり初心者にとっては、第1期となるこの時期において、紙を使ってからくりおもちゃの製作など、ものづくりの基礎を学ぶことが随分効果的であると考える。

　紙によるおもちゃの製作では、それを組み立てるために、平面上に描いた設計図[24～26]で表すことになる。これが展開図であり、幾通りもある展開図の中から、適切な展開図を選ぶことになる。展開図の描き方によっては、はさみでの切断に技能を必要としたり、のりしろの数が多くなったりすることで、製作と精度・強度の関係を学習することができる。表Ⅱ－1は、展開図の切りやすさ、のりしろ、強度の関係を表したものである。

第2節　展開図の表し方

　展開図は、立体を真正面から見た正面図、上から見た平面図、横から見た側面図をもとに、その他各面を表す図をつないで平面上に広げてできた図である。各面のつなぎ方には、いろいろなパターンがあり、一つの立体に対して、一つの展開図になるとは限らないので注意を要する。

　例として、立方体の展開図を考えると、図Ⅱ－7に示す11通りのパターン

[展開図]

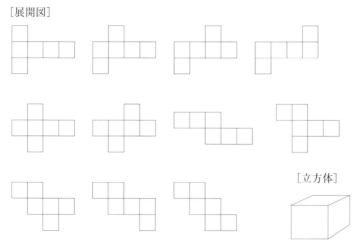

図Ⅱ－7　立方体の展開図（11通り）

[立方体]

が存在する。展開図（図Ⅱ－7）から立体を組み立てるとき、まずは切りやすい展開図であることが必要である。切りやすいということは、切断の際に高い技能を伴わないために、誰でも切断精度を上げることができる。次に、展開図のどの辺とどの辺を接着するかを確認しながら、一方の辺にのりしろをつける必要がある。のりしろ同士は重ならないように、また、なるべく短く、少なくするように心がける。

　のりしろの箇所が少ない、すなわちのりしろ総面積が小さい展開図の利点としては、まずは紙と接着剤の節約になること、次に、貼る作業が少なくてすむこと、また、接着箇所が少ないため、そこからはがれたり、破損が始まったりする心配も少なくてすむことである。これらのことは費用の節約、組立精度の向上にもつながる考え方でもある。

　しかし、のりしろの箇所は、しっかり接着さえすれば、紙の厚みは2倍になるため、紙の曲げ強さを確保できるという長所もある。そこで、紙工作の段階で曲げ強さ等が必要な箇所には展開図の段階で積極的にのりしろをそこにもっていくという方法もある。このことは展開図を書く上で（設計をする

上で)、検討しなければならない重要なことであり、でき上がった製作品の強度の均一性向上につながる考え方である。強度の均一性は、でき上がった作品のねじれ、たわみ、引張り、圧縮の各荷重に対抗できることである。

以上より、一般的には、①切りやすい、②無駄がないように、総のりしろ面積が小さくなるよう展開図を考えながら、でき上がりの製品強度も同時に考えることが大切である。

一例として図Ⅱ-8に示すようなマスコット・ちりとり(スケッチ)の製作を考える。展開図として、図Ⅱ-9に示すように5パターンの図が考えられるが、展開図の描き方によっては、のりしろの箇所数は同じであっても、のりしろの面積が異なることに気付く。表Ⅱ-2にその結果をまとめる。

これらの5パターンの展開図を基に、どのタイプの展開図が製作する際に

図Ⅱ-8 マスコット・ちりとり(スケッチ)

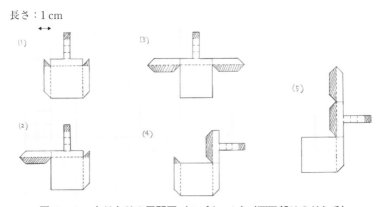

図Ⅱ-9 ちりとりの展開図(5パターン)(▨部はのりしろ)

表Ⅱ-2　展開図とのりしろ面積の比較

展開図のパターン	のりしろ箇所数	のりしろ面積（cm²）
(1)	3	2.0
(2)	3	5.5
(3)	3	9.0
(4)	3	5.5
(5)	3	9.0

(注) 方眼紙1目盛を0.2cmとする。

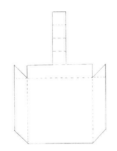

図Ⅱ-10　マスコット・ちりとりの適切な展開図

最も適切であるか考える。

　まずは、展開図を紙に描いたときの切りやすさという観点では、全体的に展開図が凸多角形になっているパターン(1)が理想的である。次に、のりしろ面積を最小にする展開図を選択する。表Ⅱ-2より、パターン(1)の展開図が良いと考える。次に、作品の強度の観点から考える。動力軸のような力のかかる箇所は、ほとんどないため、総のりしろ面積の最小となる展開図（パターン(1)）を選べば良い。

　このような手順に従って、総合的に判断すると、パターン(1)の展開図が最も適切であると考えられる。

　図Ⅱ-10は、図Ⅱ-8のマスコット・ちりとりのスケッチを基に、最適な展開図を描いたものである。

第2章　ものをつくるための製品の設計

　人の発達段階におけるこの時期（第1期）の製品設計の例として、からくりおもちゃの製作を考える。子どもの興味をひくおもちゃとして動力をもつおもちゃをとりあげ、材料として紙を使った場合とブリキ板を使った場合について考察する。

　現代のおもちゃの動力源として、乾電池・モータが多い中で、伝統的なからくり人形の動力源としては、次のようなものがあげられる。

1．ぜんまい

　ぜんまいは、代表的、伝統的な動力源の一つである。とくに、茶運び人形で、動力として用いられているぜんまいは、鯨のひげで作ったものである。長さ四尺、幅五分、厚さ六七厘くらいがよいと機巧図彙[13]には記されている。ぜんまいを巻くことで、その力を一定に引き出して動力として利用する[24]。ぜんまいのスケッチを図Ⅱ－11に示す。

　現代のぜんまいは、鋼帯、鋼線を材料にした金属製のものが主で、硬い材料の方が、大きなトルクを得ることができる。しかし、もろさも持ち合わせているので使用上注意を要する。また、最近のぜんまい用鋼帯には、圧延技術の進歩で、ステンレス鋼も使われている。

2．おもり

　地球上の重力を利用して、金属片（おもり）が落下するときの力を利用する。例としては、昭和期、家庭にあった機械式のはと時計では、くさりにおもりをつるし、それを動力源として用いてきた。おもりにも各種形状のものがある。中でも重錘型おもりは積み重ねて使うこともできるという特徴をも

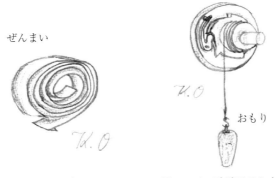

図Ⅱ-11　ぜんまい　　図Ⅱ-12　時計用のおもり

つ。材料の種類としては、クロームメッキを施した黄銅製のものやステンレス製のもの、鋳鉄製のもの等がある。図Ⅱ-12は時計用おもりをスケッチしたものである。

3．ゴム

　機械要素のベルト・ベルト車のベルトとして、紙工作においては、ゴムを使うと便利である。ゴムは弾力があるため、ベルトとベルト車の間に生じるすべりを多少とも緩和する効果がある。ゴムは、ゴム弾性をもった線状の高分子物質であり、生活の中で使用される代表的なゴムは輪ゴムである。輪ゴムの特徴は、少ない力で伸び、大きく伸ばしても元の長さにもどることである。しかし、ゴムは、繰り返し使っているうちに硬くなったり、表面にひびが入ったりして、そのうち切れやすくなる。これをゴムの老化、劣化という。従って、使用するときには、ときどきゴムを点検し、必要ならば新しいものと交換することが大切である。

　輪ゴムは、日本工業規格（JIS規格）「**JIS Z 1701 ゴムバンド**」で大きさ等が決められている。輪ゴムの寸法は、輪ゴムを折りたたんだ全長、すなわち内周の半分の長さをいい、通常、16号輪ゴムがよく用いられる。

第1節 ゴム動力のおもちゃ設計

1. 輪ゴムの特性と活用の仕方

動力として、まずはゴム動力を用いたおもちゃの設計・製作を取り上げ、第1期のおもちゃ製作の考え方について考察する。動力として使う輪ゴムについて、知ることから始まる。輪ゴムは、ゴムバンドとしてJIS規格で大きさが決められている。輪ゴムの寸法としては、輪ゴムを折りたたんだときの全長(折径)や輪の直径など、表Ⅱ－3のように決められている。

輪ゴムの大きさのほか力学的特性[27]についても理解する必要がある。輪ゴムは弾性の性質があり、一定の力を加えると伸び、力を解除すると元の長さにもどる。

12号、14号輪ゴムについての力学的特性を知る実験を試みる(図Ⅱ－13)。

この実験結果から1本の輪ゴムのばね定数が明らかとなり、工作すべき対象物の大きさと使用輪ゴムの号数を決定したり、輪ゴムを保持する箇所の強度補強を決める等、重要な設計データが明らかとなる(表Ⅱ－4)。

号数の同じ輪ゴムを2本束にしてつなぐやり方を、並列つなぎという。この場合、それぞれの輪ゴムは、1/2の大きさの重さを分担することになる。そのため、輪ゴムののび方は1本で支えるときの半分になる。

ここで、動力源として輪ゴムを用いたおもちゃの製作例を考える。

表Ⅱ－3 輪ゴムの大きさについての規格表

号数(号)	折径(mm)	直径(mm)	号数(号)	折径(mm)	直径(mm)
6	17	11	12	40	25
7	20	13	14	50	32
8	25	16	16	60	38
10	35	22	18	70	45

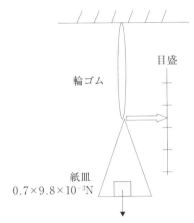

図Ⅱ－13　輪ゴムの特性実験

表Ⅱ－4　輪ゴムの特性実験結果（紙皿別）

12号輪ゴム		14号輪ゴム	
おもり（×9.8×10⁻³N）	輪ゴムの全長(mm)	おもり（×9.8×10⁻³N）	輪ゴムの全長(mm)
10	40（折径の状態）	10	50（折径の状態）
20	42	20	52
30	44	30	55
40	46	40	56
50	48	50	60
60	50	60	65
70	53	70	68
80	55	80	72
100	60	100	81
120	70	120	93
150	82	150	114

図Ⅱ-14に示すねずみのメモホルダーの製作[1]では、ねずみの頭部を多面体（10面体）構造とし、その内部の2つの多面体頂点を輪ゴムで結ぶことで、口部の開閉のメカニズムとする。従って、正確な口部の開閉を保証するためには、輪ゴムの弾性的性質を考慮して、頭部としての適切な大きさの多面体を設計することが肝要である。図Ⅱ-15にねずみのメモホルダーの展開図を示す。図Ⅱ-16は、その組立て手順と内部構造を示したものである。

今、ねずみの頭部は底辺50mm、2辺55mmからなる二等辺三角形10個か

図Ⅱ-14　完成したねずみのメモホルダー[1]

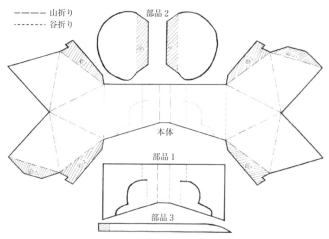

図Ⅱ-15　ねずみのメモホルダーの展開図[1]（ただし、▨部はのりしろ）

ら構成された10面体であり、適用する輪ゴムの長さをyとする。図Ⅱ-17と図Ⅱ-18にねずみの図面と長さyの位置関係を示す。

図Ⅱ-18より、輪ゴムを含むねずみの頭部中心を通る縦断面は五角形となり、これを幾何学的に解くことによって、x=42.5、y=80.9となる。

これより、1本の輪ゴムを用いる場合には、折径60mmの16号輪ゴムを用

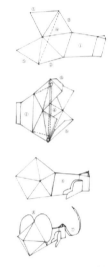

図Ⅱ-16 多面体構造のねずみ頭部内の輪ゴムの取り付け箇所[1]

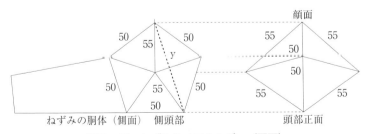

図Ⅱ-17 ねずみのメモホルダー（図面）

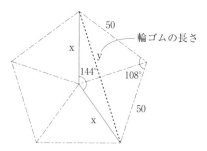

図Ⅱ-18　頭部中心を通る縦断面（拡大図）

いることが適切であると判断でき、設計に生かすことができる。

　ここで展開している手順は、まず適当にねずみの大きさを決めて後、それに合う輪ゴムを用いるという方法ではなくて、最初から使用する輪ゴムの大きさを決め、輪ゴムが有効な弾性体としての機能を発揮するように、ねずみ本体の大きさを決めるという流れである。従って、この時期においては、論理的に計算通りにものづくりを行うという設計のおもしろさを感じる時期でもある。

2．輪ゴム動力のヘリコプター

　中学生対象、あるいは小学生でも興味のある高学年の児童を対象とするペーパークラフトを考える。題材はプロペラの回るヘリコプターの製作とすることで、動力としては6号の輪ゴムを用いる。動力伝達の部分は強度が必要であり、そのためにはのりしろを積極的に活用した展開図づくりを考える。ヘリコプターという身近な乗り物を紙を使って形を作るだけでなく、ゴム動力でプロペラを回すしくみを工夫することで、通常のおもちゃ設計感覚で製作できる。

　図Ⅱ-19に製作するヘリコプターの外観を示す。このヘリコプターは、9個の部品からなり、その展開図を図Ⅱ-20に示す。構造は簡単で、本体の中心部分に小さめの6号輪ゴムを配置し、ゴムのねじれのエネルギーをその真

第 2 章　ものをつくるための製品の設計　　39

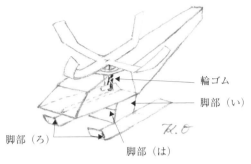

図Ⅱ-19　ヘリコプターの外観

上のプロペラに直接伝えるしくみである。

[展開図の組み立て方]
① 9個の部品をはさみを使って、正確に切り取る（図Ⅱ-20）。
② 本体を折り目に沿って折り、とくに輪ゴムをひっかける部分はのりしろを兼ねるようにし強度を上げる配慮をしている。本体を図Ⅱ-21を参考にしながらのりづけを行う。
③ 本体に尾翼をとりつけ、のりづけする。
④ プロペラの回転軸を組み立てる。このとき、輪ゴムをひっかける部分は先の「のりしろ合わせ」の箇所のみのりづけする（図Ⅱ-22参照）。
⑤ プロペラ回転軸の所定の位置に回転軸の軸受をとりつけ、のりづけする。このとき、軸受は回転軸に貼りつけるのであって、本体にはのりづけしないように注意する必要がある。また、軸の他方は切込みを入れ、十字に折り曲げてプロペラの中心に貼りつける（図Ⅱ-22参照）。
⑥ ヘリコプター本体に脚部（い）をとりつける。本体と脚部の取り付け位置は、外観図（図Ⅱ-19）に示すように、本体最後部の位置にすることで、ヘリコプターのバランスがとれることになる。脚部（い）に脚部（ろ）を取り付け、最後に補強のために脚部（は）を貼り付ける（図Ⅱ-21）。

⑦ プロペラは、図Ⅱ-22に示すように、少しカールさせることで、尾翼との接触を防ぎ、美的感覚を増す。
⑧ すべてののりづけが終了し、乾いた後に、ヘリコプター後方からピンセ

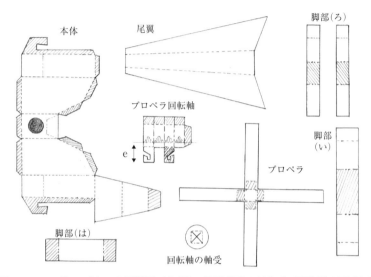

図Ⅱ-20 ヘリコプターの展開図 (ただし、▨部はのりしろ、■部は切り取り)

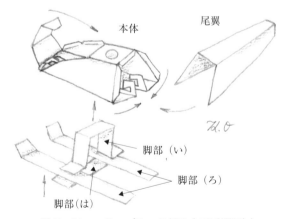

図Ⅱ-21 ヘリコプターの組み立て手順図(1)

ットを使って、6号輪ゴムを挿入する。

図Ⅱ―23は完成したヘリコプターの全景である。

ここで、適用する輪ゴムについて理論的に考える。今、使用する輪ゴムの長さを x とする。図Ⅱ―24と図Ⅱ―25にヘリコプター本体内部図面と輪ゴムの長さ x の位置関係を示す。

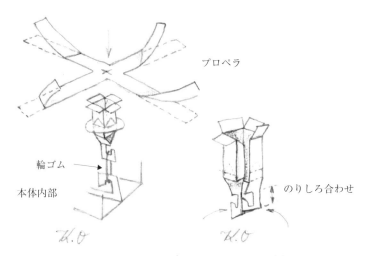

図Ⅱ―22　ヘリコプターの組み立て手順(2)

図Ⅱ―23　ヘリコプター完成図（写真）

$$d^2 = \left(a - \frac{b}{2}\right)^2 + y^2$$

これより、

$$y = \sqrt{d^2 - \frac{(2a-b)^2}{4}}$$

以上より、輪ゴムの長さ x は

$$x = y - e - c$$

となり、輪ゴムの号数を求めることができる。

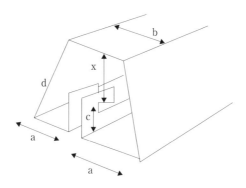

図Ⅱ－24　ヘリコプター本体内部図

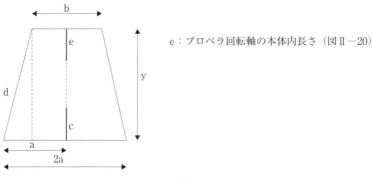

e：プロペラ回転軸の本体内長さ（図Ⅱ－20）

図Ⅱ－25　ヘリコプター本体内部正面図

第2節　モータ駆動のおもちゃ設計

　代表的なおもちゃ設計として、ここでは、モータ駆動のヘリコプターの製作を考える（図Ⅱ－26）。板材として厚さ0.3mmのブリキ、板材同士の結合にはリベットを用いたブリキのおもちゃ製作である。図Ⅱ－27にその展開図を示す。材料としてのブリキは、鋼板にスズを被膜したものであり、材料としての強度も十分である。ブリキ製ヘリコプター本体内に1個のモータを固

図Ⅱ－26　製作するヘリコプターの外観

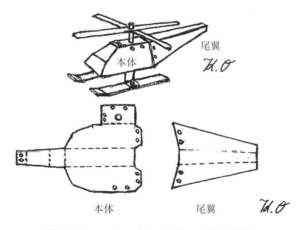

図Ⅱ－27　ヘリコプター本体と尾翼の展開図

表Ⅱ-5　乾電池の数とモータの回転数、豆電球の明るさの関係

乾電池のつなぎ方	特徴
いくつかの乾電池を直列につなぐ。	乾電池を多くつないでいくと1個のモータは速く回る。
	乾電池1個の場合より、豆電球は明るくつく。
いくつかの乾電池を並列につなぐ。	乾電池を多くつないでも1個のモータの速さは変わらない。
	乾電池1個の場合と豆電球の明るさは変わらない。

表Ⅱ-6　乾電池1個に対して豆電球のつなぎかたと明るさとの関係

豆電球のつなぎかた	特徴
複数の豆電球の直列つなぎ	豆電球1個のときより暗い。
複数の豆電球の並列つなぎ	豆電球1個のときの明るさと変わらない。

定し、モータの出力軸に直接プロペラを取り付ける。乾電池は電池ボックスと共に尾翼の中にねじ止めする。プロペラの回転数を上げることも考える。

　1個のモータの回転数を上げたい場合は、複数の乾電池を直列につなぐとよい。並列につないでも回転数は上がらず、重量のみが2倍になり、広い電池収納場所の確保が問題になる。

　乾電池1個に対して豆電球2個を並列につなぐと、豆電球1個あたりの明るさは変わらないが、全体としての明るさは2倍になる。しかし、乾電池は速く寿命に達することになる。理科で学んだ知識を設計に生かすことになる。以上、乾電池の数、モータの回転数、豆電球の明るさとの関係をまとめたものを表Ⅱ-5と表Ⅱ-6に示す。

　結論として、プロペラの回転数を上げるための方策としては、もう1個電池を増やし、電池2個直列のつなぎ方で対応することになる。ただ、設計上、乾電池数が2個になり、細長い電池格納スペースが必要となる。

第3章　からくり機構をもつおもちゃ設計の基礎

第1節　からくり機構として用いられる機械要素

1．カム

カムは回転軸に取り付け、回転運動を往復運動に変換する機械要素である。歯車と共に、カムは古くから利用されてきた。カムの種類としては、板カムのほか、溝を利用する溝カム、立体的に動く立体カムなど豊富である。図Ⅱ—28にカムの外観図を示す。

2．歯車

歯車は、その円周上に歯を切り、歯と歯をかみ合わせることによって、動力を確実に伝達する機械要素の一つである[28~30]。歯車の材質には、金属、木、プラスティック等各種あるが、木製の歯車は、古くから製造され、使用されてきた。木製の1枚板から歯車の全歯形を写し取ると、板の木目が一方向のため、歯先が欠けやすくなる。そこで、茶運び人形の歯車は、木製の鋸

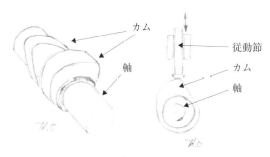

図Ⅱ—28　エンジン部品に使われるカム

46　第Ⅱ編　ものづくりの考え方を育て、基礎を培う教育

　　［現代歯車］　　　［歯形が三角形の木製歯車］　　［歯形が四角形の木製歯車］

図Ⅱ－29　歯車の歴史

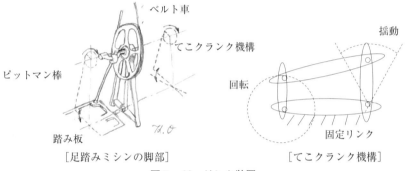

　　［足踏みミシンの脚部］　　　　　　　　［てこクランク機構］

図Ⅱ－30　リンク装置

歯状歯形の歯車で、木目を歯先へ向くように揃えて6枚の扇型に分割して、それらを張り合わせて作っているという点に特徴がある[13]。

　現代の歯車は強度等を考えて金属製のものが多く、その歯形は三角形や四角形、鋸歯状ではなく、なめらかに転がるよう歯形に丸みのあるインボリュート歯形、サイクロイド歯形などが用いられている。図Ⅱ－29に伝統的な歯車と現代歯車を比較して示す。

3．リンク装置

　既定の長さのいくつかの棒同士を両端でピン止めし、動くようにした装置である。とくに、4つの棒からなるリンク装置は、リンク機構の基礎として有名である。具体的な機構としては、てこクランク機構、両てこ機構、両ク

第3章 からくり機構をもつおもちゃ設計の基礎　47

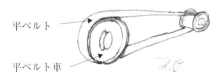

図Ⅱ-31　平ベルトとベルト車

ランク機構、さらには、てこクランク機構の変形タイプとして、4つ棒ではないが、スライダークランク機構もある。足踏みミシンの脚部[29]には、てこクランク機構が応用されている[29,30]。図Ⅱ-30はリンク装置の動きを説明したものである。

4．ベルトとベルト車

　一つの回転軸から他の回転軸に力を伝達するとき、軸間距離が長い場合には、平ベルトを使った伝動方式が古くから用いられてきた[28~30]。ベルト伝動方式の利点は、ベルトの掛け方（平行掛け、たすき掛け）を工夫することで、軸の回転方向を容易に制御できる。

　使用上注意すべき点としては、ベルト車とベルトとの間ですべりを生じる場合があることである。その場合には、すべりを少なくする工夫が必要である。図Ⅱ-31は標準的な平ベルトと平ベルト車を示したものである。

第2節　紙を用いた機械要素の工作

　機械的メカニズムをもつ動くおもちゃやからくり機構を分解してみると、歯車やカムなどいくつかの機械要素で構成されていることがわかる。ここでは、紙を用いた機械要素の立体的な作り方について考え、実際に製作して動きを観察する。

1. カム

　カムには、板カムや溝カム、立体カムなど多くの種類があるが、ここでは基本的なカムである板カムについて、その特徴と作り方について述べる。カムは、前述のように、回転運動を各種の往復運動へと変換する機械要素の一つである。このとき、どのような特性の往復運動をもたらすかはカムの形状（輪郭）によって決まる。

　従って、目的として取り出したい往復運動がわかっていれば、カムの輪郭は次のような方法で描くことができる。

　図Ⅱ－32に示すように、回転運動をするカムの各回転角に対して、従動節の変位をグラフで表す。これをカム線図（変位線図）といい、これを基にカムの輪郭を求める[30, 31]。

　カム輪郭の描き方としては、図Ⅱ－32に示すように、まず基礎円を設定する。カムの任意の回転角に対する従動節の変位を、基礎円上で同じ回転角に対する変位として、その半径方向外向きにとる。たとえば、カムの回転角90°のときの従動節の変位は※1印の位置（図Ⅱ－32）であるため、基礎円上では回転角90°で※2印の位置に対応することになる。カム1回転ですべて

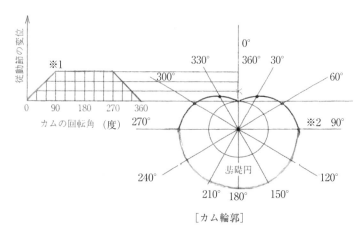

図Ⅱ－32　台形特性のカム輪郭の描き方

の回転角に対して、同様の方法で基礎円をベースにカム輪郭を作図する。

これより、求められたカム輪郭に厚みをつけた板カムの展開図を図Ⅱ-33に示す。また、実際には、カムの中心に軸を通して、その動きを学習することになる。以下に、板カム本体、カム軸、軸受ボックスを作成できる展開図を図Ⅱ-33、図Ⅱ-35に示す。また、それらの組み立て方についての手順の詳細を次に示す。

［カム本体の展開図の組み立て方］
① 図Ⅱ-33に示す展開図において、表面と裏面の同じ形のカム輪郭に、側面が付加されたカム本体の外形をはさみで正確に切り取る。

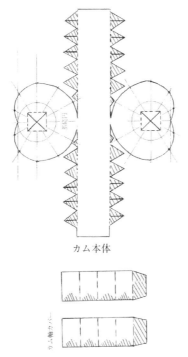

図Ⅱ-33 カム本体の展開図（ただし、▨部はのりしろ）

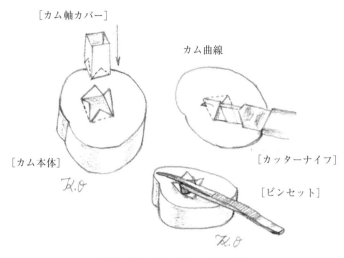

図Ⅱ-34 カム本体の中心軸部

② カム本体の中心に軸を通すために、カッターナイフを用いて、図面通り、中心に×印の切り込みを入れる。
③ ×印に切り込んだ部分の一端にカッターナイフを差し込み三角形を外側に90°折り曲げ、図Ⅱ-34のように4つの二等辺三角形をカム表面に垂直に立てておく。
④ カム側面ののりしろ部にボンドをつけ、カムの側面と表面、裏面を接着する（カム本体の組立）。
⑤ カム軸カバーをつくり、図Ⅱ-34のようにカム本体の表裏両面の中心軸部にはめ込み、垂直に立つ二等辺三角形の部分を軸カバーにボンドで接着する。

［カム軸受ボックス等の展開図の組み立て方］
① 図Ⅱ-35の展開図に描かれたカム軸、カム従動節、従動節面、軸受ボックスをはさみを用いて、正確に切り取る。
② 軸受ボックスにある切り抜き穴（丸穴、角穴）をカッターナイフで切り

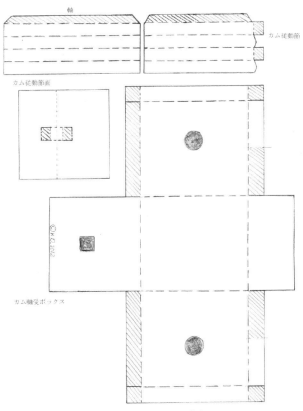

(注) ▨部はのりしろ、■部は切り取り
図Ⅱ-35 カム軸受ボックス等の展開図

ぬく。軸受ボックスを組み立てる（図Ⅱ-36）。
③ カム従動節をつくり、軸の端面を従動節面の点線部に貼り付ける。
④ 従動節面に貼り付けたカム従動節を軸受ボックスの上部角穴に通す。
⑤ 従動節面を指で持ち上げ、図のようにカム本体を軸受ボックス内に入れる。
⑥ 軸受ボックスの側面外側から丸穴にカム軸を通し、さらにカム本体の軸穴に通してボックス側面の丸穴から、箱外に貫通させる（図Ⅱ-37）。カムの完成図を図Ⅱ-38に示す。

[カム軸受ボックス]

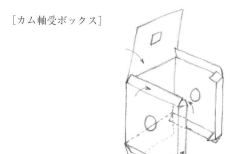

図Ⅱ-36 カム従動節と軸受ボックスの組み立て

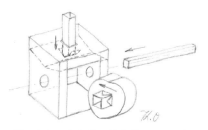

図Ⅱ-37 カム、カム軸、軸受ボックスの組み立て

図Ⅱ-38 カム完成図の写真

2. 歯車

　江戸時代に用いられていた歯車は、歯形が三角形や四角形のものが多く[13]、転がるたびに角が欠け、伝達効率の悪いものであった。歯形がどのような曲線であれば、回転もなめらかに、かつ正確に力を伝えられるかについて考える必要があった。そのうち、歯形は丸みをもつことが経験的によいとされてきた。17世紀後半になると、歯形を理論的考えるようになり、サイクロイド曲線が歯形に良いとされてきた。この曲線は、大きな円の円周上を小さい円が転がるとき小さい円の円周上の一点が描く軌跡である。これを歯形として用いるとなめらかにかみ合うため、時計の歯車として精密機械用に使われてきた。理論面でいえば理想的な歯車ではあるが、軸間距離が少しでもずれると動かなくなったり、加工が難しいという難点もある。

　18世紀になると理論に裏打ちされたインボリュート曲線を歯形にもつインボリュート歯車が登場してきた[28～31]。インボリュート曲線とは、円筒に巻きつけた糸の先端をもって、張った状態で糸をほどいていくとき、糸の先端が描く軌跡である。インボリュート歯車も同様に、なめらかにかみ合い効率の良い歯車として、圧倒的多くの歯車に活用されている。インボリュート歯形はサイクロイド歯形に比べると加工がとても容易であり、軸間距離が少し変化しても円滑に動くことができるという長所もある。

　図Ⅱ-39は、サイクロイド歯形とインボリュート歯形の説明図を描いたものである。

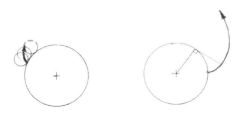

図Ⅱ-39　サイクロイド歯形とインボリュート歯形

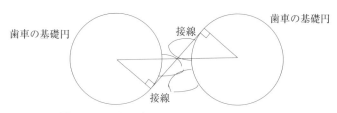

図Ⅱ-40　インボリュート歯形のかみ合い[32]

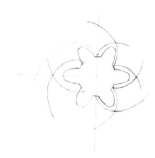

図Ⅱ-41　インボリュート歯車の基本的な描き方の説明[33]

　インボリュート歯車が、とくに優れているのは、いつも一定の方向に力を掛けていることである。図Ⅱ-40は、歯と歯がかみ合ったときの関係を示したものである。歯と歯の接触点は一点であり、その点から歯車上の基礎円に接線をおろすと、その接点がまさにインボリュート曲線上になる。従って、常に接線方向への力が働き、回転力がスムーズに伝わることになる。

　インボリュート歯車を描く手順としては、まず基礎円を描き、その円周上を歯の数に等分する。等分された円周上の各点から正方向、反対方向にインボリュート曲線を描くことでインボリュート歯車の外形が求められる。図Ⅱ-41は、インボリュート歯車の基本的な描き方の説明図である[32,33]。

　描き終えたインボリュート歯車にのりしろや歯の厚み（歯厚側面）をつけた歯車の展開図を図Ⅱ-42に示す。カムの場合と同様、歯車の中心に軸を通して、運動伝達を行うことになる。以下に、歯車、軸カバーを作成できる展

第3章 からくり機構をもつおもちゃ設計の基礎　55

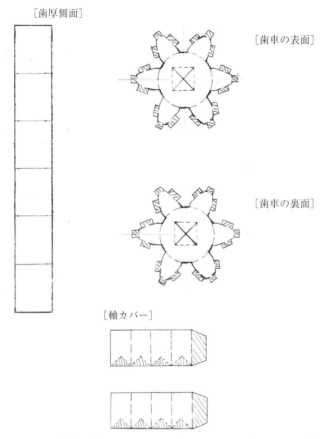

図Ⅱ-42　歯車、軸カバーの展開図（ただし、▨部はのりしろ）

開図（図Ⅱ-42）とそれらの組み立て手順（図Ⅱ-43）、完成図（図Ⅱ-44）を示す。なお、軸受ボックスはカムの軸受ボックスと共通である。

［歯車本体の展開図の組み立て方］
① 図Ⅱ-42において、歯車の表面と裏面の両方と側面、そして軸カバーの展開図をはさみで正確に切り取る。

② 歯車本体の中心に軸を通すために、カッターナイフを用いて、中心に×印の切り込みを入れる。
③ ×印に切り込んだ部分の一端にカッターナイフを差し込み三角形を外側に90°折り曲げ、カム軸の場合と同様、4つの二等辺三角形を歯車表面に垂直に立てておく（図Ⅱ-43）。
④ 歯車の歯厚側面（図Ⅱ-42）を6等分して切っておく。それらを一つ一

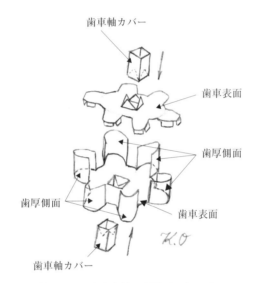

図Ⅱ-43　歯車本体の展開図の組み立て

 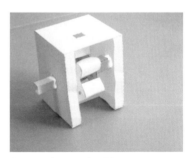

図Ⅱ-44　歯車、軸、軸受ボックス完成図（写真）

つを歯の上に巻くためにカールさせておく。
⑤ 歯車ののりしろ部を折り、そこにボンドをつけ、一つ一つの歯車と側面を丁寧に接着する。6枚の歯厚側面を接着する（歯車本体の組立）（図Ⅱ-43）。
⑥ 同様にして歯車の裏面もひとつひとつの歯ごとに接着を繰り返す。
⑦ 歯車の軸カバーをつくり、カムの場合と同様に、それを本体の表裏両面の中心軸部にはめ込み、二等辺三角形の箇所をボンドで接着する。
⑧ 軸カバーに差し込む軸は、カム軸と共通である。
⑨ カムの軸受ボックスを共通使用し、そこに軸を通した歯車を入れる（図Ⅱ-44）（終了）。

3．リンク装置

いくつかの棒材（リンク）を組み合わせて、各種の動きのメカニズムを作り出すことができる。とくに、4つの棒の両端をピン止めして連結すれば、基本的な4つ棒リンク装置になる[29,30,34]。ここでは、4つ棒機構ではないが、簡単な例として、棒材の連結だけで回転運動になるクランク機構の基礎モデルを作ることを考える（図Ⅱ-45）。

また、実際の適用では、クランク軸とその軸受ボックスが必要であり、それらの展開図と組み立て手順、完成図を示す（図Ⅱ-46、47、48、49、50）。

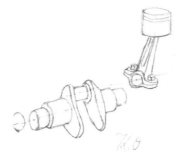

［エンジンのクランク運動］
図Ⅱ-45　クランク機構の基礎モデル

58　第Ⅱ編　ものづくりの考え方を育て、基礎を培う教育

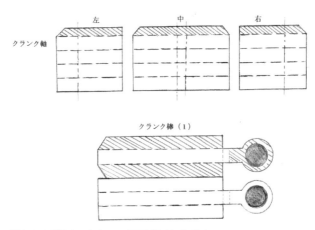

(注)　▨▨部はのりしろ、■■部は切り取り

図Ⅱ－46　クランク棒・クランク軸の展開図

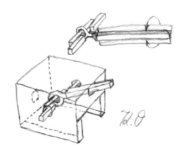

図Ⅱ－47　クランク棒の組み立て図

［クランク棒・クランク軸本体の展開図の組み立て方］
① 　クランク棒、クランク軸の展開図をそれぞれはさみで切り取り、それらを組み立てる。なお、クランク棒先端部の輪の部分の組み立ては図Ⅱ－47の図のように行う。
② 　クランク軸（中）を組み立て、クランク棒の先端の輪をクランク軸（中）に通しておく。
③ 　クランク軸（左）とクランク軸（右）をそれぞれ組み立て、それらをク

ランク棒を挿入したクランク軸（中）の所定の位置で接着する（図Ⅱ-48）。

図Ⅱ-48 クランク軸本体の組み立て（写真）

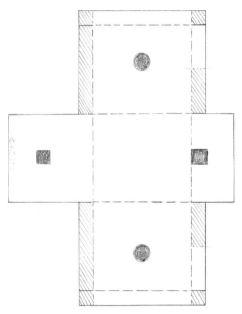

図Ⅱ-49 クランク軸受ボックスの展開図
（注：▨部はのりしろ、■部は切り取り）

図Ⅱ-50　クランク用軸受ボックスの完成図（写真）

［クランク用軸受ボックスの展開図の組み立て方］
① 図Ⅱ-49の展開図に描かれたクランク用軸受ボックスをはさみを用いて、正確に切り取る。
② 軸受ボックスにある切り抜き穴（丸穴、角穴）をカッターナイフで切りぬく。
③ クランク用軸受ボックスをカム軸受ボックスと同様の手順で組み立てる
④ クランク棒を軸受ボックスのどちらかの角穴に通す。
⑤ クランク軸を軸受ボックスのそれぞれの丸穴に通す（図Ⅱ-50）。

4．ベルトとベルト車

　軸間距離が長い場合の動力伝達に適している。ベルトなどによる動力の伝動装置のことを巻掛け伝動装置[24〜26]といい、ベルトの掛け方によって、回転方向を自由に変更することができる。ベルトの断面形状によって、平ベルトとVベルト等がある。ここでは、伝統的な平ベルト・平ベルト車（平プーリ）について考える。

　以下に、ベルト車、軸カバーを作成できる展開図とそれらの組み立て手順、完成図を示す（図Ⅱ-51、52、53）。なお、軸受ボックスはカムや歯車の軸受ボックスと共通である。

第3章 からくり機構をもつおもちゃ設計の基礎　61

[ベルト車本体の展開図の組み立て方]
① 平ベルト車（平プーリ）の展開図（図Ⅱ-51）をはさみで正確に切り取る。
② 平ベルト車本体の中心に軸を通すために、カッターナイフを用いて、平ベルト車の中心に×印の切り込みを入れる。
③ ×印に切り込んだ部分の一端にカッターナイフを差し込み三角形を外側に90°折り曲げ、カム軸の場合と同様、4つの二等辺三角形を歯車表面に垂直に立てておく。
④ 平ベルト車側面ののりしろ部にボンドをつけ、平ベルト車の側面と接着する（平ベルト車本体の組立）。
⑤ 平ベルト車の軸カバーをつくり、カムの場合と同様に、それを本体の表裏両面の中心軸部にはめ込み、二等辺三角形の箇所をボンドで接着する。
⑥ 軸カバーに差し込む軸は、カム軸と共通である。

図Ⅱ-52は、完成した平ベルト車を示したものである。
以上、同様の手順で平ベルト車と軸受ボックスをそれぞれ2つ作る。2つの軸受ボックスを2段に重ね、ベルトとして18号輪ゴムを使う。図Ⅱ-53に完成したベルト・ベルト車用2段式軸受ボックスを示す。

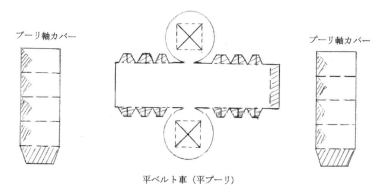

図Ⅱ-51　ベルト車、軸カバーの展開図（ただし、▨部はのりしろ）

62　第Ⅱ編　ものづくりの考え方を育て、基礎を培う教育

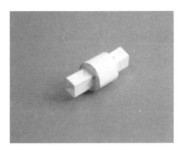

図Ⅱ-52　平ベルト車、軸カバーの完成図（写真）

図Ⅱ-53　ベルト・ベルト車用2段式軸受ボックス

第3節　からくり機構の動きの創造

　目的の動作を実現するためには、機械要素を組み合わせた機構の選定が重要となる。
　どのようなしくみにするか正解が一つあるわけではない。今までの知識をフル活用して、新しいメカニズムを考えることこそ、思考力の育成につながると考える。ここでは、目的の動作をさせるためのしくみのあり方[35]について考える。

1. 動力源の回転運動を一つの往復運動に変換するしくみ

図Ⅱ-54のように、箱の側面に出た中心軸に円盤（動力源）が取り付けられ、箱の前方には棒の先端が飛び出て、内部のしくみが隠された箱（Black Box）がある。箱の側面に出ている円盤を回転させると箱から突き出た前方の棒が前後の往復運動をする。動力源として円盤が回転し、その動力が棒の往復運動につながる箱の内部のしくみを考えてみる。

［考え方のヒント］

回転運動を往復運動に変換するしくみである。これまでに学んだ機構を参考にして考える。リンク装置を使う場合にはスライダークランク機構となるが、スライドする軸を支える必要がある（図Ⅱ-55の上図）。カムを使ってもこの変換運動を容易に実現できる。ただ、カムの従動節の棒の動きが垂直方向の往復運動ならば、その復路工程では棒が自然に落ちてくる。しかし、この場合は、水平方向での往復運動なので、棒の戻るしくみが必要となる。そこで、カムの中心軸と従動節の棒を輪ゴムでつないでおけば、反力を利用して戻る力が生じることになる（図Ⅱ-55の下図）。また、安定した棒の往復運動を得るためには、棒の往復運動を支えるガイドの存在等工夫する必要がある。

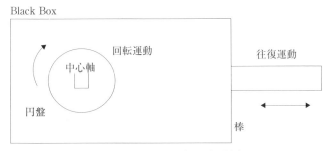

図Ⅱ-54　メカニズムの創造(1)

［解答の一例］

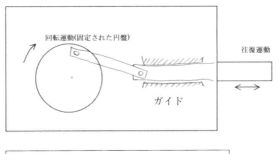

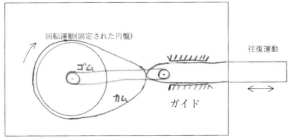

図Ⅱ-55　考えられるメカニズムの一例(1)

2．一つの動力源の回転運動を二つの運動（揺動運動と往復運動）に分けるしくみ

　図Ⅱ-56のように箱の側面に出た円盤（動力源）を回転させると連動して次の二つの運動を生じる。一つ目の動きは箱の前方に突き出た棒が前後の往復運動をする。二つ目はその棒の動きに連動して、箱の上部にある別の棒が揺動運動をする。これらの動きを実現するために箱の内部のしくみを考えてみる。

［考え方のヒント］

　一つの回転運動が二つの異なった動きに変換されるしくみである。まず、回転運動が往復運動に変換されるしくみは前述の通りである。その動きの中

で、もう一つの揺動運動を連動させて作る必要がある。この揺動運動を往復運動から作るか、回転運動から作るかで考え方が変わり、それがしくみの違いとなって表われることになる。図Ⅱ－57にメカニズムの一例を示す。一つの回転運動という動力源からいくつもの異なった運動を取り出して工夫してメカニズムを創作する様は、まるで江戸期のからくり人形の動くしくみを考える様と同じである。

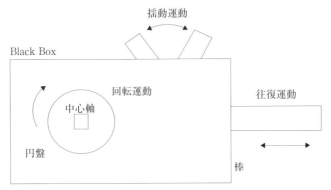

図Ⅱ－56　メカニズムの創造(2)

[解答の一例]

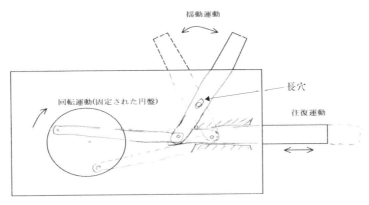

図Ⅱ－57　考えられるメカニズムの一例(2)

第4章　からくりおもちゃの構造設計の基礎

　紙を使った工作は、机上で行うことができ、しかもものづくりの基本である加工・組立作業が容易である。

　紙という材料は、それ自体強度的には脆弱であるが、使い方を工夫することによっては強度[27]を確保することができる。たとえば、集中力を受ける「はり」の形としては、「はり」のたわみ量を少なくするよう、円柱や角柱にすることで、第1期においては試行錯誤の末、ものづくりの感覚を養うことができる。表Ⅱ－7は、図Ⅱ－58のように、紙を使った断面形状の異なる片持ちばりの先端のたわみ量を実験で求めたものである。これより、「はり」の断面形状と集中荷重の関係を、人の発達段階の第1期では感覚的に理解でき、今後のものづくりに生かすことができると考える。

　具体的には、紙厚0.21mmのペーパークラフト紙を用いて製作した構造部品の簡単な強度実験を示す。構造部品としては、以下の5種類を考え、片持ちばりとして使用した際の先端部に集中荷重として、おもりをのせ、たわみ量をハイトゲージで測定した（図Ⅱ－58、表Ⅱ－7）。

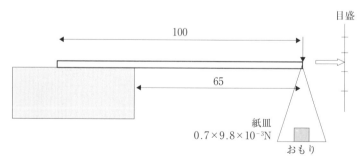

図Ⅱ－58　紙製構造部品の強度実験

第4章 からくりおもちゃの構造設計の基礎　67

表Ⅱ-7　「はり」の断面形状とたわみ量の関係（実験結果：紙皿別）

構造部品名	おもり（×9.8×10^{-3}N）	先端のたわみ量（mm）
部品1 はりの断面 1.4↕ □ ← 10 →	0	0
	2	0.14
	3	0.19
	4	0.23
	5	0.30
	7	0.41

構造部品名	おもり（×9.8×10^{-3}N）	先端のたわみ量（mm）
部品2 はりの断面 3 □ ← 10 →	0	0
	5	0.04
	10	0.08
	15	0.12
	20	0.17
	25	0.20

構造部品名	おもり（×9.8×10^{-3}N）	先端のたわみ量（mm）
部品3　厚さ0.21 5 □ ← 10 →	0	0
	5	0.02
	10	0.08
	15	0.16
	20	0.25
	25	0.30

構造部品名	おもり（×9.8×10^{-3}N）	先端のたわみ量（mm）
部品4　厚さ0.21 10 □ ← 10 →	0	0
	10	0.02
	20	0.06
	30	0.13
	40	0.18
	50	0.30

構造部品名	おもり（×9.8×10^{-3}N）	先端のたわみ量（mm）
部品5　厚さ0.21 10 □ ← 5 →	0	0
	5	0.02
	10	0.04
	15	0.05
	20	0.08
	25	0.09

（構造部品 1 ）厚さ 0.21mm のペーパークラフト紙を、長さ 100mm、幅 10mm に切断し、それら 5 枚分を木工用ボンドで接着して、厚さ 1.4mm、荷重 $1 \times 9.8 \times 10^{-3}$N の中実角材の「はり」にした。

（構造部品 2 ）厚さ 0.21mm のペーパークラフト紙を、長さ 100mm、幅 10mm に切断し、それら 10 枚分を木工用ボンドで接着して、厚さ 3.0mm、荷重 $2.1 \times 9.8 \times 10^{-3}$N の中実角材の「はり」にした。

（構造部品 3 ）厚さ 0.21mm のペーパークラフト紙を用いて、断面形状として横長矩形（縦 5 mm、横幅 10mm）で、長さ 100mm、荷重 $0.7 \times 9.8 \times 10^{-3}$N の中空角材の「はり」にした。

（構造部品 4 ）厚さ 0.21mm のペーパークラフト紙を用いて、断面形状として正方形（縦 10mm、横幅 10mm）で、長さ 100mm、荷重 $0.9 \times 9.8 \times 10^{-3}$N の中空角材の「はり」にした。

（構造部品 5 ）厚さ 0.21mm のペーパークラフト紙を用いて、断面形状として縦長矩形（縦 10mm、横幅 5 mm）で、長さ 100mm、荷重 $0.7 \times 9.8 \times 10^{-3}$N の中空角材の「はり」にした。

　以上より、1 枚では強度的にも弱い紙ではあるが、力のかかる箇所では紙の断面を箱型にする等工夫して利用することによって、強度的にも保障されたものづくりを行うことができることがわかる。

第5章　ものづくりのための作業の設計

第1節　機械活用による作業設計[36]

　幼いころのものづくりは、一つの体験学習として、感性を磨き、器用さを育んできた。しかしながら、小学校において学年が進むにつれて、ものづくりに道具類の使用、電動工具・機械類の活用など多くの知識が必要になってくると、単なる体験学習からものづくりの本質を理解することが求められるようになる。

　そこで、小学校におけるものづくり教育の実践活動として、組み木製作を取り上げ、道具、機械類を活用することで、寸法精度の良い正確なものづくりが可能になることを理解する。そして、ものづくりの面白さ、深さを実感でき、中学校技術分野へつながる論理的思考力の育成を目指すことを考える。

1. 道具・工具や機械を使ったものづくりの意義

　小学校の工作において、5・6年の学年では道具・工具の使用と共に、電動糸のこ盤という機械の使用も安全作業に注意しながら実施されているのが現状である。このとき、中学校から新しく始まる技術・家庭科の技術分野へのつながりも意識しながらものづくりを指導していく必要があると考える。

　そのためには、小学校での工作指導においては、全体的には道具・工具類の安全な使い方を身につけながら、5・6年では楽しいものづくりだけではなく、精度あるものづくりへの方法論にも気づき、中学校の技術分野で論理的思考力を育成するものづくりへとつながるように教育する必要がある。従って、ものづくりの実践活動の中から、つくることの本質を理解させる時期

でもある。

2．ものづくり教育としての組み木製作活動

ここでは、小学校におけるものづくり教育の実践を、具体的には組み木製作活動として、岡山大学教育学部附属小学校のクラブ活動を通して、試みた。場所は、岡山大学教育学部附属小学校工作室で、参加者は附属小学校児童25名（内訳 4年生7名、5年生5名、6年生13名）である。補助指導員として、大学院生1名が参加した。

2.1 製作活動の目的

小学校から中学校へと続く接続期の教育の重要性を考慮しながら、ものづくりを効果的に実践するために、その教育活動を考察する。具体的な活動内容は、工具・道具の動作原理を知り、それを正しく安全に使って、上手なものづくりを実践することである。このとき、工具、道具、機械類を効果的に使うことが上手なものづくりにつながることを知る。小学校3学年から教科書に掲載されている工具・道具・機械類の一覧を表Ⅱ-8に示す。本活動では、この表の中の分離・切断用の道具としてののこぎりの種類としくみ等の知識について確認し、使用上の注意を徹底する。

2.2 道具のしくみと動作原理

(1) はさみの構造としくみ

いろいろな種類のはさみがあり、その動作原理を理解する。種類としては、布を切る裁ちばさみ、糸を切る糸きり用はさみ、紙を切る工作用はさみなどがある。はさみの構造を力学的観点から考えたとき、はさみの種類によっては、力を入れる点（力点）、はさみの構造を支える点（支点）、切断という仕事をする点（作用点）の位置関係が異なる。図Ⅱ-59は、具体的に2種類のはさみの力点、支点、作用点の位置関係を示したものである[37]。

第5章 ものづくりのための作業の設計

表Ⅱ-8 小学校教科書に掲載される道具類一覧(小3〜小6)[36]

道具名	用途	学年	種類	特徴	備考
げんのう・かなづち	結合	小3・4 図工	げんのう	釘の打ち込み時は平らな面、打ち終わりは丸い面を使う。	肘を使って打ち込む。
		小3・4 図工	はこやづち	釘を打つ。釘を抜く機能あり。	釘を抜くところが付いている。
		小3・4 図工	丸かなづち	片方の形状はとがっている。	
ドライバー	結合・分離	小3・4 図工	ドライバー	ねじを締めたり、緩めたりするときに使う。	プラスドライバー、マイナスドライバー
ペンチ	分離・切断	小3・4 図工	ペンチ	釘を抜く。針金を切る・曲げる。	
		小5・6 図工			
		小5・6 図工	ラジオペンチ	先がとがっている。	小さいものもつかめる。
		小5・6 図工	ニッパー		針金も切れる。
きり	結合	小3・4 図工	四つ目ぎり	穴を開ける。	釘や木ねじでとめる。
のこぎり	分離・切断	小3・4 図工	両刃のこぎり	縦びきの刃と横びきの刃がついている。	
		小3・4 図工	折りたたみ式のこぎり	縦、横、斜めに切ることができる。	折りたたむことができる。
		小3・4 図工	胴付のこぎり	木を切る。	
		小3・4 図工	手びき糸のこぎり	曲線などを切りぬく。	替刃の取り付け方に注意する。
		小5・6 図工	電動糸のこ盤	曲線などを電動で切りぬく。	替刃の取り付け方に注意(向きあり)
					刃を下向きに取り付ける。
やすり	仕上げ	小5・6 図工	平やすり	平面を仕上げる。	表面が平らになっている。
		小5・6 図工	半丸やすり	曲面を仕上げる。	片面が半丸になっている。
		小5・6 図工	紙やすり		あら目用40番、仕上げ用240番を使う。
バール	分離	小3・4 図工	バール(かじや)	釘を抜く	木台を支えにして引きぬく。

(注) 文部科学省検定済教科書小学校図画工作科:開隆堂出版

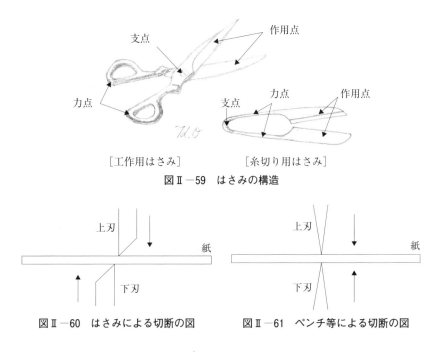

［工作用はさみ］　　　　　［糸切り用はさみ］

図Ⅱ—59　はさみの構造

図Ⅱ—60　はさみによる切断の図　　　図Ⅱ—61　ペンチ等による切断の図

(2)　はさみとペンチの構造的違い

①　はさみの切断原理

　はさみで紙を切断するしくみは、図Ⅱ—60に示すように、上刃と下刃のすれ違い力によって切断するという原理である。このすれ違い力のことを剪断力といい、両刃のすれ違いをきわどくすることで、はさみの切れ味はよくなる。従って、刃先を鋭利にとがらす必要はない[27]。

②　ペンチの切断原理

　ペンチでの切断原理は、図Ⅱ—61に示すように、はさみでの切断原理とは異なるものである。むしろ、爪切りやニッパによる切断と同じである。上刃と下刃が互いにぶつかり合うことで切断できる。そのためには、両刃がぶつかったときの圧縮応力を高める必要があるので、両刃の先端の接触面積をできるだけ小さくする必要がある。そのため、両刃の先端を鋭利に砥いでおく

必要がある[27]。

(3) のこぎりと電動糸のこ盤

のこぎりを用いて木材を切断する場合、直線的な切断と曲線的な切断がある。通常ののこぎりは直線的な切断には向いているが、曲線的な切断となると困難である。一方、電動糸のこ盤は工作ミシンと呼ばれ、操作は簡単で、ミシンと同様、加工スピードを上手にコントロールして曲線的に切断することができる（スピードコントロールできる機種もある）。切断時に板材の加工方向を変える場合には、板材を適度に押さえることで、板材のばたつき現象からまぬがれる（板材ばたつき防止器具が付随している機種もある）。すなわち、加工スピードと板材の押さえる力、送る力を連続的に制御することが上手な製作につながる。

3．製作活動の内容

ものづくり活動の内容として、小学生向け組み木製作活動を考える。図Ⅱ－62に示すように、比較的加工の容易なクジラとかめの組み木を製作対象とし、完成後はこれを置き物として利用する。

製作のために準備するものは、次の通りである。

図Ⅱ－62　組み木の完成品

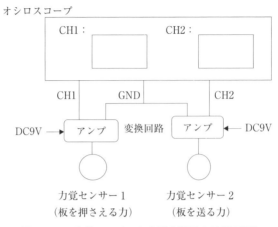

図Ⅱ-63　力覚センサーと力測定装置の結線図[36]

・電動糸のこ盤9台、
・糸のこ刃、
・図案付き組み木板（ほおの板）(100mm×100mm, 厚さ14mm)

また、電動糸のこ盤を使って、板に貼った図案に従って上手に精度良く切削するためには、適切な力で組み木板を押さえて加工する必要がある。この押さえる力と送る力を力覚センサーによって測定する。

力覚センサーとしては、ニッタ（株）製の超薄型フィルム状ボタンセンサー（FlexiForce A201-1型：Max4.4N, A201-25型：Max110N）を用いる。このセンサーは、力の大きさを電圧に変換し、結果をオシロスコープで表示するものである。図Ⅱ-63にセンサーと測定装置の結線図を示す。

4．組み木製作の実践

4.1　実践活動の内容と展開

製作の実践については、安全作業に注意しながら、次の製作手順に従って、組み木製作活動を実践する（図Ⅱ-64、65、66）。

第5章 ものづくりのための作業の設計　75

図Ⅱ-64　板の切断順序と方法[36]

図Ⅱ-65　ものづくり活動前の授業風景

図Ⅱ-66　ものづくり活動の実際

(1) 班（3名1組）ごとに一台の電動糸のこ盤を使用する。
(2) 電動糸のこ盤の使い方を班ごとに確認する。
(3) 班ごとに一人ずつ順番に電動糸のこ盤を用いて、組み木の板を切断する。図Ⅱ－64は、板に貼られた図案の切断順序を示したものである。
このとき、センサーを用いて加工時の板を押さえる力と送る力を測定する。のこ刃の取り付け方、直線削り、曲線削り、のこ刃のスピード、板材の押さえ力・送り力を学習する。
(4) 加工を終えたなら、切断した組み木板を紙ヤスリで仕上げる。
(5) 時間に余裕があれば、できあがった組み木の図柄に着色を試みる。

5．板材を精度良く加工するための実験

電動糸のこ盤を用いて加工する場合、板材のばたつき現象を抑える必要がある。そのためには切断の仕方や送り力の与え方が、板材の加工精度に影響することになる。とくに、板材がばたつき始めると作業が危険であり、また板材の送り力が強すぎると、のこ刃が折れたりして、児童が怪我をする場合も考えられる。そこで授業実践の中で、児童がどれくらいの力で板材を押さえて加工しているか、力覚センサーを用いて測定を試みた。その結果を表Ⅱ－9に示す。

表Ⅱ－9　力覚センサーによる板の押さえ力・送り力の測定結果（小学生）[36]

（力：最大値）

学年	児童（小学生）	男女別	押さえ力（N）	送り力（N）
6	A	男	17.6	8.8
6	B	男	7.4	2.9
5	C	男	14.7	16.2
6	D	男	13.2	2.9
6	E	男	4.4	2.2

加工時において、板材をばたつかせないために、大きな力で板材を押さえてしまうことが多い。しかし、それでは加工作業は前に進まない。逆に、押さえる力が小さすぎると、加工途中で板材が浮き上がり、危険である。板材の送り力も同様で、それが大き過ぎると、前述のようにのこ刃が折れてしまう。適切な力が要求される。表Ⅱ－9の結果から、児童は、板材が切断時に浮き上がるときの怖さを予想するあまり、比較的大きな力で一生懸命に板材を押さえていることが分かる。送り力は刃への負担を考えながら、慎重に徐々に力を加えた加工作業であるといえる。ただ、児童Cの作業は送り力が強すぎ、やがては刃の破損につながった。

6．考察とまとめ
6.1 板材切断のための道具・工具の学習についての考察

表Ⅱ－8に基づいて、道具の種類としくみについて専用のデータベースを製作し、活用した。

このデータベースでは、小中学校一貫教育としての活用が期待できるため、道具・工具、機械の利活用に関する統一的な指導指標が求められる。データベースの構築には、File maker を用いた。このデータベースの構成例を図Ⅱ－67に示す。

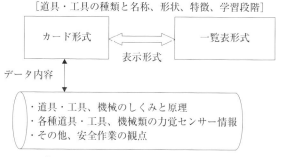

図Ⅱ－67 道具・工具、機械に関するデータベースの一画面[36]

データベースの構造は、道具・工具類の表示方法として、カード形式と一覧表形式に分けて表示できるようにしている。この2つの形式の特徴としてまず、一覧表形式では、道具・工具類の情報を概括的に把握するのに適している。そして、カード形式では、道具・工具、機械についての個々の情報を詳細に知ることができる点が有効である。また、カード形式情報には、データ内容としてしくみと原理からなる情報や力覚情報がリンクされており、物理情報としての活用も期待できる。

これより、工作を行う際に使用する道具・工具、機械類の事前学習が可能になり、工作のときに使う道具類を単に「知る学習」から、道具類のしくみを理解し、特徴を生かした「納得できる学習」へとつなぐことができる。

6.2 材料切断の際の板の押さえ力と送り力の関係（中学生の場合）

人は成長するにつれて、小学校での楽しいものづくりから、中学校での製品精度を意識したものづくりへとものづくりの内容も進化していく。中学生になると、加工時に板材を押さえる力具合や送りの力の入れ具合が加工精度に大きく依存してくることに気づく。そこで、中学生を対象に、同じクジラとかめの置物でも図Ⅱ－68に示す技能難度の高い組み木製作を試みた。

表Ⅱ－9と同様の手順で組み木製作を行い、測定結果を表Ⅱ－10にまとめた。

これより、小学生と中学生のそれぞれの力覚センサーによる測定結果（表Ⅱ－9と表Ⅱ－10）を比較する。表Ⅱ－10では、板材を押さえる力は、小学生に比べて全体的に小さくなっている。しかも、板材が上手に、比較的精度良く切断されている。小学生による加工作業は、安全作業にはつながるが、肩に力が入った作業状況であるといえる。3～4年の年齢差は作業状況にも大きな影響を与えていることがわかる。ただ、表Ⅱ－10において、中学生bは初心者であり、板材送り力も大きな力が働いた結果、やがてはのこ刃が折れるという事態につながった。生徒（中学生）は年齢・経験と共に、作業技能

第5章 ものづくりのための作業の設計　79

図Ⅱ-68　技能難度の高いクジラとかめの組み木（中学生用）

表Ⅱ-10　力覚センサーによる板の押さえ力・送り力の測定結果（中学生）[36]

（力：最大値）

学年	生徒（中学生）	男女別	押さえ力（N）	送り力（N）
3	a	男	4.4	5.9
3	b	男	16.2	8.8
3	c	男	3.7	2.9
3	d	男	11.8	5.9
3	e	男	8.8	2.9
3	f	男	7.4	1.5

に慣れてくるとものづくりの勘どころを把握できるようになる。

7．まとめ

　道具・工具、機械類の使い方による安全作業を重視しながら、小学校でのものづくり教育は、あくまでも楽しく作ることとし、期待通りであった。一方、中学校での組み木製作においては，板上に描いた切断線に沿って、正確に切ることのむずかしさを知り、いかに正確に切るかで加工精度に関する考え方を身につけることができた。ここで使用した電動糸のこ盤ののこ刃の加工スピードは一定としたが、実際には刃の加工スピードを上手にコントロー

ルすることで、さらなる加工に関する精度を上げることが期待できる。このことは、授業後に小学校児童から出た率直な感想である。

　工作時の道具・工具、機械に関する知識、使い方等の学習は、データベースの構築で容易になり、児童、生徒にとって理解しやすくなった。とくに、電動糸のこ盤を使う前には、しくみの学習とともに安全作業の確認もあり、上手につくるための工夫など、オンラインで科学的に学習することが可能になった。板材を押さえる力加減の情報は、実際には、のこ刃の加工スピードと関係し、これらを上手にコントロールすることで、さらなる加工精度の向上を目指すことも可能であることが理解できた。このことこそ、この年齢の時期に、ものづくりの論理的思考力の育成につながると考えられる。

第2節　人手による作業設計

1．手づくり製品の製作意義とねらい

　手づくり製品は、作業者の技能がそのまま製作品の質に影響を及ぼすため、直接、製品評価につながることが多い。

　そこで、作業者のものづくり技能の向上を目指して製作プロセス・熟練面の知識を活用する必要がある。この節では土ひねりを例に、手づくり製品の製作について考察を行う。ここで、作業者の技能向上を能率的な方法で目指すには系統立てた作業分析が必要である。すなわち、製品設計段階から工程設計、そして完成品の評価へと製作プロセスを考慮しながら、人手による作業設計を考察する。

2．手づくり製品の製作と評価の概念

　製作手順としては、まず粘土のかたさを均質にするため土練り作業から開始し、製作図面や見本を参考にしながら、一人ですべての作業を手作業（ロクロを用いない）で行うものとする。成形後は一週間室内で製品を乾燥させ、

「わら」を巻き付けて窯（電気炉）焚きをする。窯焚きは31時間連続で行い、炉内温度が1250℃に到達した後はさらに30時間程度炉内徐冷をして完成品を得るものとする。できあがった製品（陶器）を評価する場合には、製品設計段階での評価、すなわち製作図面あるいは見本通りに製作できているかの図面評価や、製作プロセスからみる工程評価について考える。

　図面評価では、図面（見本）と製作完成品を比較して形の類似性、大きさの類似性、および肉厚の類似性を数量化する。

　工程評価は、成形された部品同士を結合させる場合の接合性・耐久性を表す。この評価では部品同士を各々理想的な乾燥時間のもとで接合させることが部品間の接合性、ひいては製品の耐久性を高めることにつながる。従って、成形過程の製作プロセスを分析することで、この評価の数量化が可能となる。

3．手づくり製品の評価法 [38]

　第三角法で完成品の図面を作成し、製作品を図面と比較する。

　形の類似性評価は、製作見本の図面と製作した完成品を比較し、形状面積を見本のそれと重ね合わせたとき、形状差領域の面積、すなわち見本形状に対する完成品形状の凹凸部分の面積と製作見本の面積の比を百分率で表す。

　大きさの類似性を評価する場合には、

　　｜製作見本の面積－完成品の面積｜／製作見本の面積

を百分率で表す。

　厚さ評価は、製作見本と完成品の肉厚をそれぞれ測定し、段階評価する。

　ここでは、製品評価のうち、主に、工程評価について考える[38]。

　部品同士の接合性・耐久性を評価する場合には、製作過程から適切な接合方法・接着方法を定める必要がある。どのような接合方法でも接着剤を併用することは接合性・耐久性を高めることになる。このとき、接着剤の使用上の注意として適切な乾燥時間の設定があげられる。不適切な乾燥時間は接合性を弱め、耐久性の低下につながるからである。そこで、製作プロセス図を

作成し、接合部品間の乾燥時間の程度を数量化することを考える。ここで、部品Aと部品Bの理想的な接合を考える。部品Aの理想的な乾燥時間を T_{a*}、部品Bの理想的な乾燥時間を $T_{b*} (\leq T_{a*})$ とし、製作プロセスをガント・チャートで表せば、図Ⅱ－69のような時間関係となる。

また、それぞれの部品の限界乾燥時間を T_{a++}、T_{b++} とすれば、図Ⅱ－70のような時間関係の場合には部品同士の接合は過乾燥のため不可能となる。

従って、各々の部品の乾燥時間に注意しながら、過乾燥状態にならないよう十分な配慮が必要である。そこで、部品の乾燥時間を理想状態から限界状態までを段階評価し、これを接合性・耐久性の評価とする。

これより、部品ごとに製作に要する作業、および部品同士の接合作業など製作にかかわるすべての作業の最適シーケンスを、先行作業との関係を考慮しながら、総所要時間最小化基準のもとで求める。これより、そのアルゴリズム[38]をステップごとに次に示す。

まず接合関係にある部品は図Ⅱ－69に示すように理想的な接続とし、連結した1つの部品（連結部品）として扱う。そして、各連結部品の作業状態の有無を単位時間ごとに0,1で表し、また各部品の作業時間も単位時間ごと

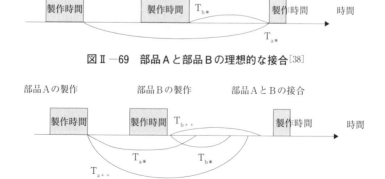

図Ⅱ－69　部品Aと部品Bの理想的な接合[38]

図Ⅱ－70　部品Aと部品Bの接合関係[38]

に同様に表し、同時刻に作業が重ならないように総所要時間最小化基準のもとで部品の作業順序を決定する[38]。

（ステップ1）　すべての部品・連結部品数を q とする。q を入力し、LBmin←∞とする。

（ステップ2）　各部品・連結部品を単位時間ごとに 0, 1 ベクトルで表し、先行作業に従って任意に並べる。$J_r = \{a_m^r, a_{m+1}^r, \ldots, a_{m+n-1}^r\}$, $r = 1, \ldots, q$ とする。

（ステップ3）　m←1 とする。

（ステップ4）　J_r と J_{r+1} について、各列成分 p ごとにチェックする。p←1 とする。

（ステップ5）　$a_p^r \cdot a_p^{(r+1)} = 1$ ならば、ステップ6へ、そうでなければステップ7へゆく。

（ステップ6）　$J_{(r+1)} = \{0, J_{(r+1)}\}$ とする。

（ステップ7）　J_r のすべての列成分をチェックしていないなら p = p+1 とし、ステップ5へもどる。J_r のすべての列成分が $a_p^r \cdot a_p^{(r+1)} = 0$ となったことを確認してステップ8へゆく。そうでなければステップ4から繰り返す。

（ステップ8）　$J_{(r+1)} \leftarrow J_r \cup J_{(r+1)}$ とする。

（ステップ9）　r = q−1 でなければ r←r+1 とし、ステップ4へもどる。そうでなければステップ10へゆく。

（ステップ10）　LB←$J_{(r+1)}$ の総成分数とする。

（ステップ11）　$LB_{min} > LB$ ならば、LB_{min}←LB として、ステップ12へ、さもなければ LB_{min} の値は変えないでステップ12へゆく。

（ステップ12）　部品・連結部品のすべての順序をチェックしたならばステップ13へ、そうでなければ先行作業に従った他の部品順序を生成しステップ3へもどる。

（ステップ13）　LB_{min} が最小の総所要時間となる。終了。

4．製作支援システムの構築

　実際に製作を支援する際には、作業者の行動・思考の過程をコンピュータに保存しておくことが重要である。必要な機材としては、CCDカメラ、ビデオデッキ、モニタ装置等とし、それらをコンピュータと共に支援システムとしてまとめる。作業者の発話記録等をCCDカメラにおさめ、作業分析を行う。

　評価項目の数量化はCCDカメラより取り込んだ画像をもとにコンピュータによる処理を行う。このようなコンピュータによる製作支援システムの構築が重要となる。

5．製作評価の実践

　適用例として図Ⅱ－71に示す急須の製作を考える。表Ⅱ－11は熟練者の指導による急須製作のための標準作業データである。この作業での連結部品数は$J_1, J_2, ..., J_6$の6部品で、図Ⅱ－72の(1)に示す内容の部品および連結部品となる。提案したアルゴリズムに従って、まず、J_1とJ_2を組み合わせて処理するところから開始する。その例を図Ⅱ－72の(2)に示す。結果として、この作業データのもとでの作業の最適シーケンスが図Ⅱ－72の(3)として求められる。これより総所要時間は435分となる。

図Ⅱ－71　急須の製作見本

表Ⅱ-11 標準作業データ（分）[38]

作業記号	作業内容	作業時間	乾燥時間		先行作業
			理想	限界	
EA	土練り	15	—	—	—
EB	胴	30	360	1080	EA
EC	蓋	10	300	900	EB
ED	蓋つまみ	5	60	180	EC
EE	注ぎ口	10	120	360	EB
EF	胴けずり	40	—	—	EB
EG	蓋けずり	40	—	—	EC
EH	茶こし	10	—	—	EB
EI	胴と注ぎ口の接合	30	—	—	EB, EE
EJ	蓋とつまみの接合	10	—	—	EC, ED

6．考察とまとめ

　土ひねり作業より創出される手づくり製品は、付加価値も高く、大いに評価されるものである。学校教育の中で、児童・生徒は、粘土細工を通して、製品としての造形美、機能美を追求しながら、ものづくりの基礎・基本を感性を通して修得することである。また、粘土という材料の特性を理解しながら、丈夫な製品にするための製作時の工夫など、考えることの大切さを実感できる。

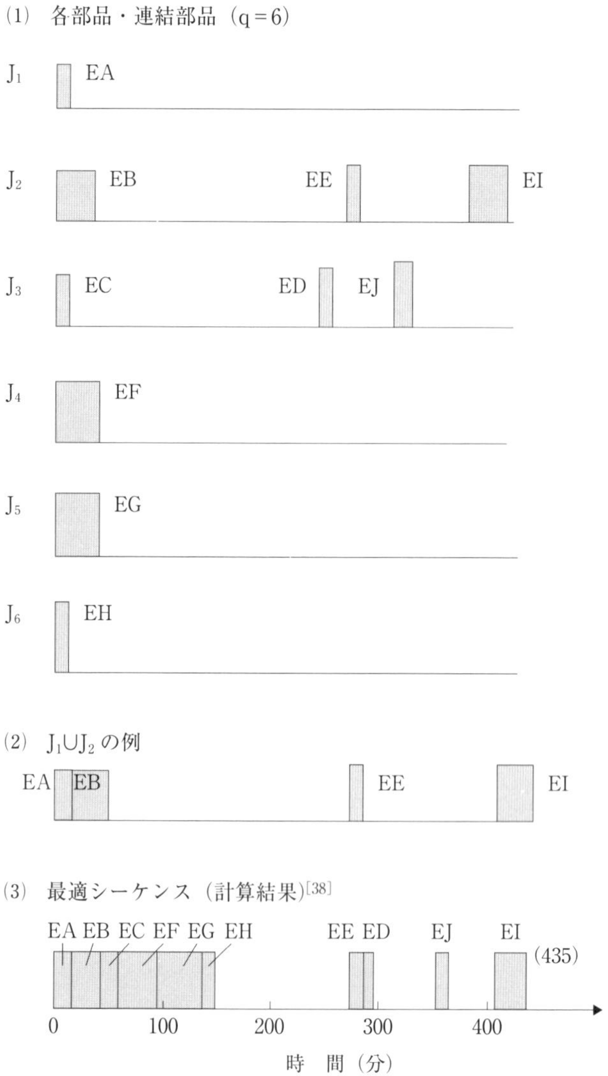

(1) 各部品・連結部品 (q = 6)

J_1　EA

J_2　EB　　　EE　　　EI

J_3　EC　　　ED　EJ

J_4　EF

J_5　EG

J_6　EH

(2) $J_1 \cup J_2$ の例

EA EB　　　EE　　EI

(3) 最適シーケンス（計算結果）[38]

EA EB EC EF EG EH　　EE ED　　EJ　　EI (435)

0　　100　　200　　300　　400

時　間（分）

図Ⅱ-72　計算過程と結果（作業の最適シーケンス）

第Ⅱ編のまとめと考察

[1] 第1期ものづくり教育の指標と到達レベル

　第1期ものづくり教育の内容について、設計（スケッチ）、工程計画（段取り）、製作のものづくり工程の流れの中で、目指すものとその到達レベルの関係を考察する。第Ⅰ編で述べたように、発達年齢に応じたものづくりの学び方のステージ・マップを図Ⅱ－73に示す。

　ここで、第1期ものづくり教育は、図Ⅱ－73の領域A、B、Cであり、その内容は以下の通りである。

<u>領域A</u>：身近な材料である木、紙等を用いて基礎的な動くしくみ、しっかりした構造、適切な寸法設定からなる工作品（製品）を、スケッチをもとに計画することができる。工作品の動力源については、ゴム動力を基本とするが、モータ駆動の場合は、乾電池の直・並列、豆電球の明るさ等の知識をもとに、

図Ⅱ－73　学び方のステージ・マップ

計画することができる。

領域B：はさみからドライバー、ペンチ、のこぎりに至る道具類の原理を知り、それを適切に使用することができる。加工機械としては、電動糸のこ盤のしくみを知り、それを上手に使いこなすためのスキルを獲得する。

領域C：材料を上手に加工したり、工夫しながら組み立てたりすることで、工作品（製品）を思い通りに、楽しく仕上げることができる。

この内容をめあてとして指導項目と指導内容を表Ⅱ－12にまとめる。

［２］ 到達レベルに関する考察

第１期ものづくり教育において、領域ごとの目標への到達レベルについて、作業者自身がどの程度の到達であるかを判断しておく必要がある。

(1) 設計（スケッチ）領域に関する到達判定

動きのしくみを創造する能力こそが領域Aで求められる。指導内容から２つの観点に分類することができ、到達の程度を図ることができる。

〈観点１〉幾種類の動くしくみを考えられるかアイデアスケッチを試みるこ

表Ⅱ－12 第１期ものづくりでの指導

流れ	領域A 設計（スケッチ）	領域B 工程計画（段取り）	領域C 製作
指標項目	・作りたいものにアイデアを取り入れ、表現する。 ・しくみの創造	・必要となる道具類の選定 ・組み立てる手順を考える ・安全作業と段取技術	・正確な加工技術の実現
指導の内容	・しくみを幾種類もアイデアスケッチし考える。 ・どのようなしくみがよいか考える。	・一部部品を先に組み立てた後で切断する、加工する等、工夫して作業順序を考える。	・加工時において、工具や機械（糸のこ盤）での力の入れ具合を考える。

とができる。
〈観点２〉しくみの内容を描く際には、常に頭の中で組み付け状況を想定しながら、よりよいしくみを選定することができる。

(2) 工程計画領域に関する到達判定

指導内容を以下のような観点でとらえ、目標の到達の程度を図ることができる。

〈観点３〉描かれたしくみのスケッチ図より、接合箇所等をどのように工夫するかで製品強度につながる。また、正確に組み立てるために、曲げ加工や切断、接合等を事前に明記しながら、後工程のことを考え、組み付けやすい作業手順を考えることができる。このことは、後に製品形状の精度に影響を及ぼすことになる。

(3) 製作領域に関する到達判定

指導内容を以下の２つの観点に分け、それぞれの観点で示す目標への到達の程度を図ることができる。

〈観点４〉道具・工具類を使って加工を行う場合、それらの構造と動作原理を理解し、理にかなった使い方に基づく、有効な使用法を身につける。

〈観点５〉機械加工を行う場合には、機械の構造を理解し、上手にかつ安全に加工作業を進めるための方法論を身につける。

［３］ 評価に関する考察

第１期ものづくり教育の指標と作業者の到達したスキルの程度を、パフォーマンス評価テストの結果を基に、表Ⅱ－13と照らし合わせながら、客観的に評価することができる。そして、次の期に向けての努力目標が明確になると共に、作業者の今後に向けての努力の方向性が明らかになる。

第１期ものづくり教育の達成度を判断するパフォーマンス評価の一例を次に示す。

今、次に示すメカおもちゃについて、そのしくみの創造（領域Ａ）、段取り

表Ⅱ-13　第1期ものづくり教育における目標到達の程度

領域	観点	(高)← 目標到達の程度 →(低)			
A設計	観点1	動くしくみを幾種類も考えることができ、表現して伝えることができる。	動くしくみを正確に一つ書き出し、表現して伝えることができる。	動くしくみを考え、理解することはできるが、上手に表現して伝えることは難しい。	動くしくみを考えても、思いつかない。
A設計	観点2	いくつものしくみの中から、動きを想定して、よりよいものを選ぶことができる。	1つのしくみに対して、動きの分析をして検証を図り、よいしくみへと導く必要性を理解できる。	考えたしくみについて、直感的・経験的な思いのみで検証を図る。	動きのしくみについて、検証することを考えない。
B工程計画	観点3	適切な道工具を使って、分析して得られた最善の組み付け手順に従って、安全に作業を実施することができる。	必要と判断する道工具使って、正しいと思う組み付け手順に従って、作業を実施することができる。	道工具を時折活用しながら、直感的・経験的に組み立て手順を考える。	道工具の活用や組み付け手順を深く考えない。
C製作	観点4	道工具の原理と使い方を熟知することで、安全で効率的な作業を実施できる。	道工具を使って安全に加工作業や組み付け作業を行うことができる。	経験的に直感的に道工具を使って、加工作業や組み付け作業を広く実施できる。	道工具についての知識が乏しいため、使用を深く考えない。
C製作	観点5	工作機械についての効率的な運用法を学習し、安全作業に徹した作業を実施できる。	工作機械について知り、使い方を通して、安全を思い活用する。	工作機械の使用に関する経験的実践力を通して、組み付け、加工作業にあたることができる。	工作機械を使用するが、使い方等について原理的には深く考えない。

（領域B）、製作（領域C）を具体的に実践することで、第1期ものづくり教育の到達の程度を判断する。例としてのこのメカおもちゃは、手動による回転運動を動力源として、両手を一直線上に広げたからくり人形が腕をシーソーのように上下にゆらして旗をふる動作のメカニズムである（図Ⅱ-74）。

　領域Aにおける到達度判断では、観点1、2より、まず動力源としての回転運動を、軸方向にいかに人形の旗振り動作（腕をシーソーのような上下運動）として連動させるかである。たとえば、一例として、材料に針金を用いればスライダークランク機構が考えられる（図Ⅱ-75）。

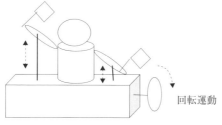

図Ⅱ-74　旗振り人形

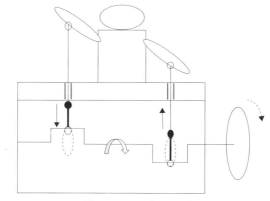

図Ⅱ-75　しくみの一例

　領域Bにおいては、観点3より、おもちゃの材料に応じた道工具の選択や加工上のスキル、加工・組立手順など製作に直結した工夫点が望まれる。

　領域Cでは、観点4、5に基づいて、工具、機械を効率的に使った製作であり、上手な製作のためには力の入れ具合など科学的根拠のもとでの製作となる。

　以上のように、課題を提示したパフォーマンス評価テストを実施し、その結果を人の発達段階に応じて考察することで、作業者の到達したものづくり力の程度を客観視する機会となる。

第Ⅱ編の文献

[1] 大橋和正,"ペーパークラフトによる動くおもちゃの製作実践",岡山大学教育学部研究集録, Vol. 145, pp. 77-84, 2010.
[2] 大橋和正,"対戦型ロボットの機構設計に関する授業実践",岡山大学教育学部研究集録, Vo. 129, pp. 97-102, 2005.
[3] 大橋和正,妹尾一道,"ロボットコンテストを利用したものづくり教育に関する研究",岡山大学教育学部研究集録, Vol. 144, pp. 7-12, 2010.
[4] 大橋和正,暮らしに役立つ技術と工学の基礎知識,共立出版,pp. 3-6, 2008.
[5] J. ピアジェ(著),中垣啓(訳),ピアジェに学ぶ認知発達の科学,北大路書房,2012.
[6] 永江誠司,子どもの思考と言語システムの発達と脳―神経発達心理学序論(Ⅳ)―,福岡教育大学紀要,第55号,第4分冊,pp. 177-193, 2006.
[7] 安彦忠彦(編),子どもの発達と脳科学―カリキュラム開発のために,勁草書房,2012.
[8] 岡山大学教育学部一貫教育専門委員会編,附属学校園における幼・小・中一貫教育の理論と実践―考える力を育てることばの教育―,pp. 7-8, 2013.
[9] 酒井邦嘉,言語の脳科学―脳はどのようにことばを生みだすか,中公新書,2009.
[10] 林成之,子どもの才能は3歳,7歳,10歳で決まる,幻冬舎新書,2011.
[11] 永江誠司,世界一の子ども教育モンテッソーリ(12歳までに脳を賢く優しく育てる方法),講談社+α新書,2010.
[12] ルドルフ・シュタイナー(著)高橋巌(訳),子どもの教育―シュタイナー・コレクション1,筑摩書房,2012.
[13] 立川昭二,からくり,法政大学出版局,pp. 297-370, 1980.
[14] 立川昭二,'心ある機械'を復元して,科学朝日,pp. 83-85, 1969.
[15] 立川昭二,「機巧図彙」の周辺――明治前機械技術史の一側面,科学史研究,pp. 113-123, 1967.
[16] 加藤一郎,自動人形西洋事情,日本機械学会誌, Vol. 82, No. 732. pp. 1203-1207, 1979.
[17] 立川昭二,日本にあった自動機械'からくり',科学, Vol. 36, No. 7., pp. 376-

378, 1966.
- [18] 吉田光邦, ものと人間の文化史「機械」, 法政大学出版局, pp. 161-195, 1975.
- [19] 九代玉屋庄兵衛（監修）,「からくり人形師・玉屋庄兵衛の世界展〜伝統と継承の技のすべて」図録, NHK中部ブレーンズ, pp. 64-75, 2005.
- [20] からくり記念館展示図録編纂委員会,「からくり記念館展示図録」, 石川県金沢港大野からくり記念館, pp. 8-9, 1996.
- [21] 久保田裕二, 復元された万年時計, 日本機械学会誌, Vol. 110, No. 1061, pp. 264-267, 2007.
- [22] 大橋和正, 暮らしに役立つ技術と工学の基礎知識, 共立出版, pp. 7-20, 2008.
- [23] D. マコーレイ（著）, 歌崎秀史（訳）, 道具と機械の本, 岩波書店, p. 46, 1990.
- [24] 萩原芳彦（監修）, ハンディブック機械（改訂2版）, オーム社, pp. 189-193, 2007.
- [25] 大西清, JISにもとづく標準製図法（第11全訂）, 理工学社, 5章, 2005.
- [26] 林洋次（監修）, 機械製図, 実教出版, pp. 15-42, 2003.
- [27] 町田輝史, わかりやすい材料強さ学, オーム社, pp. 14-18, 2004.
- [28] 林洋次（監修）, 機械製図, 実教出版, pp. 167-210, 2003.
- [29] 池本洋一, 財満鎮雄, 標準家庭機械・電気, 理工学社, pp. 9-32, 1996.
- [30] 新学社編集部（編）, （新）技術・家庭資料集, 新学社, pp. 34-39.
- [31] 大橋和正, 暮らしに役立つ技術と工学の基礎知識, 共立出版, pp. 59-63 & 69-71, 2008.
- [32] 小林義行, やさしくわかる歯車のしくみ, 誠文堂新光社, pp. 52-55, 2007.
- [33] ジャパンマシニスト社編集部（編集）, 歯車, ジャパンマシニスト社, pp. 21-39, 2010.
- [34] 齋藤二郎, 技能ブック（15）／機構学のアプローチ, 大河出版, pp. 133-143, 2003.
- [35] ジェームス・ガラット, デザインとテクノロジー, コスモス, 第5章, 2004／James Garratt, Design and technology (Second edition), Cambridge, 1996.
- [36] 大橋和正, "小学校におけるものづくり教育の実践", 岡山大学大学院教育学研究科研究集録, No. 153, July, pp. 89-95, 2013.
- [37] 大橋和正, 暮らしに役立つ技術と工学の基礎知識, 共立出版, pp. 26-31, 2008.
- [38] 大橋和正, "手づくり製品の製作評価法に関する研究", 日本生産管理学会論文誌, Vol. 6, No. 2, pp. 87-90, 1999.

参考文献

[R1] 坂 啓典，からくりの素・ペーパークラフトブック（学校教材用），集文社，2010．
[R2] 加藤幸一，他（監修），大橋和正，他（編集），新しい技術・家庭，技術分野，東京書籍，2011．
[R3] 中村開己，びっくりかわいいペーパークラフト・紙のからくりカミカラ，インフォレスト，2009．
[R4] 黒須和清，最新からくりワールド工作図鑑，東京書籍，2008．
[R5] 加藤 孜，ほんとに動くおもちゃの工作，コロナ社，1999．
[R6] 坂 啓典，NHK 趣味悠々 ペーパークラフトを楽しもう！，日本放送出版協会，2008．
[R7] 鈴木一義，趣味工房シリーズ NHK 直伝和の極意，あっぱれ！江戸のテクノロジー，NHK 出版，2011．
[R8] 大人の科学マガジン，Vol.16, 学習研究社，2007．
[R9] 大人の科学マガジン，Vol.8, 学習研究社，2005．
[R10] 水沢昭三（編），計算による板金展開図法，理工学社，2006．
[R11] 機械学ポケットブック編集委員会（編），図解版機械学ポケットブック，オーム社，2004．
[R12] 林 洋次，他，機械設計1，実教出版，2009．
[R13] 林 洋次，他，機械設計2，実教出版，2009．
[R14] H. T. Brown, 507 Mechanical Movements -Mechanisms and Devices, Dover Publications, Inc., 2005.

第Ⅲ編　ものづくりの基礎基本をふまえ、目標を設定して理論化・最適化を考える教育
(中学校後半から高等学校までの期間)

中学2年からの第2期ものづくり教育期間は、1期のものづくり教育の流れの中で基盤となる科学的知識を身につけ、ものづくりの基礎・基本力を養成する段階である。図Ⅲ-1において、設計段階においては、作りたい製品を2次元的には第三角法で、3次元的には等角図やキャビネット図を用いて適切に表現し、JIS（日本工業規格）に合わせたものづくり方法を展開することになる。また、コンピュータを用いたCADシステムの活用、設計支援システムの活用で、設計におけるコンピュータ活用技術を修得する。工程計画段階では、設計書を正確に読み解く読解力を養成し、材料から製品を適切に実現させるための工程の設計、作業の設計を行う。そのためには、道具・工具、機械類の上手な使い方、機械類の上手な活用技術、作業者個々の技量に合った作業方法、コスト・品質の管理等の管理技術情報をデータベースとして有効に活用することが求められる。

　製作段階では、工程計画に基づいた製作に関する意思決定を適切に実行するために、汎用工作機械の使用、数値制御（NC）工作機械等の自動工作機械の活用やコンピュータ支援の製作を取り入れる工夫も必要となる。

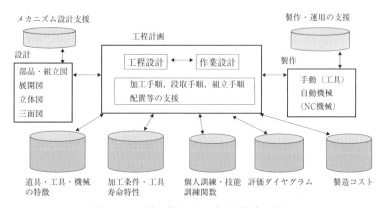

図Ⅲ-1　第2期のものづくり教育の流れ

第1章 ものづくりの機構・構造設計に関する基礎研究

第1節 機械要素設計の方法

本節では、各種機械要素の動くしくみについて、以下に述べる。

1. カム

板カムの輪郭を考えるとき、形状としては中心のずれた円形（偏心円）になったり、あるいは複雑な形の輪郭になったり、各種の形が存在する。しかし、どのような複雑な輪郭でも、その運動を正しく伝達できるというものではない。確かに理論的には、複雑な形をしたカムでも、それに応じた往復運動を従動節に伝えることができるが、回転数を上げることによって、従動節が必ずしも正確に追従できない状態に直面するという現実問題を生じる。従って、カムの輪郭を正確に追従して、スムーズな運動で正しく動力を伝えるためには、変位・回転角を表すカム線図をできるだけなめらかな曲線にすることが大切である[1]。

今、例として、図Ⅲ－2に示すような曲線構造をもつカム線図を基に、カム輪郭を求めることを考える。このような曲線構造は運動学的にもなめらかなものとなり、速度、加速度の解析も実施可能である。

カム輪郭の描き方については、前章で述べた方法と同様である。図Ⅲ－3は、実際にカム輪郭を描いたものである。

結果として、なめらかな曲線をもつカム輪郭を描くことができ、運動学的にも早い速度で安定した回転が得られ、かつ図Ⅲ－2に示すカム曲線に正確

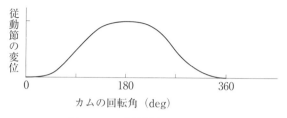

図Ⅲ－2　曲線構造のカム線図

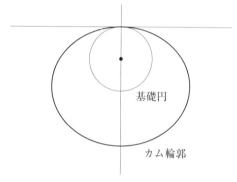

図Ⅲ－3　カム輪郭

に追従できることになる。

　これより、カム線図が曲線になるとカム輪郭に丸みができて動きがスムーズになることに気づく。

　次に、カム曲線の無次元化表示法[1]について述べる。

　カムによって動かされる従動節の変位 s は、時間 t の関数であらわされる。

　今、従動節の変位を従動節の最大変位で割ることによって、変位 s を $0 \leq S \leq 1$ なる無次元変位 S として表示することができる。また、時間 0 から従動節の最大変位に到達するまでの時間を 1 に対応させることで、時間 t も無次元時間 T、$0 \leq T \leq 1$ として表すことができる。

　このカムを用いた従動節の変位に対する速度特性、加速度特性は図Ⅲ－4のように表すことができ、カムの運動特性として設計時に大いに利用される。

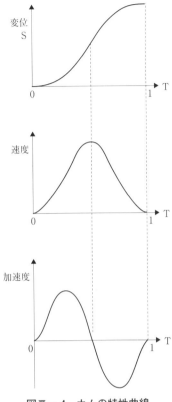

図Ⅲ-4　カムの特性曲線

2．歯車

　歯車は、一定の速度伝達比で回転を伝えられる機械要素で、かみ合う歯車同士は、互いのピッチ円上で接する性質をもつ。モジュールmは、歯車の歯の大きさを表わし、以下のように表わされる。

$$m = \frac{d}{Z} \tag{1-1}$$

　ここで、dは歯車のピッチ円直径（mm）、Zは歯数を表わす。歯車のモジュールはJIS（日本工業規格）で決められている。その標準値は規格表の第1

系列として示されており、それを優先的に用いることになる。

歯車の歯形には、サイクロイド歯形とインボリュート歯形がある[2]。

サイクロイド歯形は、半径aの円がX軸上を転がるとき、その円の円周上の一点が描く軌跡を歯形曲線として利用したものである。この歯形をもつ歯車同士は、かみ合い部分の摩擦も小さく、歯車の回転もなめらかである。しかしながら、製作する場合は容易ではないという難点もある。その曲線の方程式を次に示す。

$x = a(\theta - \sin\theta)$ (1-2)

$y = a(1 - \cos\theta)$ (1-3)

これらの式は図Ⅲ－5より、容易に導き出すことができる。

また、方程式で表す曲線の数表を作成することによって図Ⅲ－6に示す外形を描くことができる。

一方、インボリュート歯形は、半径aの円筒状の糸巻きに巻かれた糸を引っ張りながらほどくとき、糸の先端が描く軌跡を利用する。この曲線が歯形曲線として広く活用されている。

この曲線をもつ歯形は、サイクロイド歯形と比較して工作が容易であり、一般に広く用いられている。インボリュート曲線の方程式を以下に示す。

$x = a(\cos\theta + \theta\sin\theta)$ (1-4)

$y = a(\sin\theta - \theta\cos\theta)$ (1-5)

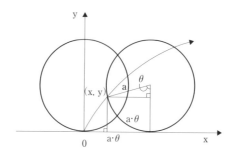

図Ⅲ－5 サイクロイド曲線と方程式の関係[2]

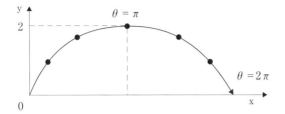

図Ⅲ－6 サイクロイド曲線（a＝1のとき）[2]

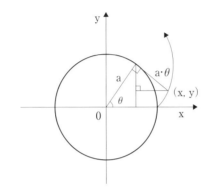

図Ⅲ－7 インボリュート曲線と方程式の関係[2]

図Ⅲ－7は式 (1-4)、式 (1-5) の導き方を示したものである。

また、式 (1-4)、式 (1-5) より、数表を作成することによって、その外形を図Ⅲ－8のように描くことができる。

歯車の特徴は、軸間距離が短い場合に、正確に動力を伝達することができることである。今、図Ⅲ－9のように3つの歯車a、b、cがかみ合って回転している歯車列を考える[3]。

歯車a、b間の速度比i_{ab}は、それぞれの歯車の歯数、Z_a、Z_b、回転数N_a、N_bを用いて、次のように表現することができる。

$$i_{ab} = \frac{N_b}{N_a} = \frac{Z_a}{Z_b}$$

同様に、歯車b、c間の速度比i_{bc}は、

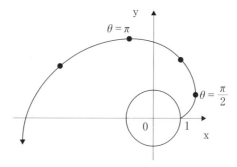

図Ⅲ－8　インボリュート曲線（a=1のとき）[2]

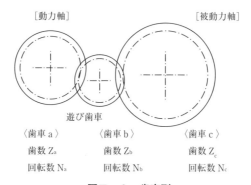

図Ⅲ－9　歯車列

$$i_{bc} = \frac{N_c}{N_b} = \frac{Z_b}{Z_c}$$

となる。これより、歯車 a、c 間の速度比 i_{ac} は、上式より、N_a、N_c を代入すると、

$$i_{ac} = \frac{N_c}{N_a} = \frac{N_b \dfrac{Z_b}{Z_c}}{N_b \dfrac{Z_b}{Z_a}} = \frac{Z_a}{Z_c} \tag{1-6}$$

となる。この式の意味することは、とても興味深いことである。歯車 a と歯

車 c の間の速度比は、中間に歯車 b が存在するけれども、その大きさに関係しないという事実である。すなわち、歯車 a と歯車 c が直接かみ合っている場合と全く同じである。このような性質をもつ歯車 b のことを遊び歯車という。

結果として、軸間距離が少々長い場合の動力伝達でも歯車列を用いて対応は可能である。ただ、遊び歯車の数が増えることになる。また、この遊び歯車を間に奇数個組み合わせることで動力軸と同じ方向に回転を伝えることができるが、偶数個組み合わせると逆方向になることがわかる。

3．リンク装置

4つ棒リンク装置は、棒の長さによって、「てこクランク機構」、「両クランク機構」、「両てこ機構」に変化することを理解してきた[4]。ここでは、目的の動作を実現するためには、リンクの長さをどのように設定すればよいか、機構の成立条件について学習する[5]。

(1) てこクランク機構

今、図Ⅲ－10に示す長さ a のリンクを固定（固定リンク）したとき、リンク b が回転運動（クランク）、リンク d が揺動運動（てこ）になる機構を、てこクランク機構という。この機構を得るためにはそれぞれのリンクの長さが関係してくる。

リンクの動きが、てこクランク機構になるためには、リンク間で囲んでで

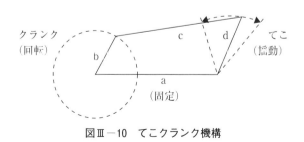

図Ⅲ－10　てこクランク機構

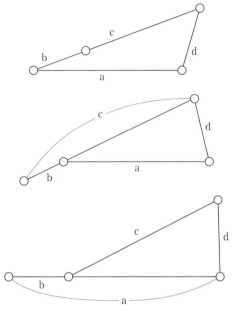

図Ⅲ-11 てこクランク機構の動き

きる三角形は次の3つの場合がある（図Ⅲ-11）。

これらの3つの三角形が成立するためには、次の条件式を満たすことが必要である。

　　成立条件：$a+d>b+c$
　　　　　　　$a+b<c+d$　　　　　　　　　　　　　　　　　(1-7)
　　　　　　　$a+c>b+d$

(2) 両クランク機構

長さaのリンクを固定リンクとしたとき、リンクb、dが、それぞれ回転運動（クランク）をするとき、この機構を両クランク機構と呼ぶ（図Ⅲ-12）。この機構が成立するためのリンクの長さの条件を求める。

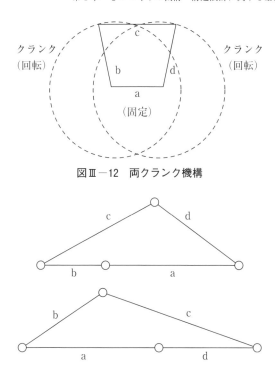

図Ⅲ-12 両クランク機構

図Ⅲ-13 両クランク機構の動き

　この機構になるためには、リンク間で囲んでできる三角形は、次の2つである（図Ⅲ-13）。

　これらの2つの三角形ができるためには、次の条件を満たすことが必要である。

　　　成立条件：$c+d > a+b$ 　　　　　　　　　　　　　　　　　　　(1-8)
　　　　　　　$b+c > a+d$

(3) 両てこ機構

　長さaのリンクを固定リンクとするとき、長さb、dのリンクが図Ⅲ-14のようにそれぞれ揺動運動（てこ）をするとき、これを両てこ機構という。

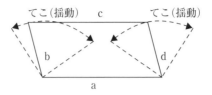

図Ⅲ-14 両てこ機構

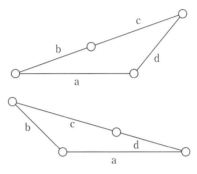

図Ⅲ-15 両てこ機構の動き

この機構の成立条件は次の通りである。
　この機構の動きから生じる三角形は、次の2つの場合がある（図Ⅲ-15）。これらの2つの三角形が作られるためには、次の条件を満たすことである。
　　成立条件：a＋b＞c＋d　　　　　　　　　　　　　　　　　　　　(1-9)
　　　　　　　a＋d＞b＋c
　以上より、目的の動作を実現するためには、リンクの長さが関係してくることに気づくことが大切である。

4．ベルト・ベルト車

　実際の平ベルトは皮やゴム、特殊織物等からできており、金属製の平ベルト車（平プーリ）との間の摩擦力で動力を伝達するしくみである。従って、急な動力伝達時にはベルト、プーリ間で多少すべりを発生することもあるが、

実用上は大きな問題点になっていない。すべりの心配を必要とする場合には、むしろ、すべりの少ないVベルト・Vプーリを使ったり、すべりのない歯付きベルト・歯付きプーリを使うことで工夫して使い分けているからである[6,7]。

通常使われている一体型の平プーリの断面形状は、図Ⅲ－16のように少しだけ山型（凸型）になっている。この山型に平ベルトが掛けられるが、平プーリからベルトがすべり落ちる心配がある。しかし、実際には平プーリの断面が若干山型であるからこそ、ベルトが力学的に落ちないしくみになっている。図Ⅲ－16に示すように、ベクトル①の力は平ベルトの軸間での引張力であり、平ベルトのベクトル②はベルトが平プーリにかかることによって生じる張力である。結果として合力ベクトル①は、ベクトル②とベクトル③を加えたものであり、分力ベクトル③というプーリの山を登る力が生じることになる。これによって、平ベルトは回転中でも自動的に平プーリの山を登り、外れることなく安定して回転することになる[8]。

平行な2軸にベルトをかけるとき、ベルトの掛け方で回転方向を容易に変

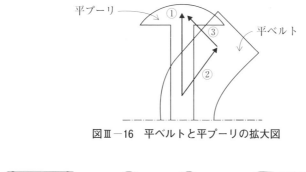

図Ⅲ－16　平ベルトと平プーリの拡大図

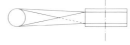

(a) 平行掛け　　　(b) たすき掛け　　　(c) 90度のねじり掛け

図Ⅲ－17　ベルトの掛け方の種類

えることができる(図Ⅲ-17)。動力軸と同方向の回転を伝達したいときには、平行掛け(オープンベルト)、逆方向に伝達したいときには、たすき掛け(クロスベルト)にして対応できる。また、平行でない2軸の場合でも、ベルトをひねることによって動力を伝達することが可能である。

第2節 機構解析

本節では、メカニズムの構築と解析について、以下に述べる。

メカニズムの構築に際しては、実際の動きをどのように設計するかが重要となる。ここでは、コンピュータを積極的に活用して、動くしくみを数学的に解析する方法について考える。

今、機構を数学的に解析する場合、複素平面上(直交座標系)で次のような複素ベクトルで表すことにする[9]。

$Z = a + ib$ (a, bは実数、$i^2 = -1$)

また、図Ⅲ-18に示すように極形式で表示する場合には、

$a = r\cos\theta$、$b = r\sin\theta$ だから、上式に代入し整理すると

$Z = r(\cos\theta + i\sin\theta)$ ($r > 0$) となる。

そこで、2つのベクトル Z_1 と Z_2 を次のような複素ベクトルで表すことを考える。

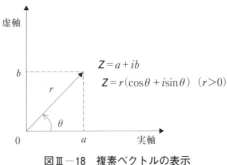

図Ⅲ-18 複素ベクトルの表示

第1章 ものづくりの機構・構造設計に関する基礎研究

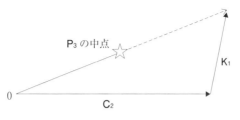

図Ⅲ-19 簡単な機構解析例[9]

$Z_1 = r_1(\cos\theta_1 + i\sin\theta_1)$

$Z_2 = r_2(\cos\theta_2 + i\sin\theta_2)$

このとき、次のような性質をもつ。

○ $Z_1 \cdot Z_2 = r_1 \cdot r_2 \{\cos(\theta_1 + \theta_2) + i\sin(\theta_1 + \theta_2)\}$

○ $\dfrac{Z_1}{Z_2} = \dfrac{r_1}{r_2}\{\cos(\theta_1 - \theta_2) + i\sin(\theta_1 - \theta_2)\}$

○ $(\cos\theta + i\sin\theta)^n = \cos n\theta + i\sin n\theta$ （n：整数）

解析例として、図Ⅲ-19に示すように、ベクトル K_1 を動力側ベクトルとし、それを手動で回転させるものとする。ベクトル C_2 は水平の固定ベクトルである。今、K_1 の先端と原点0を伸縮自在のゴムで結ぶとき、その中点に星バッジを留めておく。ベクトル K_1 が0度から180度回転運動するとき、P_3 の中点に留めた星バッジの動作軌跡を求めることを考える。

動力側ベクトルである K_1 は長さを1で、偏角は設定するものとする。固定ベクトル C_2 は長さ5、偏角は0度の既知ベクトルである。このとき、次のようなベクトル方程式が成立する。

$$P_3 = C_2 + K_1 \tag{1-10}$$

このとき、θ_1 は与えられているものとする。

求める未知数は p_3 と θ_3 であるから、

$$p_3\cos\theta_3 + ip_3\sin\theta_3 = c_2\cos\theta_2 + ic_2\sin\theta_2 + k_1\cos\theta_1 + ik_1\sin\theta_1$$
$$= (c_2\cos\theta_2 + k_1\cos\theta_1) + i(c_2\sin\theta_2 + k_1\sin\theta_1)$$

となる。これより、実部と虚部を比較することで次式が成立する。

$$p_3 \cos\theta_3 = c_2 \cos\theta_2 + k_1 \cos\theta_1 \tag{1-11}$$

$$p_3 \sin\theta_3 = c_2 \sin\theta_2 + k_1 \sin\theta_1 \tag{1-12}$$

式(1-12)/式(1-11)を計算することによって、

$$\tan\theta_3 = \frac{\sin\theta_1}{5 + \cos\theta_1} \tag{1-13}$$

を得る。

また、式 (1-10) を $\cos\theta_3 + i\sin\theta_3$ で割り、実部のみとると、

$$p_3 = 5\cos\theta_3 + \cos(\theta_1 - \theta_3) \tag{1-14}$$

となる。

これより、式 (1-13)、(1-14) の入力変数 θ_1 に対して、次表のように、ベ

表Ⅲ－1　動作の軌跡の計算表[9]

θ_1 (deg)	θ_3 (deg)	P_3	$1/2P_3$
0	0	6	3
30	4.86	5.90	2.94
60	8.95	5.57	2.78
90	11.31	5.10	2.55
120	10.89	4.58	2.29
150	6.90	4.16	2.08
180	0	4	2

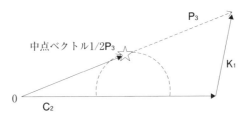

図Ⅲ－20　機構計算の結果[9]

クトル P_3 とベクトル $1/2P_3$ を計算して求めることができる。

表Ⅲ－1は、計算結果を表形式でまとめたものである。

結果として、中点ベクトル $1/2P_3$ の星バッジの軌跡は図Ⅲ－20のような半円を描くことになる。

第3節　構造設計の方法

製品設計を行う場合、機構そのものの設計とともに機構を納めるための構造体の設計も力学的観点から把握しておく必要がある。とくに、適用する材料の使い方による力学特性は考慮に値するものである。

製品となる構造体には使用している間、いろいろな方向から外力が加わり、それらによる剪断力や曲げモーメントを考慮した設計が必要となる。各種外力に対して剛体がつりあうためには、剛体に作用する力の合力が0であり、また剛体を回転させようとする任意の軸の回りの力のモーメントの和が0になる。

構造体を構成するひとつひとつの部材は、「はり」と呼ばれる水平に置かれた、あるいは固定（半固定）された棒材である。この棒材の一端だけを固定したものが片持ちはりであり、両端を支持したものが両端支持はりである。したがって、「はり」という形で構造体にかかる力を部材ごとに計算することで、力学特性を構造体全体の製品設計に生かすことができる。

1.「はり」にかかる力の解析[9]

今、図Ⅲ－21のように、両端支持はりに1つの集中荷重（W N）と1つの等分布荷重（q N/m）がかかるとする。

両端支持はりの両端にかかる反力 R_A、R_B を求める。

力のつりあい方程式より、次式が得られる。

$$R_A + R_B = W + q \cdot \ell_1$$

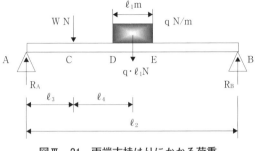

図Ⅲ−21　両端支持はりにかかる荷重

　次に、「はり」が回転しないでつり合う条件を考える。今、A点の回りのモーメントがつりあうためには、次式を満たす必要がある。

$$W \cdot \ell_3 + (\ell_3 + \ell_4) \cdot q \cdot \ell_1 = R_B \cdot \ell_2$$

$$R_B = \frac{1}{\ell_2}(W \cdot \ell_3 + (\ell_3 + \ell_4) \cdot q \cdot \ell_1) \tag{1-15}$$

これより

$$R_A = W + q \cdot \ell_1 - \frac{\ell_3}{\ell_2}W - \frac{\ell_3 + \ell_4}{\ell_2} \cdot q \cdot \ell_1 \tag{1-16}$$

となる。

2．剪断力線図と曲げモーメント線図[9]

　図Ⅲ−22に示すように、「はり」の左端から x m の断面における剪断力 F と曲げモーメント M を求める。得られた F、M を図形式に表わしたものを剪断力線図（SFD）、曲げモーメント線図（BMD）という。曲げモーメントが最大になる箇所には、曲げに強い材料の選定や断面形状の工夫をするなど設計時に注意を要する。そこで、「はり」の左端から距離 x をとり、次のように場合分けをして、剪断力と曲げモーメントを求める。

〈x が AC 間の場合〉

$$\left.\begin{array}{l} F = R_A \\ M = R_A \cdot x \end{array}\right\} \tag{1-17}$$

第1章 ものづくりの機構・構造設計に関する基礎研究　113

〈x が CD 間の場合〉

$$\left. \begin{array}{l} F = R_A - W \\ M = R_A \cdot x - W \cdot (x - \ell_3) \end{array} \right\} \text{(1-18)}$$

〈x が DE 間の場合〉

$$\left. \begin{array}{l} F = R_A - W - \left(x - \ell_3 - \ell_4 + \dfrac{\ell_1}{2}\right) \cdot q \\ M = R_A \cdot x - W \cdot (x - \ell_3) - \left(x - \ell_3 - \ell_4 + \dfrac{\ell_1}{2}\right) \cdot q \cdot \dfrac{1}{2} \cdot \left(x - \ell_3 - \ell_4 + \dfrac{\ell_1}{2}\right) \end{array} \right\} \text{(1-19)}$$

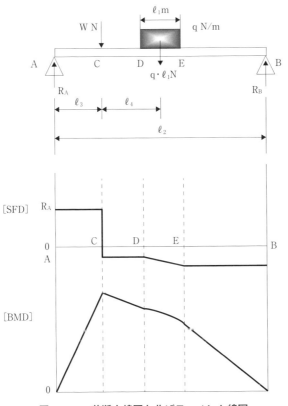

図Ⅲ-22　剪断力線図と曲げモーメント線図

〈x が EB 間の場合〉

$$F = R_A - W - q \cdot \ell_1$$
$$M = R_A \cdot x - W \cdot (x - \ell_3) - q \cdot \ell_1 \cdot (x - \ell_3 - \ell_4) \qquad (1\text{-}20)$$

第4節　機構・構造に基づく製品設計の方法

　機構設計や構造設計の実践として、からくりロボットの製作を考える。単に機構模型の直感的設計ではなく、動きのメカニズムを科学的に究明し、動く理論を理解することに努める。図Ⅲ－23では、からくり人形の中でも基礎的な春駒人形に焦点をあて、板材を用いて平面的な動きをもつカム機構とてこクランク機構からなるおもちゃを製作する。

　材料として、本体を厚さ4mmのベニヤ板、軸を丸形竹はしやつまようじ、動力伝達にはひも等を準備する。

　てこクランク機構のクランク部を動力として、てこの揺動角（馬の首ふり角度）を $\theta = 30$ 度となる機構模型を製作する。ここで、図Ⅲ－24に示すように、θ は $\theta_1 - \theta_2$ となることがわかる。

　今、$\theta_1 = 120°$、$\theta_2 = 90°$ とし（$\theta_1 - \theta_2 = 30°$）、てこクランク機構となるため

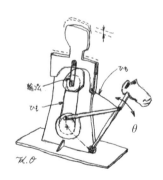

図Ⅲ－23　てこクランク機構のおもちゃ工作

のリンクの長さ a、b、c、d を求める。

てこクランク機構の成立条件より、b+c＞a+d だから、図Ⅲ－24(1)において、余弦定理を用いる。

$$(b+c)^2 = a^2 + d^2 - 2ad\cos\theta_1$$

θ_1 は120°である。a=8、d=10 とすると、

$$(b+c)^2 = 244$$

よって、b+c=15.6 となる。

一方、てこクランク機構が成立することから、図Ⅲ－24(2)において、余弦定理を用いる。

$$(c-b)^2 = a^2 + d^2 - 2ad\cos\theta_2$$

$$(c-b)^2 = 164$$

よって、c-b=12.8となる。

結果として、a=8、b=1.4、c=14.2、d=10 を得る。

これらの値はてこクランク機構の三角形成立条件をすべて満たすことが確認される。

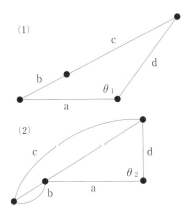

図Ⅲ－24　動きの解析

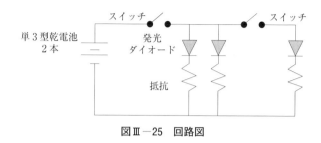

図Ⅲ-25　回路図

　設計したからくりロボットに電光機能を追加設計する場合には、学習進度を考えて発光ダイオード（LED）の活用が好都合である。図Ⅲ-25に、その回路設計図を示す。

　LEDには極性があるため、接続方向を間違えないように注意を要する。足の短い方がカソード（K）、長い方がアノード（A）であり、これまで学習してきた知識を確認することができる。

第2章 ものづくりの工程計画・製作に関する基礎研究

第1節 組み付け作業の数式表現法

1．数式表現法の意義と目的

　ものづくりを行う場合には個々の部品の加工作業だけではなく、部品同士の組み付け作業も効率よく、論理的に作業を進める必要がある。各種部品の加工作業を時間経過とともに、各使用機械との関係をまとめたものがガント・チャートである。しかし、部品の組み付け手順を表現する図となると、時間軸を基準とするガント・チャートとは性質の異なったものとなり、製品の構成ツリー図やFishbone diagram[10]等のようになる。

　そこで、組み付け作業もガント・チャートの感覚で表現できれば、加工作業と組み付け作業の接続工程の理解がスムーズになり、より効率的で論理的な生産活動が可能になると考える。本節では、組み付け作業の基本例として、生産工程を、結合作業、加工作業、仕上げ作業に絞り込み、ガント・チャートで表現しやすい数式表現の方法論を提案し、考察する。

2．作業の数式表現法
2.1　作業の記号表示

　製品を構成する部品同士の組み付け作業を論理的に展開するために、三つの作業工程、すなわち、結合作業、加工作業、仕上げ作業に分け、表Ⅲ－2のように、それぞれを記号で表現する。

表Ⅲ－2　作業の記号表示例

作業名	作業内容	記号
結合作業	分解可能な結合（ねじ等）	∧（おねじのねじ込み、木ねじ、はめあい（しまりばめ））、∧＿（ボルトとナット止め）
	分解不可能な結合（リベット、溶接等）	△（合体加工）
加工作業	溝加工、穴あけ加工等	〜（切削加工）
仕上げ作業	研磨等	－（研削加工）

表Ⅲ－3　作業内容表示

表現法	作業内容（意味）
2 A	2個の部品A
$\tilde{A}$	部品Aに切削加工作業を施したもの
$\overline{\tilde{A}}$	部品Aに切削加工作業を施した後、研削加工作業を実施する
$A \wedge \tilde{B}$	部品Aと切削加工を施した部品Bを分解可能な形で結合する

2.2　作業内容の表示

製品を構成する各部品をA、B等のアルファベットで表示する。そして、部品A、Bの組み付け方法を前述の記号を用いて表すものとする。作業内容としては表Ⅲ－3にその例を示す。

2.3　作業に関する数式の性質

部品同士を組み付ける際の作業の関係を数式で表すと次の性質をもつ。
（性質1）交換法則
$$A \wedge \tilde{B} = \tilde{B} \wedge A$$
（性質2）
$$\overline{A \wedge \tilde{B}} = \overline{A} \wedge \overline{\tilde{B}}$$
（性質3）

$\widetilde{A \wedge B} = \widetilde{A} \wedge \widetilde{B}$

(性質4) 結合法則

$(A \wedge B) \wedge C = A \wedge (\widetilde{B \wedge C})$

2.4 処理順序の原則

　数式で表された作業を実施する場合、式の左から右を処理の基本としながら、処理のルールづくりをする必要がある。作業に関する処理順序の原則を以下に示す。

(第1原則) 1部品の作業から実施する。
(第2原則) 式の左から右へ順に処理する。
(第3原則) カッコ内の作業は優先して、先に処理する。

2.5 組み付け作業のまとめ

　製品の部品構成ツリーが図Ⅲ－26のように示されている。このツリー図を参考にして、製品の部品組み付けの数式表現を描き、ガント・チャートを作成することを考える。

　数式表現法を用いると次のようになる。

　　$(\widetilde{A \Delta B}) \wedge (\overline{\widetilde{C} \wedge (D \Delta E)})$

これをガント・チャートで表すと図Ⅲ－27となる。

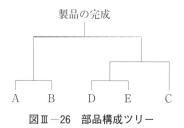

図Ⅲ－26　部品構成ツリー

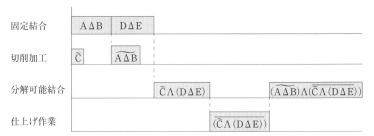

図Ⅲ-27　ガント・チャート表示

表Ⅲ-4　部品とその特徴表

部品名	特徴
A：ペン先端部	めねじ部付
B：ペン筒	両端におねじ部付
C：インク芯	ボールペン先＋円筒形インク部
D：芯キャップ	インク芯のはめあい固定部＋めねじ部付

部品A

部品B

部品C

部品D

図Ⅲ-28　ボールペンの部品

3．適用例

　今、表Ⅲ-4、図Ⅲ-28に示す4部品からなるボールペンの組み付け作業を考える。図Ⅲ-29にはその部品構成ツリーを示す。このときの数式表示法について考察する。

　この適用例において、分解可能な結合要素として、おねじとめねじの2種類の素子、すなわち、記号Λ（おねじ）、＿（めねじ）を用いることにする。

図Ⅲ－29　部品構成ツリー

図Ⅲ－29の部品構成ツリー図から、次のように組み付け作業を数式表現することができる。

$(A \wedge \underline{\quad} B) \wedge \underline{\quad} (C \wedge D)$
$= (A \wedge \underline{\quad} B) \wedge C \wedge \underline{\quad} D$　（部品C、D間で交換法則の成立）
$= (A \wedge C) \wedge \underline{\quad} B \wedge \underline{\quad} D$　（部品B、C間で交換法則の成立）
$= (A \Delta B) \wedge \underline{\quad} (C \Delta D)$　（部品AとB、部品CとDを分解不可能素子としても可）

　従来より、部品の組み付け作業手順の表示には、図表や指示書を用い、作業者には感覚的に理解を求めてきたため、作業改善等を行う際には論理的発想での進展が困難な状況であった。このように、作業手順を数式表現することで、作業者の論理的思考能力の育成にもつながり、有効な方法の一つになると考える。

第2節　各種工作機械の使用のための作業設計法

　ものづくりを上手に行うためには、多くの工具や工作機械の中から必要となるものを適切に選択し、使用のための準備、あるいは加工状況のイメージを、前もって整え把握しておくことが大切である。とくに、工作機械を用いて加工作業を実施する際の前段階の準備作業としての段取作業は、重要であり、体系的な教育訓練の実施が望まれる。本節では、まず、工作機械を用いた加工作業において、加工精度を高めるためには、どのような段取が必要に

なるかを科学的に解明し、作業者を訓練させることが必要であることに言及する。そして、加工精度を高めるための段取作業の訓練法について、使用する工作機械ごとに検討し、考察する。

1. 旋盤の作業段取りに関する研究[11]

汎用工作機械の中で、旋盤は多くの作業工程で必要とされ、活用頻度の高い工作機械の一つである。この旋盤による加工作業、すなわち、旋削作業において、荒加工から精密仕上げまでを行う一連の加工作業では、適切で迅速な段取作業が要求される。未熟練作業者は、経験不足からこの段取作業に不慣れであったり、非能率的な加工作業になったり、結果として加工精度を下げることもある。そこで本節では、工作機械の中でも最も汎用性のある旋盤をとりあげ、その段取作業の分析を行う。

1.1 旋盤作業段取りと訓練の必要性

工作機械による加工作業、とくに旋盤を使った作業は、ものづくりの基本になる。未熟練作業者は、通常熟練者の指導のもとで技能上達に励むことになる。しかし、熟練者が激減している今日、その訓練方法が大きな問題となっている[12-19]。熟練者は高度の作業経験を有し、また専門的勘に頼って加工作業を実践する場合もあり、それによって加工精度の向上につながっていることも多い。このことは、加工作業の前段階である段取作業からすでに実質加工作業が始まっているといっても過言ではない。たとえば、加工時における加工物の支持方法、工具の刃物台への固定方法、工具交換方法等は、加工精度に大きく影響を及ぼす要因であるといえる。

そこで、旋盤作業において加工精度の向上を追及するために、まず段取作業から改善することを考え、それを作業者の訓練によって実践することを目指す。

第2章　ものづくりの工程計画・製作に関する基礎研究　123

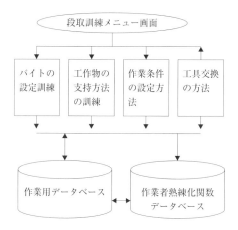

図Ⅲ-30　旋盤作業における段取訓練システム

1.2　旋盤作業段取訓練システムの基本設計

　旋盤作業を上手に行うための訓練として、まず使用する旋盤のハード的特性を把握しておく必要がある。これにより、使用する際に、その旋盤に適した使用条件を提示することができる。具体的には、まずメニュー画面より、実際に訓練したい事項を選択するという流れに従って、訓練システムの基本設計がなされる。図Ⅲ-30にその訓練システムの概要を示す。

1.3　旋盤作業の段取訓練法

　旋盤の段取作業を訓練する場合、標準的な外丸削りを作業対象とする。

(1)　バイトの設定法

　切削工具であるバイトを旋盤の刃物台に取り付ける場合、バイトの刃先の高さが工作物の中心に一致するようにするために、バイトの下に何枚かの敷金を置き、高さを調整する必要がある。このとき、バイトの固定方法としては、必ず3本のバイト締め付けねじでバイトをしっかり押さえて固定するこ

と、刃物台から出るバイトの長さは加工に支障がない程度に適度に短くしておくことである。

(2) 工作物の支持に関する意思決定法

旋盤の主軸端に取り付けたチャックで工作物を支持する場合、両端支持と片方支持の2種類の方法がある。どちらを採用すべきかを意思決定することが重要である。熟練者の経験においては工作物の加工長さがその直径の3倍を越えれば両端支持で加工することが望ましい。

① 片方支持の場合

旋盤主軸端のチャックを開け工作物を深く差し込み、しっかりつかむ。工作物が正しく取り付けられたかどうかは、トースカンで検査する。このとき、チャックを手回ししたとき、工作物に当てたトースカンの先端が変動しないようにする。

② 両端支持の場合

旋盤主軸のチャックを開け工作物を差し込み、まずは工作物の片方をゆるくつかむ。次に心押台に取り付けたセンターで、工作物の他方の端面の中心を支持する。工作物を回転させながら、ぶれはないかを確かめて、最後に、チャックと心押台で工作物の両端をしっかり固定する。

(3) 作業条件の設定に関する意思決定訓練

旋盤による加工作業を実際に行う場合、主軸の回転数、バイトの送り量、工作物への切込み量等の切削に関する条件設定を適切に行わなければならない。この切削条件は、理論的に解析されるものである。指導者はあらかじめそれを理想解として、計算しておき、この理想解を目指して、現実的な実践解を訓練によって生み出すことになる。

以下に理想解を求めるための解析方法について述べる。

加工における仕上げ面粗さを小さく、かつ寸法精度を上げるためには、流

れ形切りくずとなる切削が望ましい。そのためには大きめのすくい角のバイトを用い、小さめの切込み量で切削する。また、加工作業には切削力制約があり、次式で表す。

$$k \cdot d^{a_1} \cdot f^{a_2} \cdot v^{a_3} \leq P \tag{2-1}$$

ここで、Pは必要動力（W）とし、k、a_1、a_2、a_3をそれぞれ定数とする。

① 切込み量の意思決定訓練

流れ形切りくずの生成条件を入力する。すなわち、バイトのすくい角αより最大切込み量d_{max}をデータベースより設定する。全切込み量をd_{all}としたとき、求める切込み量dは次のように設定される。

・$d_{max} < d_{all}$ のとき

$d = d_{max}$ で切削し、n＝INT$(d_{all}／d_{max})$ 回切り込む。従って、残りの切込み量dは（n＋1）回目（最終）の切込み量で、次式で示される。

$$d = d_{all} - n \cdot d_{max} \tag{2-2}$$

・$d_{max} \geq d_{all}$ のとき

$d = d_{all}$ で、1回切り込みで完了となる。

② 送り量の意思決定訓練

切削仕上げ面粗さをR_{max}とし、刃先の丸味半径をr(mm)とすれば、送り量f(mm/rev)は次式の関係となる。

$$\frac{f^2}{8r} \leq R_{max} \tag{2-3}$$

③ 切削速度の意思決定訓練

能率的な切削作業を行うために、理想となる最適な切削条件を求める数学モデルは以下のようになる。ここで、L、D、およびv_{max}は、それぞれ加工物の切削長さ（mm）、加工物径（mm）、および最大切削速度とする。

$$Minimize \quad t = \frac{\pi \cdot D \cdot L}{1000 \cdot f \cdot v} \tag{2-4}$$

$$subject \; to \quad 式(2-1), 式(2-3), and \quad 0 < v \leq v_{max} \tag{2-5}$$

これより、得られる理想的な切削条件を基に、適切な実践解を訓練によって生み出すことになる。

(4) 工具交換に関する意思決定訓練

バイトを交換する必要がある場合は、迅速に交換しなければならない。たとえば、異なる種類の加工を行う必要がある場合や工具寿命による工具交換の必要性がある場合などがこの訓練に相当する。

① 異なる加工作業のための工具交換

工具の交換を能率良く行うためには、スローアウェイバイトを用いることが適切である。バイトのホルダー部を刃物台から取り外さないでバイト先端のチップのみの交換で工具交換を完了できるからである。付け刃バイトなど他のバイトであれば、刃物台からバイトを取り外し、交換して再度バイトの設定作業を行う必要がある。

② 工具寿命による工具交換

スローアウェイバイトのチップ交換は簡単ではあるが、不必要な交換は避けるべきで、そのためには工具の寿命管理を徹底する必要がある。このとき理論的な解析に基づいて、バイト寿命の理想解を熟知しておくことが重要である。この理想解をもとに現実的な実践解を訓練によって生み出す必要がある。

以下に理想解を求めるための解析方法について述べる。

使用工具の累積摩耗量を管理することにより、工具交換時期の意思決定が適切にできるように訓練する。今、送り量 f(mm/rev)、切込み量 d(mm)、切削速度 v(m/min)、切削時間 t(min) とし、A、b_1、b_2、b_3、b_4 を定数とすれば、工具の摩耗量を示す逃げ面摩耗幅 V_B(mm) は次式で表される[20]。

$$V_B = A \cdot f^{b_1} \cdot d^{b_2} \cdot v^{b_3} \cdot t^{b_4} \tag{2-6}$$

式 (2-6) は、$t=0$、$V_B=0$ のとき成立する。工具の累積摩耗量から工具交換の適正な判断を行うには、摩耗の途中経過を表す式、すなわち $t=0$ のと

き $V_B = V_{Bi}$ となる一般式を把握しておけばよい。

$$V_B = \left\{ V_{B_i}^{\frac{1}{b_4}} + A^{\frac{1}{b_4}} \cdot f^{\frac{b_1}{b_4}} \cdot d^{\frac{b_2}{b_4}} \cdot v^{\frac{b_3}{b_4}} \cdot t \right\}^{b_4} \qquad (2\text{-}7)$$

2．フライス盤、ボール盤における各種段取作業[21]

　ここでは、旋盤以外の工作機械、とくにフライス盤、ボール盤を対象にして、精度の高い加工作業を実現するために、それらの段取作業の訓練方法について検討し、考察する。

2.1　各種工作機械の作業段取りと訓練の必要性

　汎用工作機械で加工する場合に、加工準備のための段取作業は、単に加工前の治具・工具類の能率的作業準備だけではなく、精度良い加工作業を実現するために、工作機械の作業条件の設定までも考えて準備しておくことが重要である。これより、段取作業を次の２つの作業段階に分けて考える。すなわち、①加工前準備の段階、②加工時の作業条件の設定である。このような観点において適切に段取作業を教育訓練していくことが今、求められている。

　本節では、表Ⅲ－５に示すように、フライス盤、ボール盤をとりあげ、それらの工作機械で加工を行う際の適切な段取作業の方法論について考察する。

表Ⅲ－５　工作機械と段取作業内容

工作機械	加工作業	段取作業内容
フライス盤	平面加工	①：加工面の水平度 　　クランプ位置設定 ②：切削条件設定方法
ボール盤	穴あけ加工	①：ドリル工具の保持 　　工作物の保持方法 ②：切削条件設定方法

（注）①は加工前準備作業、②は加工時の作業条件

これらの工作機械を用いて上手に加工する場合、作業者の加工経験等が大きく関わってくる。とくに加工精度を上げるためには作業段取の段階で多くの手順を踏んでいることに気づく。そこで、加工精度に影響を及ぼす段取りに関する作業内容をチェックし、その技能を訓練することによって全体的に加工精度を高めることが可能である。

2.2 工作機械と段取作業の訓練内容

工作機械の段取作業訓練では、まず、工作機械自体のしくみや特性を十分理解することから始まる。また、加工時の作業条件の設定においては、適切な切削条件を加工用データベースから選定する訓練が必要となる。図Ⅲ－31は、フライス盤とボール盤の段取りに関する訓練システムの概要を示したものである。

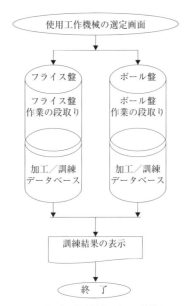

図Ⅲ－31　各種工作機械の段取訓練システム

これより、フライス盤とボール盤の段取訓練の内容について述べる。

(1) 加工前準備段階での訓練と方法
① フライス盤作業

フライス盤による加工作業では、加工テーブル上に加工部品を置き、ステップブロックやステップクランプ等の治工具を用いて、工作物の加工面を水平に保持しながら適切に固定することが必要である。そのためには、治工具の種類や量、使用方法等について意思決定する訓練が必要となる。

ⅰ) 加工面の水平度維持に関する訓練

加工部品を平面切削する場合、部品の底面が曲面で、水平を維持できない状態であれば、直接加工テーブル上には部品を置くことが不可能である。そこで、底面をスクリューサポートという治工具で支える必要がある。このとき、スクリューサポートの使用本数や使用箇所等が加工精度に与える影響は大きく、通常訓練を要することになる。

ⅱ) クランプ位置に関する訓練

スクリューサポートで支えられた加工部品を上からクランプで固定する場合、クランプの使用本数とその固定位置、固定力について適切なる意思決定を要する。

② ボール盤作業

ボール盤を用いた穴あけ加工では、ドリル工具をチャックの中心で保持することが基本となる。他方、加工部品の保持については、通常バイスで固定する方法が一般的である。

ⅰ) ドリル工具の保持に関する訓練

ドリル工具を取付ける場合、三つ爪チャックの中心でドリルが保持されていることが原則である。とくに細いドリル工具を取付ける際にはこの点注意を要する。また、ドリル工具の柄の部分をチャック内に十分深く押し込み、保持を安定させる必要がある。

ⅱ) 加工部品の保持に関する訓練

バイスを利用して、加工部品をしっかり保持することである。薄い板金に穴あけ加工を施す場合には、バイスは使えないため、保持方法に工夫を要する。手で保持する場合は、工作物が動かないようにしっかり保持することが加工精度の向上に役立つと共に、安全作業といえる。

(2) 加工時の作業条件に関する訓練と方法

切削条件に関する意思決定訓練が加工時に行う段取作業として必要となる。とくに切削速度 v(m/min) と送り量 f(mm/rev) の値を適切に設定することで、加工精度を保つことができる。

① 能率化を目指した作業条件の設定訓練

どのような工作機械においても、能率良い加工作業を実現するためには、できるだけ高い加工精度が得られる作業条件下で、加工時間 t の最小化を求めることになる。

ここで、L、v_{max}、f_{max} は、それぞれ工作物の切削長さ (mm)、最大切削速度、最大送り量とする。Dについては、旋盤作業では工作物の直径であるが、フライス盤作業・ボール盤作業でエンドミル・ドリル工具使用の場合は工具径 (mm) となる。

これより、適切な切削速度と送り量を求める数学モデルを次に示す[22]。

$$Minimize \quad t = \frac{\pi \cdot D \cdot L}{1000 \cdot f \cdot v} \tag{2-8}$$

$$subject\ to \quad 0 < f \leq f_{max} \tag{2-9}$$

$$0 < v \leq v_{max} \tag{2-10}$$

$$0 < f^{\alpha} \cdot v^{\beta} \leq \gamma \tag{2-11}$$

これより、得られる切削条件を理想解とし、それを目指して適切な実践解を訓練によって生み出すことになる。

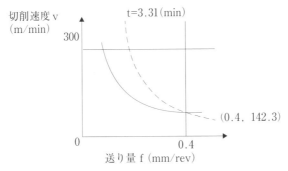

図Ⅲ-32 最適切削条件

今、例として

$$\text{Minimize} \quad t = \frac{60 \cdot \pi}{f \cdot v} \tag{2-8'}$$

$$\text{subject to} \quad 0 < f \leq 0.4 \tag{2-9'}$$

$$0 < v \leq 300 \tag{2-10'}$$

$$0 < f^{0.5} \cdot v \leq 90 \tag{2-11'}$$

とすれば、最適切削条件は、図Ⅲ-32に示す通りである。最適解は、(0.4, 142.3) のとき $t_{opt} = 3.31$ min となる。

② 加工精度と能率化を目指した作業条件の設定訓練

第一目標として加工精度の向上を掲げながら、能率の良い加工作業を実現する問題は、多目標問題になる。適切な切削速度や送り量の設定には次の目標計画法を用いた定式化になる[22]。

$$\text{達成関数 } a_j = \{\rho_1, \rho_2, \rho_3\} \text{ (辞書式最小化)} \tag{2-12}$$

subject to

$$G_1 : F_1(f_1, v_1) + \eta_1 - \rho_1 = b_1 \tag{2-13}$$

$$G_2 : F_2(f_2, v_2) + \eta_2 - \rho_2 = b_2 \tag{2-14}$$

$$G_3 : F_3(f_3, v_3) + \eta_3 - \rho_3 = b_3 \tag{2-15}$$

$$f_i, v_i, \eta_i, \rho_i, b_i \geq 0 \quad (i = 1, 2, 3)$$

これより求められる切削条件を訓練によって生み出すことになる。

この目標計画法は、ゴール・プログラミング（Goal programming, GP）とも呼ばれ、多目標の線形計画問題を解くための一つの方法である[22]。

目標計画法のモデル構築にあたっては、まずどの目標に対しても希求水準（希望する水準）を設定する必要がある。この希求水準の備わった目標をゴール（Goal）と称し、その到達の程度（差異）として、正の達成と負の達成がある。

たとえば、目標関数 $f(x)$ に対して、その希求水準の値を b としたとき、$f(x)$ を b 以下にしたいという目指す目標がゴールである。このことは、数学的には $f(x) \leq b$ を意味するが、目標計画法では $f(x) + \eta - \rho = b$ で、ρ をできるだけ 0 にするように考える。

η と ρ は共に非負の差異変数で、最小化することになる。$\rho = 0$ なら、$f(x) \leq b$ は成立するが、$\rho > 0$ なら、$f(x)$ は b を越えることになり、最小限の ρ を認めることになる[22]。

具体例として、ボール盤を用いて、厚さ 10mm のアクリル板に 6mm、14mm のドリルによる穴あけ作業を実施する場合を考える。このとき、優先順位を、送り量、加工時間、穴精度の順に設定するとき、加工精度と能率化を目指した切削条件の決定モデルは、目標計画法を用いて、次のように表現することができる。ただし、送り量の上限は作業の危険性を考え、0.46mm/rev とした。目標となる加工時間は 7 秒とし、穴精度は表面に割れ・欠けのない真円形を 100% の穴として定義した。式中、t_m（$= L / N \cdot f$）は加工時間、s は加工穴精度（%）を表す。また、L は加工長さ、N はドリル工具の回転数（rpm）である。

達成関数 $\alpha = \{(\rho_1), (\rho_2), (\rho_3)\}$ （辞書式最小化）

subject to

G_1（送り量）：$f + \eta_1 - \rho_1 = 0.46$ (2-16)

$$G_2(時間): t_m + \eta_2 - \rho_2 = \frac{7}{60} \qquad (2\text{-}17)$$

$$G_3(穴精度): s + \eta_3 - \rho_3 = 100 \qquad (2\text{-}18)$$

$$f, s, \eta_i, \rho_i \geq 0 \ (i = 1, 2, 3)$$

　上式を解くことによって訓練の目安となる適切な f、N、s を求めることができる。計算結果は訓練用支援システムを用いて、表形式でまとめて出力される。表Ⅲ－6と表Ⅲ－7に結果を示す。

　表Ⅲ－6は直径6mmのドリル工具を用いた場合の加工穴精度（％）と切削条件を求めたものである。加工穴精度100％に到達する切削条件としては $f^* = 0.11$ mm/rev、ドリルの回転数 $N^* = 800$ rpm、及び $f^* = 0.25$ mm/rev、ドリルの回転数 $N^* = 360$ rpm が適切であることがわかる（表Ⅲ－6、濃い網かけ部）。このとき、達成関数は |0, 0, 0| となる。従って、作業者は自分の技量に基づいて、適切な一方を選択して、設定することができる。

　表Ⅲ－7は直径14mmのドリル工具を用いた場合の結果である。加工穴精度が100％となる解はこの段階では存在しない。材料の割れ・欠け等が存在する100％以上の穴になってしまうが、本モデルにおいて最小限の妥協解は113％となり、正確な穴とは言い難い（表Ⅲ－7、濃い網かけ部）。これでは不適当と考えれば作業条件の再考が望まれる。このときの達成関数は a = |0, 0, 13| となる。また、初心者がボール盤作業を行う場合には、安全性を重視して、主軸の回転数の上限を制限しておくことも必要である。表Ⅲ－8は主軸の回転数の上限を変化させたときの解（作業条件）である。回転数を540rpm におさえると f = 0.25mm/rev となり、116％の穴精度を甘受することになる。これより、現時点での作業者の技量に応じた適切な訓練を実施することができる。

　以上より、穴あけ作業においても加工前の条件設定が加工精度にも大きく影響することになり、作業者の訓練がとくに重要となる。

表Ⅲ－6　訓練用支援システムの適用結果[21]

回転数 N (rpm)	800	100	100	101	103	108	138	238
	540	100	100	101	104	110	133	197
	360	100	100	100	102	110	131	206
	240	100	100	100	102	104	109	153
精度（％）		0.05	0.11	0.25	0.34	0.46	0.74	1.00
		送り量 f (mm/rev)						

表Ⅲ－7　訓練用支援システムの適用結果[21]

回転数 N (rpm)	800	112	113	115	121	122	126	138
	540	114	115	116	119	122	128	132
	360	113	115	118	120	121	125	135
	240	107	106	109	116	117	129	134
精度（％）		0.05	0.11	0.25	0.34	0.46	0.74	1.00
		送り量 f (mm/rev)						

表Ⅲ－8　主軸回転数の上限と解の変化[21]

回転数の上限	解（作業条件）(f^*, N^*)	達成関数 α
$N \leq 800$	(0.11, 800)	{0, 0, 13}
$N \leq 540$	(0.25, 540)	{0, 0, 16}
$N \leq 360$	(0.46, 240)	{0, 0, 17}

3．マシニングセンタにおける段取作業[23]

　工作機械の中でも、旋盤やフライス盤、ボール盤などは、それぞれ円筒加工、平面加工、穴あけ加工など機能がある程度特化されて用いられる工作機械である。一方、マシニングセンタは一台で複数の機能をもつ多機能工作機

械で、一度加工部品をセッティングするだけで、工具を自動的に交換しながら、多面加工が可能な機械である。

マシニングセンタにおける加工作業は通常パレット上で行われる。まず、加工部品は、ローディング・ステーションにおいて、治具・取付具を用いてパレット上に適切に固定される。そして、パレットごとにマシニングセンタに送られ、加工されることになる。このとき、パレットを利用する理由は、パレットに取り付けることができる部品ならどのようなタイプでも加工可能なこと、またパレットを扱うマシニングセンタならどのような機種でも利用可能なこと、すなわち異機種のマシニングセンタに対しても互換性があること等があげられる[24]。さらに、加工物の固定方法もパレット上のタップ穴を使用すれば簡単できること、パレット上での加工物の位置決めもエッジロケータを活用することも可能であること等、マシニングセンタでの加工作業自体が正確かつ容易に取り扱えるようになってきた[24]。

パレットの治具機能としては、加工部品の位置決め機能、加工部品をクランプする機能、加工精度の保持機能、治具を工作機械に取り付けたときの位置保持機能[25]などがあげられ、また、治具の種類としては、専用治具、多目的治具、モジュラー治具、複合治具など多彩である[26]。自動化された治具の開発も進められてはいるが、まだ技術的には難しいのが実情である[27-30]。従って、フレキシビリティに富む人手による作業の方がはるかに活用しやすい。パレット上でモジュラー治具システムを人手で組み立てる際の手助けとなる研究も並行して行われてきた[31,32]。

結果として、図Ⅲ-33に示すようなパレット上において、加工部品の段取作業を作業者に能率良く行わせるためには、徹底した段取作業の訓練を行う必要が生じる。そして、作業者を一定の熟練状態にまで技能向上させるためには「技術上の知識」と「加工技能」という2つの要素の獲得が必要であり、実地トレーニング（On the Job Training: OJT）によって指導を受けながら訓練を継続することになる。このような熟練を要する作業評価には、精神運動

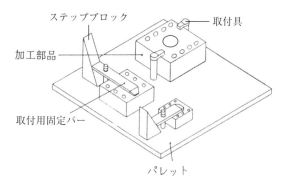

図Ⅲ-33　パレット上での段取作業[23]

性領域の目的が中心となるため、パフォーマンステストが主流になる[33]。しかし、これを認識領域を中心にした学習目的に変換することでコンピュータによるテスト形式で評価することが可能となる。このような観点から、ものづくりの基礎となる段取作業を評価でき、その技能向上を目指した学習・訓練システムに関する開発研究が徐々に行われるようになってきた[34-40]。また、トレーニングに関する戦略性[41]やリテラシー[42]についても十分考慮することが望まれる。

　図Ⅲ-34は熟練作業者が実際にパレット上で段取作業を行う際の思考プロセスをフローチャートで示したものである。これより、熟練作業者がパレット上で段取作業を上手に行う際の、考えるべきポイントとして、主に次の三つが上げられる[23]。①同種類の加工にはグループ・テクノロジー[43]の適用により、加工部品をできるだけまとめて加工する。②工具の移動距離を少なくするために、加工部品はできるだけ工具原点付近に整然と固定する。このとき、加工時の切りくずの逃げも考慮する必要があるため部品間に適度な間隔を保つ。③部品を固定するためのクランプの選定、および工具と部品間の干渉をチェックすること。

　これらを基に、技能向上を図るためには、これらの項目を箇条書きにしたチェック・リスト表（表Ⅲ-9）を作成し、常に自己評価を繰り返す姿勢が

第2章 ものづくりの工程計画・製作に関する基礎研究　137

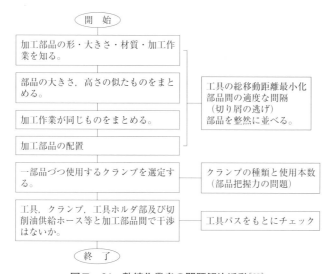

図Ⅲ-34　熟練作業者の問題解決活動[23]

表Ⅲ-9　チェック・リスト表[23]

チェック項目
（加工部品）
□加工部品の大きさ、とくに高さの似たものをまとめているか。
□加工作業の似たものをまとめているか。
□加工部品はできるだけ工具原点付近に整然と固定しているか。
□切りくずの逃げ場をつくるため部品間を適当にあけているか。
□工具刃先、工具ホルダ部、切削油供給ホースなどと加工部品との間に干渉はないか。
（クランプ）
□加工法に対する部品の把握力は適切か。
□クランプの使用本数は適切か。
□クランプによる把握位置は適切か。
□使用クランプの種類は適切か。
□工具刃先、工具ホルダ部、切削油供給ホースなどとクランプとの間に干渉はないか。

大切である。

　これより、段取作業をモデル化する際、次の4つの問題に分けて考えることができる。

〈問題1〉：すべての加工部品の中で、同種類の加工作業をもつ部品を、治具・取付具を用いて1グループにまとめるグループ分け問題である。

ここでは、加工部品と使用すべき治具・取付具の関係を表形式でまとめ、グループ・テクノロジー[43]の適用で加工部品をグループ分けする。また、クラスター分析法[44-48]を直接適用してグループ分けすることも可能である。

〈問題2〉：問題1で得られた加工部品の各グループに対して、グループ内での各部品の形状、その加工作業にかかわる工具の移動領域、治具・取付具の形状をも含めて、それらを一つの作業領域として形を決定する問題である[34-36]。

〈問題3〉：問題2で得られたすべての作業領域の形状をパレット上に適切に配置する配置問題である。この問題は、パレット上であればどこでも配置可能であるとし、工具径路の総移動距離最小化基準のもとで、作業領域の最適な設置場所を決定する問題として定式化する[34-36]。

〈問題4〉：この問題はオペレーションの順序を決定する問題であり、各作業領域内でオペレーションの順序を個別に求めることになる。この問題は巡回セールスマン問題[49]に類似しており、分岐限界法を用いて解くことができる。

以上、4つの問題を解くことで目指す最適解が得られる。

第3章 学校教育におけるものづくり評価に関する基礎研究

第1節 旋削加工の作業評価に関する研究

　ものづくりの基礎・基本は、工具・道具類、工作機械類を必要に応じて適切に活用しながら、加工・組立を実践することである。これを適切に評価するには、完成した製品の精度のみならず、加工プロセスに重点をおいた工程計画を綿密に評価することである。ものづくりの評価法には、伝統的な最適化手法である「ゴールに基づく評価法」が一般的であるが、学校教育においては新しい考え方の「ゴール・フリー評価法」が個々の技能向上に役立つと考えられる。この評価法は、ゴールを固定的にもたないため、種々の技能レベルの生徒・学生からなる学校教育での評価法として有用である。

1. 旋削加工評価の意義と目的

　今まで、工作機械を用いた加工作業を上手に行う教育として、達成目標を立てた教育が行われてきた。これが、ゴールに基づく評価法を活用した教育である。この方法は、自動工作機械等の備わった高度な技量をもつ工場作業者を対象とした作業評価法であり、作業者の目標が統一的にはっきり数値化され、その目標到達を目指した訓練法[11, 18, 21, 50, 51]として、大いに意義があると考えられる。

　しかし、学校現場に設置されている工作機械は小型のものが多く、かつ自動工作機能の備わっていない汎用機械である。また、学校教育における生徒・学生（作業者）の基本的な技能的素養はさまざまであり、工場作業者対

象の統一的な技能評価法の適用はあてはまらないと考える。

　学校教育におけるものづくり教育としての大きな目標は、発達段階の異なる作業者の今もっている技量の中で、安全作業に努めながら、最大限上手につくるための方法を学習できたかどうかである。ここでは、そのような視点に立って、製作すべき課題を安全に、かつ上手につくるための生産教育として、工作機械を用いた加工作業の評価のありかたを考察する。具体的には、目標を固定的にもたないゴール・フリー評価法[52-54]を適用したものづくり評価の展開と応用について考察する。

2．ゴールに基づく評価法を用いた工場作業者対象の加工作業教育

　加工作業を評価するため、まず考えられる目標を評価関数として数学モデルで表わす必要がある。このとき、目標は抽象的なものではなく、数式表示可能なものとする。このとき目標を表す評価関数は、単一目標関数の場合もあれば、多目標関数の場合もある。基本的技能の備わった工場作業者は、この目標関数の最適解を目指して、学習・訓練を実施することで、十分、理論的・科学的な訓練・学習であるといえる。この方法は、従来より著者が提唱してきた訓練方法の一つである[11, 18, 21, 50, 51]。この章では、工作機械、とくに旋盤を使った工場作業者レベルのものづくりについて考え、その訓練法の特徴を展開する。

　旋盤による加工作業において、目標加工時間 t_m(min) は、工作物の加工長さ L (mm)、旋盤の主軸の回転数 N(r.p.m：以下 rpm と略す)、バイトの送り量 f(mm/rev) を用いて、次のように表すことができる。

$$\frac{L}{N \cdot f} \leq t_m \tag{3-1}$$

　また、加工仕上面の目標粗さ R_{max} は、バイトの刃先丸味半径 r と送り量 f を用いて次のように表される。

$$f^2/8r \leq R_{max} \tag{3-2}$$

旋盤を安全に働かすためには、作業者のスキルとの関係で、主軸回転数の目標上限 N_{max} を越えることはできないことと、許容切削力にも自ずと目標上限 F_{max} があることである。すなわち、

$$N \leq N_{max} \tag{3-3}$$

$$f^{\alpha} \cdot N^{\beta} \cdot \gamma \leq F_{max} \tag{3-4}$$

となる。ここで、α、β、γ は定数とする。

以上より、式（3-1）から式（3-4）で表された数学モデルを、具体的には次のような評価法で解析することになる。評価Ⅰと評価Ⅱは、単一目標関数をもつ数学モデルであり、評価Ⅲは多目標関数の数学モデルである。

○単一目標関数の数学モデル
（評価Ⅰ）

$$\textit{Minimize} \quad L/(N \cdot f) \tag{3-5}$$

$$\textit{subject to} \quad f^2/8r \leq R_{max} \tag{3-6}$$

$$N \leq N_{max} \tag{3-7}$$

$$f^{\alpha} \cdot N^{\beta} \leq \delta \tag{3-8}$$

このモデルは加工時間の最小化を目指したものであり、生産の効率化教育につながる考え方である。ここで、$\delta = F_{max}/\gamma$ とする。

（評価Ⅱ）

$$\textit{Minimize} \quad f^{\alpha} \cdot N^{\beta} \tag{3-9}$$

$$\textit{subject to} \quad L/(N \cdot f) \leq t_m \tag{3-10}$$

$$f^2/8r \leq R_{max} \tag{3-11}$$

$$N \leq N_{max} \tag{3-12}$$

このモデルは、たとえば切削力（主分力）を最小化することで、切削工具にかかる力学的負担の軽減など経済性教育につながる考え方である。

〇多目標関数の数学モデル

　工場で製品の加工作業を行う場合、複数の目標を掲げて生産する場合も多い。このような多目標の解析には前述の目標計画法（Goal Programming; GP）[21, 22, 50, 55] を用いる。

（評価Ⅲ）

$$\text{達成関数 } a = |\rho_1, \rho_2, \rho_3, \rho_4| \text{（辞書式最小化）} \tag{3-13}$$

$$\textit{subject to} \quad G1: |\text{式}(3\text{-}1)\text{左辺}| + \eta_1 - \rho_1 = t_m \tag{3-14}$$

$$G2: |\text{式}(3\text{-}2)\text{左辺}| + \eta_2 - \rho_2 = R_{max} \tag{3-15}$$

$$G3: |\text{式}(3\text{-}3)\text{左辺}| + \eta_3 - \rho_3 = N_{max} \tag{3-16}$$

$$G4: |\text{式}(3\text{-}8)\text{左辺}| + \eta_4 - \rho_4 = \delta \tag{3-17}$$

$$\eta_i, \rho_i \ (i = 1, 2, 3, 4) \text{ は正の差異変数}$$

このモデルはそれぞれのゴール関数 G1 から G4 の具体的数値目標を定め、達成関数で示された差異変数の最小化を優先順位に従って、順次妥協解を求めていく手法[21, 22, 50, 55]である。

以上より、最適な主軸の回転数 N^* と送り量 f^* を求めればよい。そして、これらの N^* と f^* を目指して、作業者は訓練することになる[17, 19]。

ここで、ゴールに基づいた評価法として、評価Ⅰ、評価Ⅱ、評価Ⅲの具体例について考える。

今、加工パラメータとして、旋盤における主軸の回転数 N を、83rpm、155rpm、270rpm、560rpm、そして、その上限 N_{max} を1030rpm の5段階とする。切削工具の刃先丸味半径 R を0.8mm、加工面の仕上げ粗さ R_{max} を0.025mm、切削長さ L を100.0mm とする。旋盤で設定可能な送り量は、0.05mm/rev、0.1mm/rev、0.2mm/rev、0.4mm/rev の4段階とする。また、切削力を表す式 (3-4) の定数 α、β、及び δ の値をそれぞれ0.5、1.0、90.0とする。これより評価Ⅰの数学モデルは以下の通りである。

例一（評価Ⅰ）

$$\textit{Minimize} \quad 100.0/(N \cdot f) \tag{3-18}$$

表Ⅲ-10　評価Ⅰによる計算結果（加工時間：分）

回転数 (rpm)	1030	/	/	/	/
	560	/	/	/	/
	270	7.41	3.7	/	/
	155	12.9	6.45	3.23	/
	83	24.1	12.05	6.02	3.01
	0	0.05	0.1	0.2	0.4
		送り量（mm/rev）			

$$\text{subject to} \quad f = 0.05, 0.1, 0.2, 0.4 \tag{3-19}$$

$$N = 83, 155, 270, 560, 1030 \tag{3-20}$$

$$f^{0.5} \cdot N \leq 90.0 \tag{3-21}$$

表Ⅲ-10に計算結果を示す。表中の数字は加工時間を示し、／印は切削力制約式（3-21）を満たさない領域を意味する。

これより、最適解として、最小加工時間は3.01分で、そのときの最適加工条件は $N^* = 83$ rpm、$f^* = 0.4$ mm/rev となる。従って、作業者は目標関数として加工時間最小化を望む場合には、加工条件として、主軸の回転数を N^*、バイトの送り量を f^* に設定して作業を実施すればよいことがわかる。

同様にして、評価Ⅱの数学モデルを表せば次のようになる。制約となる数値目標の加工時間を、たとえば6.2分以内とする。バイトの刃先にかかる負担を少なくするため、切削力の最小化を目標関数とする場合を考える。

例一（評価Ⅱ）

$$\text{Minimize} \quad f^{0.5} \cdot N \tag{3-22}$$

$$\text{subject to} \quad 100.0/(N \cdot f) \leq 6.2 \tag{3-23}$$

$$f = 0.05, 0.1, 0.2, 0.4 \tag{3-19}$$

$$N = 83, 155, 270, 560, 1030 \tag{3-20}$$

表Ⅲ-11　評価Ⅱによる計算結果（切削力関数値：N）

回転数 (rpm)	1030	230.32	325.71	460.63	651.43
	560	125.22	177.09	250.44	354.18
	270	/	85.38	120.75	170.76
	155	/	/	69.32	98.03
	83	/	/	37.12	52.49
	0	0.05	0.1	0.2	0.4
		送り量（mm/rev）			

表Ⅲ-11に評価Ⅱの計算結果を示す。表中の数字は切削力関数値を示し、／印は加工時間制約式 (3-23) を満たさない領域を意味する。

これより、最適解として、切削力関数値の最小値は 37.12N となり、最適加工条件は $N^* = 83$rpm、$f^* = 0.2$mm/rev を得る。

次に評価Ⅲの数学モデルを表せば、以下のようになる。

例一　（評価Ⅲ）

$$達成関数\ a = |\rho_1, \rho_2, \rho_3, \rho_4|\ （辞書式最小化） \tag{3-24}$$

subject to
$$G1: f^2/(8 \times 0.8) + \eta_1 - \rho_1 = 0.025 \tag{3-25}$$
$$G2: N + \eta_2 - \rho_2 = 560 \tag{3-26}$$
$$G3: 100.0/(N \cdot f) + \eta_3 - \rho_3 = 6.2 \tag{3-27}$$
$$G4: f^{0.5} \cdot N + \eta_4 - \rho_4 = 90.0 \tag{3-28}$$

表Ⅲ-12　評価Ⅲによる計算結果（切削力関数値：N）

回転数 (rpm)	560	/	/	/	/
	270	/	85.38	/	/
	155	/	/	69.32	/
	83	/	/	37.12	52.49
	0	0.05	0.1	0.2	0.4
		送り量（mm/rev）			

ただし、f = 0.05, 0.1, 0.2, 0.4　　　　(3-19)
　　　　　N = 83, 155, 270, 560, 1030　　　(3-20)

　多目標最適化の例として目標計画法を適用することができる。ゴール関数 G1 と G2 について、順に到達できる解を求め、次にゴール関数 G3、G4 の順に解を絞り込む方法である。この優先順位に従って最適化することにより、最終的には表Ⅲ－12のように解を得ることができる。

　最適解としては、達成関数 a = |0, 0, 0, 0|、$(f^*, N^*) = (0.1, 270)$、$(0.2, 83)$、$(0.2, 155)$、$(0.4, 83)$ の4つの最適解を得ることができる。ここで、$(f^*, N^*) = (0.4, 83)$ は評価Ⅰの解、$(f^*, N^*) = (0.2, 83)$ は評価Ⅱの解と同じである。

3．ゴール・フリー評価法に基づく加工作業教育

　工場での加工作業を評価するには、まず目標関数を明らかにして、統一的に数学モデルを用いて表してきた。従って、作業者のものづくり評価は、この目標関数のもとで評価されることになる。目標関数として数学的に表示できるものに対しては、単一目標であれ、多目標であれ、それに到達するよう訓練を目指せばよい。このことはある程度の基本的技能を身につけた工場作業者に対しては有効となる。しかし、学校教育における学生の作業に関する技能は均一ではなく、上手に作るためには時間を必要としたり、十分な安全作業にも心がけなければならない。そこで、上手につくる能力が身についたかどうかを評価するには、定型的な評価関数を評価の対象としてとりあげても、その最適解による加工作業実施で、その人の技量を越えた、また数式で表せない副次的な負の要因が加工上多く生じることになれば、むしろ最適解ではない加工作業の実施でも、作業者の加工作業能力は向上したと評価して十分である。

　また、評価すべき指標でも、それを数式で表すには困難を伴う多くの指標もあり、それらを考慮した評価でなければ、作業者の加工作業能力を評価したことにはならず、真の生産教育とは言い難いと考える。

このような観点から作業者の加工作業能力を評価し、この評価法の有用性を検討した。

3.1 アクリル丸棒の切削作業

今、具体例として、アクリル丸棒の旋削加工について考える。学校教育現場においてもアクリル丸棒は身近な存在であり、加工が容易であるため、ロボコンにおけるロボット製作過程では必要な材料の一つとして、活用されているのが現状である。

旋盤を用いて、アクリル丸棒を任意の加工条件下で切削する場合、結果として得られる現象として、切りくずの問題と工作材料の切削加工面、すなわち仕上げ面の問題がある。

ゴールに基づく評価法で最適加工条件が得られたとする。この最適解で加工作業を実施することが理想であるが、工作機械の操作に不慣れな作業者にとっては、送り量を一定速度で操作することは怖さを伴ないむずかしい。また、実際の加工作業においては数式として考慮していない切込み量や工作物の切りくずの発生の状態も大いに観察する必要がある。「亀裂・裂断」型の切りくずでは、結果として、工作物の表面がただれる場合がある。あるいは、「流れ」型の切りくずでも、運転中に切りくずを処理する技能がなければ、工作物に巻きついて工作物の表面を傷つけたり、切りくず自体が工作物にからみついて工作物と一体になって回転すれば、安全作業上問題が生じる。

また、工作材料の加工面も注意して観察する必要がある。加工作業による仕上面あらさは制約条件で考慮されているものの、切削熱の発生でアクリル丸棒自体の色が曇ってくることが多い。とくに、透明アクリル丸棒を旋削加工する場合には材料が曇るという現象が顕著にわかる。材料の透明度を生かした製作を計画している場合には2次的な切削現象とはいえ、材料が曇れば評価は低いものであると言わざるを得ない。

透明アクリル丸棒の旋削結果について、表Ⅲ-13～表Ⅲ-15に示す。この

表Ⅲ—13 切込み量 0.5mm の場合（上段：切りくずの安全排出状態、下段：材料加工後の光透過状態%）

回転数 (rpm)	0.05	0.1	0.2	0.4
1030	× ●	× ▲	○ ▲	○ ▲※
560	○ ●	○ ▲	○ ▲	○ ▲※
270	○ ●	○ ●	△ ▲	○ ▲※
155	○ ●	○ ●	△ ▲	△ ▲
83	○ ●	○ ●	△ ▲	× ▲
送り量 (mm/rev)				

表Ⅲ—14 切込み量 1.0mm の場合（上段：切りくずの安全排出状態、下段：材料加工後の光透過状態%）

回転数 (rpm)	0.05	0.1	0.2	0.4
1030	× ▲※	× ▲	× ▲※	○ ▲※
560	○ ▲※	○ ▲	△ ▲※	○ ▲※
270	○ ●	○ ▲	× ▲	△ ▲
155	○ ●	○ ●	× ▲	△ ▲
83	○ ●	○ ●	× ▲	× ▲
送り量 (mm/rev)				

表Ⅲ-15 切込み量1.5mmの場合（上段：切りくずの安全排出状態、下段：材料加工後の光透過状態%）

回転数 (rpm)	1030	× ▲※	× ▲	○ ▲	○ ▲※
	560	△ ●※	△ ▲	○ ▲	○ ▲※
	270	× ●※	× ▲	○ ▲	△ ▲
	155	× ●	× ●	○ ▲	△ ▲
	83	× ●	× ●	○ ▲	△ ▲
	0	0.05	0.1	0.2	0.4
		送り量（mm/rev）			

ただし、表中の記号の意味は以下の通りである。
×印：切くずが連続的に排出され、適切に処理できる技能をもたなければ、切りくずが工作物にからみつき、工作作業の継続に危険性を伴う状態、
△印：切くずは連続的流れ型であり、作業上安全性に注意をはらう程度、
○印：切くずが適度に切れて、作業上安全な状態、
●印：切削後のアクリル丸棒の光透過率が90%程度以上、
▲印：切削後のアクリル丸棒の光透過率が90%程度未満80%程度以上、
※印：切削後の工作物の表面が凹凸状のむしれ・ただれ状態（肌荒れ状態）

　実験では、直径30mm、長さ500mm、光透過状態100%の透明アクリル丸棒を数本準備し、バイトの送り量、切込み量、主軸の回転数との組み合わせを変えながら、丸棒を順次、切削したものである。このとき、発生する切りくずの状況、材料表面色の曇り現象を安全作業の観点から観察した結果である。
　表Ⅲ-16、表Ⅲ-17、表Ⅲ-18、表Ⅲ-19は、前述の例より、評価Ⅰ、評価Ⅱ、評価Ⅲにおいて得られたゴール関数に基づく評価法の最適加工条件についてまとめたものである。評価Ⅲでは最適解が複数存在することになる。
　また、作業者として、中学校技術分野の教員を目指す教育学部の男子学生3名を選び、その作業者A、B、Cが自ら設定した加工条件をゴール・フリー評価法でまとめたものが表Ⅲ-20、表Ⅲ-21、表Ⅲ-22である。

表Ⅲ-16　ゴールに基づく評価法（評価Ⅰ）（評価Ⅲ）

最適解	最適値	切りくず状態		光透過
N* = 83rpm f* = 0.4mm/rev	最小加工時間 3.01分 切削力 52.49	切込み 0.5mm	×	▲
		切込み 1.0mm	×	▲
		切込み 1.5mm	△	▲

表Ⅲ-17　ゴールに基づく評価法（評価Ⅱ）（評価Ⅲ）

最適解	最適値	切りくず状態		光透過
N* = 83rpm f* = 0.2mm/rev	最小切削力 37.12 加工時間 6.02分	切込み 0.5mm	△	▲
		切込み 1.0mm	×	▲
		切込み 1.5mm	○	▲

表Ⅲ-18　ゴールに基づく評価法（評価Ⅲ）

最適解	達成関数	切りくず状態		光透過
N* = 270rpm f* = 0.1mm/rev	a = {0, 0, 0, 0}	切込み 0.5mm	○	●
		切込み 1.0mm	○	▲
		切込み 1.5mm	×	▲

表Ⅲ-19　ゴールに基づく評価法（評価Ⅲ）

最適解	達成関数	切りくず状態		光透過
N* = 155rpm f* = 0.2mm/rev	a = {0, 0, 0, 0}	切込み 0.5mm	△	▲
		切込み 1.0mm	×	▲
		切込み 1.5mm	○	▲

150　第Ⅲ編　ものづくりの基礎基本をふまえ、目標を設定して理論化・最適化を考える教育

表Ⅲ-20　作業者Ａのゴール・フリー評価法（切込み量0.5mm）

	切りくず状態	光透過	加工時間	切削力
$N^* = 560$rpm $f^* = 0.05$mm/rev	○	●	（分） 3.57	（N） 125.22

表Ⅲ-21　作業者Ｂのゴール・フリー評価法（切込み量0.5mm）（評価Ⅲの解と同じ）

	切りくず状態	光透過	加工時間	切削力
$N^* = 270$rpm $f^* = 0.1$mm/rev	○	●	（分） 3.70	（N） 85.38

表Ⅲ-22　作業者Ｃのゴール・フリー評価法（切込み量1.0mm）

	切りくず状態	光透過	加工時間	切削力
$N^* = 155$rpm $f^* = 0.1$mm/rev	○	●	（分） 6.45	（N） 49.02

3.2　解析結果と考察

　表Ⅲ-16から表Ⅲ-19において、目標関数を最適にしたとしても発生する切りくず等の状態が、作業者の処理能力を越えたものであれば推薦できない解と言わざるを得ないことになる。また、切込み量を大きくすることが最適解に近づく場合でも、旋盤操作に不慣れからくる恐怖心を持っていれば、その加工条件もまた推薦できないことになる。また、ゴール・フリー評価として、表Ⅲ-20から表Ⅲ-22は作業者の経験をもとに自ら設定した加工条件であり、最適解からずれているものの、高度な切りくず処理技量がなくてもアクリル丸棒の加工状態は良いものになっている。そして、自分の技量の範囲内で精いっぱい正確に、安全に作業ができるように設定したもので、十分評価に値するものであるといえる。

　結果として、教員を目指す教育学部学生である作業者Ａ、Ｂ、Ｃの評価は次のようにまとめられる。

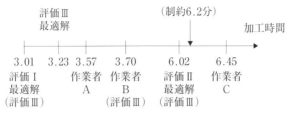

図Ⅲ−35　時間軸からみる解の特徴

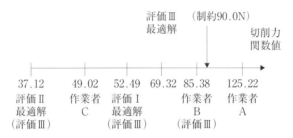

図Ⅲ−36　切削力軸からみる解の特徴

　作業者Aは、加工時間評価基準で考えれば、図Ⅲ−35に示すように最適解から0.56分（3.57−3.01）のずれであるが、図Ⅲ−36の切削力制約値の上限（90N）から越える結果となった。しかし、おおむね加工時間を重視した加工条件として評価できる。

　作業者Bは、加工時間においても最適値から0.69分のずれとなり（図Ⅲ−35）、切削力も制約の上限内に収まった無難な加工条件として評価できる（図Ⅲ−36）。

　作業者Cは、評価Ⅱの最適解に近い加工条件であるが、加工時間基準の上限（6.2分）を越えるものである（図Ⅲ−35）。切削力を重視した加工条件であると評価できる（図Ⅲ−36）。

4．加工作業評価と実践例

　今、中学校技術分野の教員を目指す教育学部の学生を作業者とした加工作

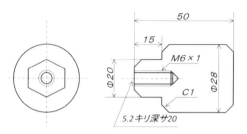

図Ⅲ-37　製作図（ドライバーの柄）

業の実践例として、ドライバー製作を考える。とくに、ドライバーの柄の部分の製作にはΦ30の透明アクリル製の丸棒を用いるものとする（図Ⅲ-37）。

アクリル丸棒の加工には旋盤を用い、具体的な作業に関する詳細設計を以下のように行う。

(1)　Φ30の透明アクリル丸棒を材料として旋盤の主軸チャックに取り付ける。
(2)　旋削加工のための加工条件を設定する。安全作業に心がけ、仕上げ面はできるだけ光沢感・透明感のある面精度の高いものとする。
(3)　製作には1台の旋盤を用い、全員が旋削加工するために、一人当たりの加工時間はできるだけ短時間であることが望ましい。

この実践例においては、評価Ⅰと評価Ⅱの単一目標での評価とゴール・フリー評価の関係について考察する。そこで、まず旋盤の最適加工条件を以下の手順に従って、求める。

評価Ⅰにおいて、目標関数として、今、製作時間、すなわち加工時間の最小化を考える。そこで、柄部全体の円筒切削（加工長50.0mm）に要する時間の最適解を表Ⅲ-10と同様にして求める。

$$\text{Minimize} \quad 50.0/(N \cdot f) \quad (3\text{-}29)$$
$$\text{subject to} \quad f = 0.05, 0.1, 0.2, 0.4 \quad (3\text{-}19)$$
$$N = 83, 155, 270, 560 \quad (3\text{-}20)$$
$$f^{0.5} \cdot N \leq 90.0 \quad (3\text{-}21)$$

これより最適解としては、$N^* = 83$rpm、$f^* = 0.4$mm/rev のときで、加工

時間は1.51分となる。このとき、切り込み回数は1回となり、切り込み量は1.0mmである。

次に柄の段付き部（加工長さ15.0mm）の円筒加工を考える。

Minimize　　$15.0/(N \cdot f)$　　　　　　　　　　　　　　　　　　　(3-30)

subject to　　$f = 0.05, 0.1, 0.2, 0.4$　　　　　　　　　　　　　(3-19)

　　　　　　　$N = 83, 155, 270, 560$　　　　　　　　　　　　　(3-20)

　　　　　　　$f^{0.5} \cdot N \leq 90.0$　　　　　　　　　　　　　　　(3-21)

同様にして、最適解としては、$N^* = 83$rpm、$f^* = 0.4$mm/revのときで、加工時間は0.45分となる。このとき、切り込み量は、1.5mm、1.5mm、1.0mmとなり、切り込み回数は3回となる。従って、円筒切削に関わる総加工時間は、1.51+3×0.45で、2.86分となる。

他の目標関数として、評価Ⅱに示す切削力最小化基準を考える。同様に解析することによって、柄部全体の切削に関わる最小切削力を得る加工条件は、$N^* = 83$rpm、$f^* = 0.1$mm/revで、加工時間は6.02分となる。これは1回切り込みで切り込み量は1.0mm（切削力関数値26.25N）となる。この解析では、1回切り込みの目標加工時間を10分以内としている。柄の段付部についても同様に計算する。最適加工条件は、$N^* = 83$rpm、$f^* = 0.05$mm/revとなり、1回の加工作業に関わる加工時間は3.61分となる（切削力関数値18.56N）。3回の同様の切り込み回数、切り込み量になるため、総加工時間は、6.02+3.61×3＝16.85分となる。

一方、ゴール・フリー評価法を用いた製作実践において、作業者は、正確に製作したい反面、旋盤作業には不慣れで経験も浅く、大きな工作機械に対しての操作上の恐怖心もある。従って、安全作業重視で、できるだけ切り込み量も主軸の回転数も小さくしたい。そして、できるだけ上手に仕上げて本来の目標を到達したいと考え、次のように意思決定した。

(1) 切削長さL＝50mm, 切込み量0.5mmで2回切り込み

目標関数を加工時間最小化としたとき、最適解は$N^* = 83$rpm、$f^* = 0.4$mm/

revであるけれども、上記の理由からN＝270rpm、f＝0.1mm/revで加工することを意思決定した。切りくずは安全排出され、加工後の材料の透明度も保たれた。加工時間は、理論的には1回切り込みで1.85分で最適解より0.34分長い。2回の切り込みなので、結果として、1.85×2＝3.70（分）となる。

(2) 切削長さL＝15mm、切込み量1.0mmで4回切り込み

同様の理由から、N＝155rpm、f＝0.1mm/revで加工することを意思決定した。切りくずの状態も安全で、加工後の材料の透明度も保たれた。切削時間は、1回切り込み0.97分で最適解より0.52分長い。4回の切り込みなので、結果として、0.97×4＝3.88（分）となる。

(3) 旋盤を用いて上手に加工するための総加工時間は作業(1)、(2)の時間の総和であり、7.58分となる。

ゴール・フリー評価においては、製作時間は長くなるが、作業者の技量の範囲内で安全に、しかも材料は透明感のある十分評価できる仕上げとなった。表Ⅲ－23に解析結果をまとめる。表中、GFはゴール・フリーを意味するものとする。

表Ⅲ－23の解析結果に基づき、作業者が意思決定した加工条件の評価を以下にまとめる。製作時間、すなわち総加工時間最小化の観点からは評価Ⅰと評価Ⅱのそれぞれの解の中間的な解としての評価の位置づけとなっている。

表Ⅲ－23 解析結果のまとめ

		N^* (rpm)	f^* (mm/rev)	切削力関数値 (N)	加工時間 (分)	総加工時間（分）
評価Ⅰ	本体	83	0.4	52.49	1.51	2.86
	段付	83	0.4	52.49	0.45	(1.51+3×0.45)
評価Ⅱ	本体	83	0.1	26.25	6.02	16.85
	段付	83	0.05	18.56	3.61	(6.02+3×3.61)
GF評価	本体	270	0.1	85.38	1.85	7.58
	段付	155	0.1	49.02	0.97	(1.85×2+0.97×4)

切削力最小化の観点からも評価Ⅰの最適解に近いものとなっている。結果として、評価Ⅰや評価Ⅱに基づく最適解ではないが、作業者の技量の範囲内で、製作目的を十分満たす評価できる解であるといえる。

一般作業の評価として最適解での一律の評価は、技能経験者を集めた工場レベルでの評価には適しているが、学校教育のようにいろいろな能力を秘めた学生の集団における学習では、むしろ安全作業に重点をおいて、多目標的に評価して、自分の作業が多目標の中の任意の一目標に近ければそれで評価してあげる姿勢が有効と考える。このようにゴール・フリー評価法を適用することで、作業者の製作意欲を高めることができる。

5．まとめ

本節では、旋盤を用いた加工作業の評価について、ゴール・フリー評価法をもとに考察した。

機械加工の作業評価を行う場合、一般作業者を対象とした評価法では、統一的に数値目標を掲げ、それを目指して一斉に訓練する方法が適している反面、学校教育では、むしろ目標を固定化しないゴール・フリー評価法が有効であることを示した。また、従来の最適化に基づく評価法とゴール・フリー評価法との相違点を整理し、学校教育に適するゴール・フリー評価法の具体的な導入手順と方法を明らかにした。最後に、学校教育における加工作業実践例を示し、実際にゴール・フリー評価法を適用して、この評価法の有用性を示し、考察した。

第2節　穴あけ加工の作業評価に関する研究

1．穴あけ加工評価の意義と目的

コンテスト用ロボットの製作においてはアクリル板、アルミアングル、板材等を上手に加工して、強度あるロボットの構造設計・製作を指導すること

が大切である。このとき、工具や工作機械を上手に使う方法論として、最適加工条件での加工作業が推奨できる。しかし、安全作業の観点から、ものづくりを行う生徒の発達段階に応じたスキルのもとで、加工作業を行うため、必ずしも目的の最適加工条件で工作機械を運用できるとは限らない。そこで本節では、ボール盤を用いて、アクリル板への穴あけ作業に焦点を絞り、上手に穴あけ加工を行うための評価について考察する。具体的な方法としては、目標を陽に示さないで、生徒の持つスキルの範囲内でボール盤による加工作業を行った結果について評価し考察する。

２．アクリル板への穴あけ加工

ボール盤を用いて、アクリル板に穴あけ作業を実施する場合には、最適加工条件での実施が基本である。しかし、実際には生徒自身の技術的力量がまだ不十分なため、最適解での実行には生徒にとって危険を伴うこともある。従って、無理をしないやり方で、自分の力量の範囲内で実施することが望まれる。 また、送り量の設定によっては、アクリル板の厚さとの関係で、材料にひびが入り易くなったり、割れを生じたりするなどの２次的な現象はつきものである。とくに手動送りの場合には、送り量が不連続となり、材料が割れる可能性があるため注意を要することになる。

まず、最適化解析に基づく評価法について考察する。以下、目標関数の設定方法として単一目標の場合と、多目標の場合について考える。

2.1 単一目標加工モデル

単一目標として、基本的な加工時間の最小化を考える。ボール盤の送り量 $f(mm/rev)$、主軸の回転数 $N(r.p.m)$ を考慮し、加工時間 $t_m(min)$ が最小となる最適な f と N を以下により求める。ここで、f_{max}、f_{min}、N_{max}、N_{min} は、それぞれ最大送り量、最小送り量、主軸の最大回転数、最小回転数とする。また、L は加工長さ（mm）とする。

第3章　学校教育におけるものづくり評価に関する基礎研究　157

$$\text{Minimize} \quad t_m = L/(N \cdot f) \tag{3-5}$$
$$\text{subject to} \quad f_{\min} \leq f \leq f_{\max} \tag{3-31}$$
$$N_{\min} \leq N \leq N_{\max} \tag{3-32}$$

これより、得られた f^* と N^* が最適加工条件となる。具体的に定式化を考える。

使用するボール盤として、回転数 N と送り量 f を次のように離散的に設定できるとする。

N(rpm) = 240, 360, 540, 800 ; f(mm/rev) = 0.05, 0.11, 0.25, 0.34, 0.46, 0.74, 1.00

単一目標加工モデルの具体例を以下に示す。

直径6mm のドリル工具をボール盤に取り付け、厚さ10mm のアクリル板に穴あけ作業を施す。このとき、作業の安全性を考慮し、ドリルの回転数を540rpm 以下、送り量を0.25mm/rev 以下として、アクリル板が割れたり、ひびが入ったりしないよう上手に加工する。加工時間最小化基準のもとでの最適なドリルの回転数と送り量を求める。定式化は以下の通りである。

$$\text{Minimize} \quad t_m = 10/(N \times f) \tag{3-33}$$
$$\text{subject to} \quad 0.05 \leq f \leq 0.25 \tag{3-34}$$
$$0 \leq N \leq 540 \tag{3-35}$$

これより、表Ⅲ－24は加工時間を計算したものであり、最小となる加工時間は4.4秒である。このとき、最適な加工条件は、$f^* = 0.25$mm/rev、$N^* =$

表Ⅲ－24　加工時間と最適加工条件(単位：秒)

540 rpm	22.2	10.1	4.4
360	33.3	15.2	6.7
240	50.0	22.7	10.0
N \ f	0.05	0.11	0.25 mm/rev

540rpm である。表中、□印は最適解を示す。

2.2 多目標加工モデル

多目標最適化モデルを作成し、前述の目標計画法（Goal Programming）[22]を用いて定式化を考える。ボール盤作業において送り量、加工時間、加工精度の各目標値 a, b, c をゴールとし、達成関数を辞書式最小化による最適な f^* と N^* を次式より求める。

達成関数 a = $\{(\rho_1), (\rho_2), (\rho_3)\}$（辞書式最小化）

subject to

G1（送り量）：$f + \eta_1 - \rho_1 = a$	(3-36)
G2（加工時間）：$t_m + \eta_2 - \rho_2 = b$	(3-37)
G3（加工精度）：$s + \eta_3 - \rho_3 = c$	(3-38)
$f, N, s, \eta, \rho \geq 0$	(3-39)

これより、優先順位に従って解が求められ、f^*、N^* が最適加工条件となる。以下、多目標加工モデルの定式化の具体例を考える。

直径6mm のドリル工具をボール盤に取り付け、厚さ10mm のアクリル板に穴あけ加工を施す。このとき、安全性を考え、f の上限を0.46mm/rev、N の上限を540rpm とする。板割れやひびが入らないように上手に加工することを目指す。加工時間のゴールを7秒程度以下とする。このときの評価基準の優先順位を精度（%）、送り量（mm/rev）、回転数（rpm）、加工時間（min）の順とすると以下のように定式化できる。

達成関数 a = $\{(\rho_1), (\rho_2), (\rho_3), (\rho_4)\}$（辞書式最小化） (3-40)

subject to

G1（加工精度）：$s + \eta_1 - \rho_1 = 100$	(3-41)
G2（送り量）：$f + \eta_2 - \rho_2 = 0.46$	(3-42)
G3（回転数）：$N + \eta_3 - \rho_3 = 540$	(3-43)
G4（加工時間）：$t_m + \eta_4 - \rho_4 = 7/60$	(3-44)

f, N, s, η, ρ≧0   (3-39)

ここで、加工精度100％の穴とは、割れ、ひび、欠け、溶着等のない指定された真円とする。

表Ⅲ－25は厚さ10mmのアクリル板に6mmドリルで穴をあけたときの加工穴の精度を百分率で求めたものである。

表Ⅲ－26は、加工時間を計算したものである。ゴールG1の式を実行することで、淡い網掛けの領域が実行可能解となる。

次にゴールG2とG3の実行においても、淡い網掛けの領域が、引き続き、実行可能解になる。最後に、ゴールG4の実行で、解は6.7分に絞られることになる。

これより、最適解は、f*＝0.25mm/rev、N*＝360rpm である。表中、□印は最適解を示す。

表Ⅲ－25 加工穴の精度（％）

540 rpm	100	100	|101|	|104|	|110|
360	100	100		100			102			110	
240	100	100	100		102			104	
N / f	0.05	0.11	0.25	0.34	0.46 mm/rev

（注）□：指定された加工時間制約を満たす加工穴を意味する。

表Ⅲ－26 加工時間と最適加工条件（単位：秒）

540 rpm	22.2	10.1	4.4	3.3	2.4
360	33.3	15.2	|6.7|	4.9	3.6
240	50.0	22.7	10.0	7.3	5.4
N / f	0.05	0.11	0.25	0.34	0.46 mm/rev

3．ゴール・フリー評価法

単一目標や多目標に基づいて、加工モデルを構築し、最適加工条件を求めることになる。

求められた最適加工条件での運用が基本であるが、作業者の技能段階によっては指定された加工条件で工作機械を操作することが危険であったり、副次的に生じる他の要因のために最適解での運用を推奨しない場合も多い。従って、作業者が設定した加工条件が、目的の最適解ではなくても、適切に評価する必要がある。

アクリルの板厚、ボール盤の送り量、回転数をパラメータとして、加工実験を繰り返し、加工時間と加工条件に関するデータベースを構築する。それに基づいて、作業者A、B（共に大学生）が穴あけ作業を行った。そのときの設定加工条件と評価を表Ⅲ－27に示す。

作業者A、Bは、中学校技術分野の教員を目指す教育学部の学生で工作機械の操作にはまだ不慣れである。とくに、作業者Aは、主軸の高速回転に対して慣れであり、作業者Bは送り量の高速化に不慣れであるという特徴をもつ。しかし、結果として作業者A、B共に精度良く穴あけ作業を実施できることができる。

これより、目標を陽に示さなくても、作業者の持つスキルの範囲内で、良好な加工作業が行われていることが明らかになった。結果として、作業者が設定した解での作業実施で、満足のゆく製品が完成されればそれで十分では

表Ⅲ－27　ゴール・フリー評価

作業者	Nの設定	fの設定	評価結果
A	240	0.25	単一目標：時間最小化の3番目の良好解 多目標：準最適解
B	540	0.11	単一目標：時間最小化の4番目の良好解 多目標：3番目の良好解

あるが、その作業解が他の最適解からどれだけの差を持っているかを知ることで、次なる作業で更なる高度な仕上げを目指して訓練に励むことができる。

4．まとめ

本節では、ボール盤を用いた加工作業の評価について、ゴール・フリー評価法をもとに考察した。

穴あけ加工の作業評価として、ゴールに基づく評価法とゴールにとらわれない評価法の2種類の評価法を提案した。そして、具体例でそれらの活用の仕方、解析方法について考察した。また、アクリル板への穴あけ作業については、加工条件の設定によっては材料が割れ、危険を伴うことがある。このとき、目標を陽に示さないで、作業者の力量の範囲内で加工をすることで十分評価できるという結果が得られた。さらに、ゴールにとらわれない評価法は、子どもの発達段階のレベルに応じた、個人個人の評価として適用が期待される。

第4章 技能上達のための訓練法に関する基礎研究

第1節 段取作業における作業熟練と訓練法

1. 段取作業訓練の意義と必要性

　段取作業の訓練は、ものづくり教育において今や重要課題の一つとされている。それにもかかわらず、段取作業の支援としてのソフトウェアは、企業では自社開発・適用が試みられている程度で[56]、学校教育の場においては段取作業の重要ささえ話題にならないのが実情である。従って、理想的な段取作業を目指して訓練を行うという考え方も少なく、ものづくりの訓練の効率化という観点からは大きな教育上のボトルネックになっている。そこで本節では、機械加工における段取作業の技能訓練・教育に焦点を絞り、作業者の技能育成を目指した訓練・指導方法とその効率化について考察する。

2. 技能としての段取作業の重要性と従来の訓練法[14]

　従来より行われてきた技能教育は、技能の伝承が主で、経験と修練を中心とする修業につきるものであった。しかし、訓練や教育について、意欲的かつ計画的に取り組むことの必要性を掲げ、明治35年には明治鉱業が日本で最初の炭鉱技術員養成所である赤池鉱山学校[57]を、また八幡製鉄所は明治43年に幼年職工養成所[58]を設け、職工の技能や技術の習得を目指して組織的に教育を開始した。そして近年、個々の作業者の技能の向上を効率的に行う手段として個別指導も重視され、OJT（On the Job Training）等、実際の作業を通じての詳細な教育訓練が効果をあげている。作業者を一定の熟練状態まで技能を向上させるためには、前章で述べたように、「技術上の知識」と

「加工技能」の2つの要素が不可欠であり、訓練を継続していく必要がある。効率的な訓練を継続するにはコンピュータの存在も重要である。コンピュータを訓練に導入することでシミュレータ訓練が可能になり、作業者個々の技能レベルに応じた個別指導が一斉に実施できる。結果として、技能訓練も飛躍的に効率化されることになる。

一方、段取作業については、機械加工を対象にした場合について考える。工作機械の代表例として、マシニングセンタがあり、通常パレット上で加工作業が行われる。そのため、加工の準備段階として、加工部品は治具・取付具を用いて適切にパレット上で取り付けられなければならない（図Ⅲ－33、図Ⅲ－34）。この段取作業が、作業者の熟練の度合いによって作業能率に大きく影響を及ぼすことになる。従って、機械加工を行う場合においても徹底した作業訓練を行う必要がある[59]。

3．段取作業効率化のための方法論[14]

段取作業の効率化を評価するための方法論としては、まず評価のための数学モデルを構築し、それを解析することである。しかし、実際の段取作業そのものは複雑であり、モデル化するには容易ではない。そこで、システム工学的手法を導入して、複雑な段取作業を「単純化」して、数学モデルを構築する。そして、その数学モデルを解析して「最適化」を図る。その結果を「具体化」するという手順を踏む[60,61]。この方法により、作業者は得られた最適解（理想解）を目指して、訓練を繰り返すことで技能上達をはかることができる。図Ⅲ－38はその訓練のプロセスを模式的に描いたものである。

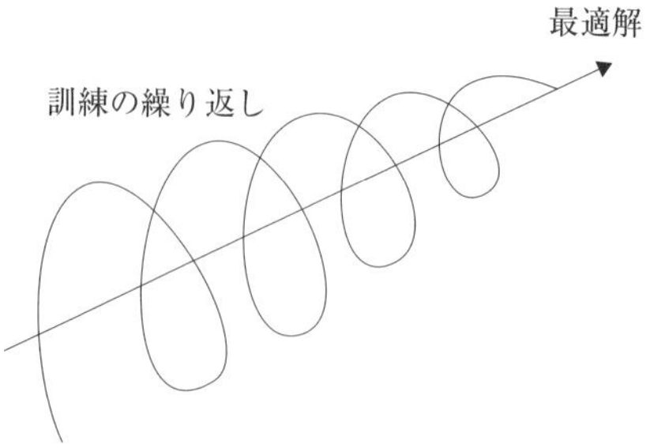

図Ⅲ－38　技能上達のプロセス[14]

4．段取作業における技能修得モデル
4.1　技能修得モデル

段取作業の技能訓練評価尺度としては、段取作業を行い、許容精度到達までの所要時間最小化とする。段取作業を上手に実施するために、以下のような訓練モデルを提案する。

・個人訓練モデル

　作業者個人の過去の技能経験に基づき、１人で考えながら繰り返し訓練を行い、技能上達を試みる。

・二人訓練モデル

　チームを組んでのグループ訓練モデルの一種で、とくに作業者が２人でチームを組み、技能の優れた作業者が、他方の作業者を指導しながら技能上達を試みる。

4.2　熟練化関数の種類

　人は各種プロセスを経て熟練していくのが一般的である。その熟練過程を関数で表現した熟練化関数の代表例として、図Ⅲ－39、40、41、42に示すように以下の４パターンがある[62]。

〈指数型関数〉

　スキル獲得の進歩は、最初は遅いが後になって急速に伸びてくるタイプで

第4章 技能上達のための訓練法に関する基礎研究　165

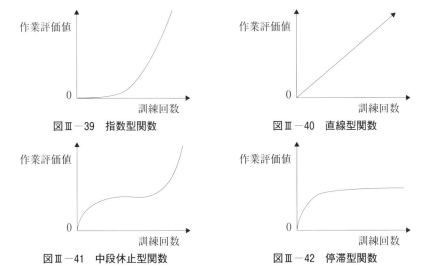

図Ⅲ－39　指数型関数

図Ⅲ－40　直線型関数

図Ⅲ－41　中段休止型関数

図Ⅲ－42　停滞型関数

ある（図Ⅲ－39）。
〈直線型関数〉
　スキル獲得の進歩は、常に同じ割合で直線状に上昇していくタイプである（図Ⅲ－40）。
〈中段休止型関数〉
　スキル獲得の進歩が、途中で停滞してしまい、高原状態になるが、また急速に上昇するタイプである（図Ⅲ－41）。
〈停滞型関数〉
　スキル獲得の進歩は、一定のレベルまでは急速に上昇するが、そのうち高原状態になるタイプである（図Ⅲ－42）。

　以上より、技能のレベル f(t) は、時間ごとに訓練を繰り返すことで高まることから、各種熟練化関数の一般形を次式のように時間 t の関数として定義する（図Ⅲ－43）。ここで、A、B は任意の定数とする。

$$f(t) = A \cdot \exp(-B \cdot t) \qquad (4\text{-}1)$$

$$f(t) = A \cdot \exp(-B \cdot t^2) \qquad (4\text{-}2)$$

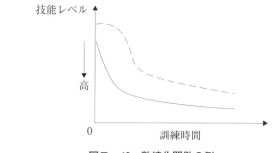

図Ⅲ-43　熟練化関数の例

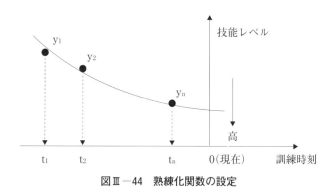

図Ⅲ-44　熟練化関数の設定

4.3　熟練化関数の設定法

作業者の熟練の程度の変遷を関数で表すことにする（図Ⅲ-43）。ここでは、その設定方法について述べる。

（手順1）図Ⅲ-44に示すように定められた時間間隔で訓練を実施し、そのつど熟練化の程度を技能レベルとして評価する。

（手順2）訓練実施時刻 t_i と技能到達レベル y_i の関係（t_i, y_i）をすべての訓練回数（i＝1, 2, …, n）において記録し、それらを最小二乗法で近似し、熟練化関数として設定する。

以上、（手順1）、（手順2）を繰り返すことで、作業者のもつ熟練化関数を更新し、今後の作業計画に活用する。

5. 熟練化関数と訓練法
5.1 熟練化関数の一般形

作業者は、定められた工作機械を用いて、適切な加工作業を実践するために、段取作業に励むことになる。そして、作業者は段取りに関する訓練作業を繰り返すことによって、また段取り知識を得ることによって、加工作業の全般にわたって熟練化する。熟練化のプロセスは作業者によって異なるけれども、作業者ごとに段取作業に関する特色のある熟練化関数[62]が存在することになる。図Ⅲ-45に示すように、熟練化関数 $y=f_1(t)$ は、定められた時間間隔で訓練を重ねるため、時間 t の関数となり、目標とする技能レベル X_{00} に到達することになる。ここで、原点に近いほど、技能レベルが高いものとする。作業者の段取作業に関する訓練を能率化するために、コンピュータで作業者ごとの熟練化関数を訓練用データベースとして一括管理する。そして、段取りの熟練度向上のための訓練の方法論、たとえば個人訓練法、チームによるグループ訓練法を提示するシステム構築を行う。

5.2 個人訓練と二人訓練[14]

作業者はそれぞれ異なった熟練化関数をもち、それを指数型関数として定義することができる[17]。今、熟練化関数 $f_1(t)$ をもつ作業者が目指す評価レベルを X_{00} としたとき、作業者1人でこのレベルに到達するための個人訓練

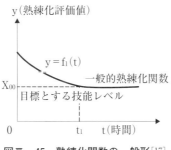

図Ⅲ-45 熟練化関数の一般形[17]

による労力量を次式の積分値に対応させて表すことにする。

$$\int_0^{t_1}(f_1(t)-X_{00})dt \qquad (4\text{-}3)$$

また、2人ずつグループを組んで訓練するグループ訓練法では、より高い技能を有する作業者がリーダーシップをとって段取作業をすすめる場合を考える。図Ⅲ－46において、このときの2人の労力量は次式となる。

$$\int_0^{t_0}(f_2(t)-X_{00})dt + \int_{t_0}^{t_1}(f_1(t)-X_{00})dt \qquad (4\text{-}4)$$

このように労力量を技能レベルの高い作業者に対応させて考えることで定式化する。

これより、二人訓練におけるパートナー選択問題は、個人訓練での労力量をもとに、総労力量最小化基準のもとで作業パートナーを決定する割り当てに関する最適化問題となる。この問題は分岐限界法を適用することによって、容易に解くことができる。図Ⅲ－47は技能訓練のための個人訓練、二人訓練を効率的に行うための意思決定支援システムの概念図を示す。

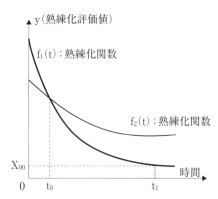

図Ⅲ－46　グループ訓練（二人訓練）と労力量[14]

第4章 技能上達のための訓練法に関する基礎研究　169

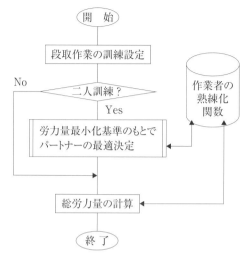

図Ⅲ－47　訓練のための意思決定支援システムの概要[14]

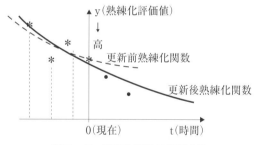

図Ⅲ－48　熟練化関数の管理方法

(1) 作業者ごとの熟練化関数の管理法[21]

　これまでの訓練データをもとに、最小二乗法を用いて、将来にわたる段取作業の熟練化の程度を予測することができる。そして、新たに訓練を実施するごとに、最小二乗法を繰返し適用して、新たな熟練化関数を更新して管理することになる。

　図Ⅲ－48は、訓練プロセスの予測を示したものである。新しい訓練データを追加して最小二乗法を用いて、新たな熟練化関数が更新されることになる。

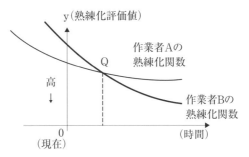

図Ⅲ-49 グループ訓練（二人訓練）の方法

このような形式でのデータ管理を基本とする。

(2) 熟練化のためのグループ訓練法[21]

段取作業の技能向上を能率良く実施するためには、グループによる訓練が有効である。グループ内で熟練の程度の高い作業者が、他の作業者を指導することによって、グループ全体の技能レベルが能率的に向上することが多い。このような訓練方法をグループ訓練の基本とする。図Ⅲ-49は、グループ訓練、とくに二人訓練での熟練化関数の例を示したものである。訓練開始時から段取り技能の高い作業者Aが点Qまで指導的立場となり、点Qに到達して後、作業者Bと指導的役割を交代するという予定で訓練計画をたてることができる。

6．段取作業と訓練の実践例[21]

実践例として、ボール盤作業について、加工前準備段階での訓練と加工時の作業条件に関する訓練を実施する。

ドリル工具の保持に関する訓練では、ドリル工具自体が三つ爪チャックの中心で固定されるまでの作業時間を測定する。このときの作業時間の計測は、三本爪をチャック本体の先端から出さない状態より始める。実験では、作業者Aに対して13mmMG（1.2〜13mm）のドリルチャックと、2mm、3mm、

表Ⅲ-28　ドリル工具の取付け実験

ドリル径＼回数	1回目	2回目	3回目	4回目	5回目
5 mm	37秒70	20秒86	20秒74	21秒03	19秒45
3 mm	31秒57	28秒86	33秒15	32秒06	30秒68
2 mm	41秒29	41秒41	35秒95	39秒19	35秒98

表Ⅲ-29　2mmのドリル工具の取付け実験（単位：秒）

作業者＼回数	1回目	2回目	3回目	4回目	5回目
A	41.3	41.4	36.0	39.2	36.0
B	38.0	34.6	33.8	31.1	33.7
C	50.1	62.4	40.9	38.8	33.7

表Ⅲ-30　作業者の熟練化関数（時間：t）

作業者	熟練化関数の表示
A	$y=36.24\exp(-0.033t)$
B	$y=31.88\exp(-0.035t)$
C	$y=34.24\exp(-0.127t)$

　5mmの3種類のドリル工具を用い、5回の取付け訓練を行った。その結果を表Ⅲ-28に示す。細いドリルは三つ爪チャックの中心からずれやすいため、とくに取り付けに注意力と慎重さが要求される。

　そこで、3人の未熟練作業者に、同様にして2mmのドリル工具を用いた取付け実験を行った。その結果を表Ⅲ-29に示す。この実験結果より、3人の作業者の熟練化関数を求めることができる。表Ⅲ-30は、更新後の熟練化関数を示したものである。図Ⅲ-50は作業者Aと作業者Cの熟練化関数を比較したものである。

　作業者Cは初心者で、最初は細いドリルの設定にとまどっていたが、訓練を繰り返すことで、結果として作業者Aよりも早く段取りできるコツを会得

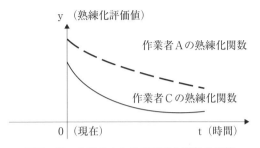

図Ⅲ-50　作業者AとCの熟練化関数の比較

したといえる。目的のドリル工具を三つ爪チャックの中心に早く正確に固定するためには、まだ三本爪がチャック本体から出ていない状態からドリル工具を挿入するのではなく、あらかじめチャック本体の先端から三本爪を目測で下ろしておくことである。そして、ドリル工具がやっと入る状態まで三本爪を予め絞り込んでおいて挿入することである。

　作業者AとCで二人訓練を実施する場合には、段取り技能が高い作業者Cがリーダーとなって作業者Aを指導しながら訓練を実施するとよい。

7．訓練における評価とまとめ

　以上より、作業者ごとに訓練を繰り返すことで、個々の段取作業に関する熟練化関数が求められる。これより段取作業の技能の向上を目指す訓練システムとして充実させるためには、作業者ごとに熟練化関数をデータベース化し、コンピュータでの管理を充実させる必要がある。その管理方法について以下に述べる。

　まず、作業者が個人的に訓練した過去の訓練データをもとに、最小二乗法を適用して、作業者ごとの熟練化関数を求める。そして、この訓練をさらに繰り返すことにより、その都度最小二乗法を用いて熟練化関数を更新してゆく。図Ⅲ-51と図Ⅲ-52は、その関数の更新前後のプロセスを示したものである。

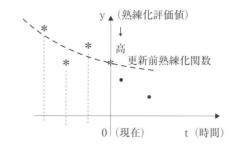

図Ⅲ-51　熟練化関数の更新前の状態

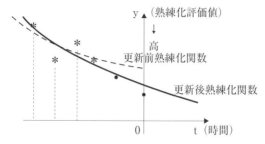

図Ⅲ-52　熟練化関数の更新後の状態

　これにより、将来にわたる段取作業の訓練計画を能率的に行うことが可能となる。

第2節　知的複雑労働の作業熟練と訓練法[17]

1．段取作業と知的複雑作業

　段取作業に関する技能修得のメカニズムを考える場合、単純労働の繰り返し作業による技能習熟に限定してきた。しかし、今日段取作業に関する技能も複雑化され、知的な労働も技能修得に大きくかかわってくる。そこで、機械加工に関する段取作業では、単に単純労働の繰り返しで技能が習熟する場合と知識がなければ越えられない技能レベルがあるとし、技能労働を知的労働と単純労働を複合化した知的複雑労働として捉えることで技能修得のメカ

ニズムを考察する。

本節では、このような知的複雑労働となる機械加工における段取作業に対して、各作業者のもつ熟練化関数とのかかわりについて、個人訓練およびグループ構成による訓練に分けて考察する。

2. 知的複雑作業とグループ訓練

パレット上での複雑な段取作業は、知的労働が要求される場合と単純労働の繰り返しで技能上達が求められる場合との組み合わせで成り立っていると考えられる。ここで、知的労働は、まさに、知識がなければ成就しない労働であり、いくら作業時間をかけても上達を望むことは不可能である。しかし、いったん知識を獲得すれば、直ちに技能レベルは向上するため、個人で訓練するよりもグループで訓練する方が知識を獲得し易く、得策であるといえる。一方で、単に繰り返し作業により技能を修得できる労働もあり、これは単純労働となる。パレット上での段取作業の技能習熟は、知的複雑作業である。

本節では、このような複合的作業労働にも適合する技能修得モデルを提案し、グループ訓練等技能上達を望める訓練の方法論について考察する。

3. 訓練と技能習熟のための熟練化関数
3.1 熟練化関数の種類と特徴

作業者は、訓練を繰り返すことにより熟練化し、技能の習熟をみる[12-16,59,63,64]。このとき、熟練化のプロセスを示す関数は、熟練化関数として定義されてきた[12-16]。熟練化関数の代表的なものについては、前章で述べてきたが、その中で、訓練効率の高いものとしては、指数型タイプと直線型タイプである。通常、訓練用ソフトウェアに適切な教示プログラムを組み込むことで、作業者の技能上達過程はこれらのタイプとなるのが一般的である。しかし、作業者の心理的・性格的なものを考慮すれば、中段休止型タイプや停滞型タイプなどになることも考えられる。

3.2 知的複雑労働

　ここで、知的複雑労働についての技能習熟を考える。まず、知的労働については、知識が与えられることで技能は飛躍的に向上する。このことは今までの経験から知識が得られた段階で、より技能の優れたレベルに段階的に移行することを意味する。他方、単純労働については、作業を繰り返すことで、任意の習熟関数に沿った技能上達を望むことができる。

　このように、2種類の労働からなる知的複雑労働を訓練する方法としては、個人訓練による方法が技能習熟の基本になると考える。それは、作業者自身、今までの作業経験と知識を生かして、繰り返しの手順で技能上達を試みてきたからである。

3.3 グループ訓練と熟練化関数

　知的労働に関しては、知識が与えられることで技能は飛躍的に向上することを述べた。このことは個人訓練よりもグループ訓練を行う場合には大きな効果が期待できる。それは、二人訓練の場合において、パートナーからの知識の獲得で、より技能の優れたパートナーのもつ熟練化関数に直ちに移行することができることを意味する。結論として、このことは2人以上で訓練する場合に、技能のより優れた作業者の習熟曲線に直ちに沿うことになる。他方、単純労働については個人訓練の場合と同様になる。

　従って、2人の作業者qとrでグループ訓練を行う場合の互いの熟練化関数 $y = f_q(t)$、$y = f_r(t)$ は、図Ⅲ－53に示すように、その時間的推移において熟練化関数の値が高レベルとなる作業者（知識と経験が優位にある作業者）の熟練化関数に沿うことになる。

　このように、グループ訓練の場合には、パートナーから作業経験に基づく知識が与えられれば、直ちに、知的複雑労働の技能レベルは向上することになる。そこで、技能修得に適したチーム数を選択することも考慮しなければならない。

176　第Ⅲ編　ものづくりの基礎基本をふまえ、目標を設定して理論化・最適化を考える教育

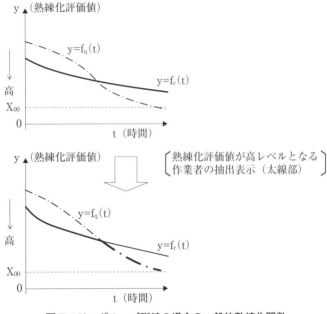

図Ⅲ-53　グループ訓練の場合の一般的熟練化関数

3.4　グループ訓練の方法論

　段取作業の訓練をグループで実施する場合の方法論について考える。まず作業者間で熟練化関数を比較し、技能レベルの最も優れた作業者が訓練の指導的な役割をになうことになる。これにより、効率的な作業に必要な知識と経験からくる工夫等がグループ内に伝授されるため、グループ全体の技能レベルが上達することになる。知識の獲得が技能向上に大きく影響を与えるような作業においては、グループ内全員の技能レベルが飛躍的に高まり、結果として指導者のレベルを越えるならば、その時点で指導者の交代を行うことになる。図Ⅲ-54にその訓練方式のフローチャートを示す。

第4章 技能上達のための訓練法に関する基礎研究   177

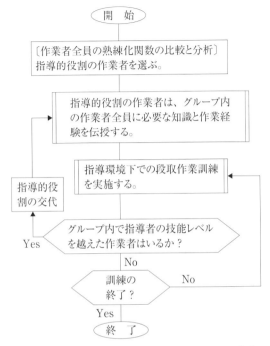

図Ⅲ-54　グループ訓練方式のフローチャート[17]

4. 段取作業における技能修得モデルの実験的検証

　段取作業の具体例として、マシニングセンタのパレット上に加工部品であるギヤポンプの上蓋を取り付ける場合を考える。ここで2種類の作業、すなわち、加工のために基準面を出す作業と取付具を用いて正確に固定する作業を行う。知識があれば技能修得可能な知的労働による技能習熟と、単なる繰り返し作業の単純労働で技能修得が望める技能習熟について作業実験を試みる。

4.1　段取作業実験の概要

　図Ⅲ-55は、パレット上でギヤポンプの上蓋に面加工を施す段取作業図である。上蓋を数個のスクリューサポートの上にのせ、加工面の水平（基準面）

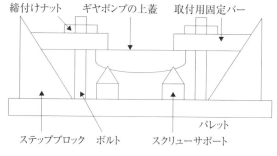

図Ⅲ-55　パレット上での段取作業実験[17]

を精密水準器を用いて設定する。そして、上蓋の固定にはステップブロックと取付用固定バーを用いる。固定バーで上蓋を固定した後にも精密水準器を使って加工面の水平度を確認する。もし、上蓋の加工基準面が水平でなければ締め付け力を緩和し、再度基準面の調整をはかる。この作業を繰り返すことによって、技能の習熟性を考察する。加工面の水平の精度は div0.5mm とする。実際に実験を行う作業者の人数は10名とする。作業者Cはある程度の加工経験をもつ作業者であり、作業者Dは加工作業歴18年の熟練者である。残り8名の作業者は、中学校技術教員を目指す教育学部の学生や大学院生、いわゆる未熟練作業者である。

4.2　知的労働による技能習熟

　この段取作業実験において、知識がなければきわめて困難となる作業がある。それは、スクリューサポート上に上蓋をのせ、精密水準器を用いて水平面(基準面)を出す作業である。作業台上には予め、スクリューサポートを4個用意しておく。しかし、実際には3個のスクリューサポート上に加工部品である上蓋を置くことで、容易に加工面の水平が確保される(知識1)。また、ステップブロックを用いて、上蓋をスクリューサポート上で固定する場合には必ずスクリューサポートの真上を取付用固定バーで押さえることが鉄

表Ⅲ-31　知的労働の作業時間[17]

作業者	知識1を得るまでに要した時間（分秒）	知識2を得るまでに要した時間（分秒）
作業者A	27′18″	34′58″
作業者F	9′14″	0
作業者G	20′19″	0
作業者H	6′29″	0
作業者I	14′56″	6′56″
作業者J	10′08″	0

則となる（知識2）。これらのことは、知識があれば、あるいはそのことに気づいた段階から、単なる繰り返し作業による技能習熟となることを意味している。表Ⅲ-31は10名の作業者のうち、6名の作業者が知識1について欠如していたことを示しており、さらにそのうちの2名の作業者は知識1と知識2の両方とも欠如していたことを表している。しかし、いったん知識を獲得すると、技能レベルは飛躍的に高まることになる。このことは、作業者に対して、第三者による知識の教示が行われても同じである。

4.3　単純労働による技能習熟

3個のスクリューサポート上に上蓋を置き、スクリューサポートの真上から取付用固定バーで上蓋を押さえて固定するという作業を、上蓋の加工面の水平精度を精密水準器で確認しながらdiv0.5mmの精度まで繰り返す。この作業には、スクリューサポートとステップブロックの配置、上蓋の傾き具合とスクリューサポートの調整等、繰り返し作業と慣れにおいて上手になることが多く、知的作業というより単純作業による経験と勘からくる要因が主であると考える。表Ⅲ-32は、知識1と知識2を獲得した後、上蓋の水平精度がdiv0.5mmになるまでの時間を作業者ごとに表したものである。そして、このような作業を4回繰り返したときの技能の習熟を示したものである。このような作業は単純労働であり、作業回数に依存しておおむね技能上達が

表Ⅲ-32　単純労働での作業時間（分秒）[17]

作業回数 作業者	1回目	2回目	3回目	4回目
作業者A	45′08″	9′25″	4′57″	5′34″
作業者B	6′53″	5′08″	5′03″	4′28″
作業者C	3′58″	3′15″	3′22″	3′29″
作業者D	2′48″	2′37″	2′51″	2′43″
作業者E	5′40″	6′38″	4′57″	6′30″
作業者F	9′14″	3′14″	3′03″	3′07″
作業者G	3′18″	5′16″	2′42″	2′58″
作業者H	4′19″	4′11″	3′40″	3′27″
作業者I	4′12″	3′46″	3′06″	3′14″
作業者J	8′17″	9′01″	5′16″	4′56″

望めることになる。

4.4　知的複雑労働としての段取作業

　本実験で取り上げる段取作業は、知識なくしては作業が進展しない知的労働の要因と、繰り返し作業による慣れで技能上達が望める単純労働の要因を併せもった知的複雑労働であるといえる。10人の作業者のうち6人は知識1が欠如していたため、それを獲得するまでにかなりの時間を費やしている。このとき、最初から知識1を備えた作業者とグループ訓練をするのであれば、知識1はパートナーから直ちに教示されるため、段取作業は単純労働のみとなり技能の習熟が早まることになる。単純労働においてもグループ訓練であれば、互いのノウハウが公開されて、より高い技能レベルをもつパートナーの指導で未熟練者の技能レベルも向上することが期待される。従って、このような段取作業におけるグループ訓練の役割は重要であるといえる。

4.5　グループ訓練の実践

　今、ある程度の加工経験をもつ作業者Cと未熟練作業者Kの作業者ペアを

表Ⅲ-33 グループ訓練後の作業時間（分秒）

作業回数 作業者	1回目	2回目	3回目	4回目
作業者K	5′24″	4′28″	4′33″	4′17″

一つのグループとみなしてグループ訓練を行うことを考える。加工経験の乏しい作業者Kは、当然、知識1と知識2をもち合わせていない。そこで、作業者Cが図Ⅲ-54のフローチャートに基づいて、段取作業を指導することになる。結果として、このグループにおける熟練化関数は、グループ指導者である作業者Cの主導の下に実施されるため、作業者Cの関数に沿って実践されることになる。作業者Cから指導を受けたその後の作業者Kの熟練化関数は、表Ⅲ-33に示すように、知識1と知識2をもち合わせていなかった訓練前と比べて、段取作業の改善がなされた結果となっている。

5．まとめ

　機械加工を対象とした段取作業において、作業者の熟練化関数は、個人訓練とグループ構成による訓練とでは特性が異なってくる。個人訓練においては、技能習熟のための知識をもたなければ停滞型あるいは中段休止型の熟練化関数となり、技能習熟は極めて困難な状況になる。しかし、作業経験をもとに思考が深まれば新たな知識が創生され、技能習熟につながってくるケースもある。また、何らかの方法で知識を獲得すれば技能習熟が進むことになる。

　他方、2人以上のグループ構成で訓練を行う場合には、グループ内に作業に関する知識をもった作業者が存在すれば、その人による知識の教示で技能習熟がスムーズとなり、メンバーの技能停滞は生じないことになる。このとき、作業者個々の熟練化関数は、知識をもった作業者の熟練化関数に依存して技能習熟が進むことになる。もし、グループ内に知識をもった作業者がい

ないならば、個人訓練の場合と同じ方法となる。

第3節　パレット上での段取作業習熟への適用[12]

1．段取作業の評価へ向けての実践的意義とその必要性

　マシニングセンタにおけるパレット上で、加工部品を取り付ける段取作業については、複雑であり、ロボットによる自動化よりもむしろ思考的柔軟性に富む人間に任せる方が能率的であると考える。作業者は訓練を繰り返すことで熟練化し、思考を要する複雑な作業に対して大きな効果を発揮することになる[35-37,59,63,64]。具体的に、パレット上での段取作業の評価となると評価基準を設定する必要がある。この評価基準の下で、目標にどの程度到達したかを確認することになる。評価基準としては、パレット上での工具の総移動距離最小化等がある。本節では、段取作業の熟練化のための作業者の訓練方法とその特性について考察する。

2．パレット上での段取作業の評価と訓練

　パレット上での加工部品の取り付けには、前述のように、工具の移動径路、取付具の形状とその固定方法などを考慮して、加工部品を個別に配置したり、まとめて配置したりして、パレット上に適切に配置し固定することである。このような人手による段取作業の能率化は、作業者を訓練し熟練化することになる。以下、パレット上での段取作業熟練化のための訓練の方法と評価について考える。

　評価基準として、加工のための工具径路が2次元的に最小になるように考える。このとき、加工中の工具交換はその場で直ちに行えるタレットタイプのマシニングセンタとする。従って、パレット上での加工作業方法としては、必要に応じて工具交換を行いながら、一つの部品の加工完了後、次の部品の加工作業に移るという部品ごとに加工を終えていくタイプとする。以上より、

段取作業の評価として次の2つの基準[59]を考える。第一は部品配置評価であり、解析によって求められた部品の最適配置パターンと作業者の行う部品配置パターンのずれを評価するものである。第二は工具の総移動距離評価で、部品の最適配置パターンでの工具の総移動距離と作業者の行う配置でのそれとの比を百分率で表す。作業者は、これら2つの基準値を比較しながら、図Ⅲ－38に示すように、最適解へ向けて訓練することができる。

このようにパレット上で適切な部品配置を2次元的に考えるとき、加工部品や使用する取付具の形状のみならず、工具移動のための最小スペースも考慮し、工具と部品の衝突チェックなどにも実際は注意を払わねばならない。そこで本節では、加工部品・取付具の形状とその部品の加工作業に関わる工具移動領域をも含めた必要最小限度の大きさの円形作業領域を定義し、工具の総移動距離最小化基準のもとで最適な円形作業領域の配置を決定する。そして、その最適配置と比較することで部品配置評価とする。このとき、円形作業領域内で加工作業を行う場合には、常に円の中心が工具の出発点となり、領域内での加工作業終了後はその円の中心位置に工具が再びもどると考える。従って、どの円形作業領域内でもその加工ルートは同一であるとする[64]。

能率的な段取作業を行うには、定義されたいくつかの円形作業領域をパレット上に適切に配置することが必要である。このとき、工具移動経路はパレット上の工具原点から配置された各円形作業領域の中心点を順次通りながら再び工具原点にもどる一巡ルートであり、それが工具の総移動距離として最小であることが望まれる。この円形作業領域のパレット上での最適な配置方法は、まず直径の小さい円形領域から順に工具原点にできるだけ近接させて配置することである。そして、互いの円形作業領域は外接関係を保つようにする。この結果を利用してあらかじめ円形領域の最適配置を求めておけば、作業者は自ら試みた部品配置とこの最適配置を比較することで評価を行うことができる。この関係を図Ⅲ－56に示す。

段取作業の部品配置評価は、各加工部品ごとにそれらの円形作業領域の面

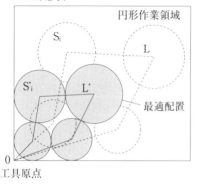
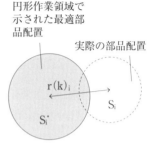

(1) パレット上での加工部品の配置[64]　　(2) 最適部品配置との比較

図Ⅲ-56　円形作業領域の最適配置と部品配置例

積比とそれに対応する作業領域の中心間距離の積で表し、それらを平均化する[59]。

$$\min_{k=1,2,\ldots,m}\left\{\left(\frac{1}{n}\right)\cdot\sum_{i=1}^{n}r(k)_i\cdot\left(\frac{S_i}{S_i^*}\right)\right\} \quad (4\text{-}5)$$

ここで、n はパレット上に配置すべき加工部品数、m はパレット上での部品の最適配置パターン数、$r(k)_i$ は部品 W_i について作業者が配置した円形作業領域と最適部品配置パターン k での部品の最適円形領域との中心間距離、S_i と S_i^* はそれぞれ作業者が配置した W_i についての円形作業領域の面積とその最適な円形作業領域の面積を表す[59]。

他方、工具の総移動距離評価（％）は任意の部品配置に対して次のようになる[59]。

$$\frac{L-L^*}{L^*}\times 100 \quad (4\text{-}6)$$

ここで、L と L^* はそれぞれ作業者が試みた部品配置パターンでの工具の総移動距離、理論より得られた部品の最適な配置パターンでの最小の工具総移動距離である。

式(4-5)、式(4-6)をもとに段取作業の総合評価法を提案する。この方法は、式(4-5)を$r(k)_{max}$で割って百分率に換算した値をX軸に、式(4-6)の値をY軸に表し、原点からの距離として2次元グラフ上で評価する方法である。作業者の段取作業評価値がX－Y座標上で明瞭に表され、最適解である原点に向けての訓練の方向性が容易に把握できる。

3．総合評価に基づく熟練化関数

段取作業を評価する2つの基準をもとに、統一的な段取作業の評価指標として、図Ⅲ－57に示す総合評価値を定義する。この値が小さければ作業の熟練化が進んでいることを意味している。従って、作業訓練ごとに総合評価値を計算することで、作業者ごとの熟練化のプロセスが明らかになり、図Ⅲ－58に示す熟練化関数が求められる。

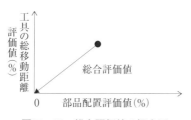

図Ⅲ－57　総合評価値の概念図

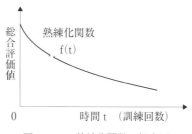

図Ⅲ－58　熟練化関数の概念図

4．段取作業熟練化に要する労力量の解析
4.1　個人訓練と熟練化労力量

まず、熟練化労力量について、前々節で述べた定義を整理する。作業者は個々に異なった熟練化関数 $f(t)$ をもつため熟練化に要する労力も個人差を生じる。繰り返しの訓練で、t_1 時間目での熟練化に要する労力量を次のように定義する。

$$\int_0^{t_1} f(t)\,dt \tag{4-7}$$

また、総合評価値レベルが X_{00} に到達したときの労力量は次式で表わされる。

$$\int_0^{t_1} (f(t) - X_{00})\,dt \tag{4-8}$$

今、n 人の作業者が個人個人で訓練する場合、それぞれの熟練化関数を次式のような指数型関数とする。

$$f_q(t) = x_{0q} \exp(a_q t) \tag{4-9}$$

ここで、x_{0q} と a_q は定数とする。個人訓練を行い、全員が総合評価値 X_{00} に到達するとき、n 人の熟練化労力量の総和は次式となる。

$$\sum_{k=1}^{n} \int_0^{t_{1k}} (x_{0k} \exp(a_k t) - X_{00})\,dt$$
$$= \sum_{k=1}^{n} \left\{ \frac{x_{0k}}{a_k} (\exp(a_k t_{1k}) - 1) - X_{00} t_{1k} \right\} \tag{4-10}$$

4.2　グループ訓練における熟練化労力量の解析

複数の作業者からなるグループ訓練を考える。このとき、熟練化レベルの高い作業者がグループ内で指導的役割をすることになる。このことは、グループ全体の熟練化に要する総労力量を最小にすることができることを意味する。

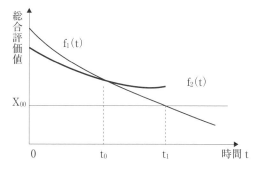

図Ⅲ-59　グループ訓練における熟練化関数と労力量

今、2人ずつのグループで段取作業訓練を行うものとする。2人の作業者の熟練化関数をそれぞれ次式とする。

$$f_1(t) = x_{01} \exp(a_1 t) \tag{4-11}$$
$$f_2(t) = x_{02} \exp(a_2 t) \tag{4-12}$$

ただし、$0 > a_2 \geq a_1$ とする。

図Ⅲ-59はグループで評価値レベル X_{00} を目指したときの2人の作業者の熟練化関数を示す。これより、2人の作業者のうち、時間 t_0 までは f_2 を熟練化関数にもつ作業者が、それ以降 t_1 時間までは f_1 を熟練化関数にもつ作業者が指導することで熟練化労力量は最小となる。従って、2人作業者の熟練化に要する総労力量は次式で表される。

$$\int_0^{t_0} (x_{02} \exp(a_2 t) - X_{00}) dt$$
$$+ \int_{t_0}^{t_1} (x_{01} \exp(a_1 t) - X_{00}) dt \tag{4-13}$$

4.3　訓練方法の実施手順

複数の作業者が互いに支援しながら訓練を行うことができるのは、グループ訓練の大きな利点である。実施する場合の手順としては、まず何名の作業

者を1グループにするかを意思決定する必要がある。そして、その構成人数をもとに熟練化総労力量が最小になるように作業者のもつ熟練化関数を組み合わせて、グループ分けを決定すればよい。

5．適用例[12]
5.1　段取作業の実際と訓練

適用例として、パレット上で製品としての旋盤用刃物台を加工する場合の段取作業を考える[59]。加工製品としての刃物台は3種類4製品とする。パレット上に取り付ける4製品の配置パターンは4通りあり、これを定められた時間間隔で全4回の段取訓練の実践を計画する。これより、12人の作業者に対して、パレット上での部品配置評価値と工具の総移動距離評価値を実験[59]によりそれぞれ求める。これらの評価値をもとに総合評価値を計算する。表Ⅲ－34は作業者12人の4回の訓練結果の総合評価値を示す。また、図Ⅲ－60は作業者Aの総合評価値の推移を表したグラフであり、熟練化のプ

表Ⅲ－34　作業者ごとの総合評価値

評価回数 作業者	総合評価値			
	1回目	2回目	3回目	4回目
A	116.9	67.5	37.6	34.8
B	90.8	40.8	44.9	34.7
C	74.9	31.0	14.8	8.5
D	19.6	21.3	16.9	17.4
E	101.9	30.1	25.4	20.8
F	121.7	48.9	36.3	43.9
G	123.9	90.5	37.8	40.7
H	72.4	31.5	47.6	37.8
I	50.9	40.6	45.1	19.8
J	45.4	33.2	38.8	35.9
K	92.0	64.4	58.8	36.5
L	50.1	42.8	31.7	28.8

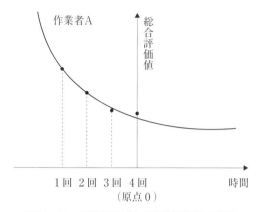

図Ⅲ－60 訓練回数ごとの総合評価値の推移

ロセスが明らかとなる。

5.2 熟練化関数の導出

図Ⅲ－60より、作業者ごとに得られた推移曲線を、最小二乗法を利用し、指数型関数にあてはめたものを熟練化関数として導出する。表Ⅲ－35は作業者ごとの熟練化関数一覧表である。

5.3 個人訓練における熟練化労力量の算出

個人訓練における熟練化労力量を熟練化関数を基に求めることを考える。今、総合評価値$X_{00}=5$を目指して個人訓練を行ったときの作業者ごとの労力量の計算結果を表Ⅲ－36に示す。

5.4 グループ訓練における熟練化労力量の算出

作業者AとB、CとD、EとF、GとH、IとJ、KとL、からなる6グループの集団訓練を実施することを考える。個人訓練の場合と同様、総合評価値5を目指して作業者2人が協力しながら能率良く訓練する。図Ⅲ－61と

表Ⅲ-35 作業者ごとの熟練化関数の一覧

作業者	熟練化関数の表示
A	30.28exp（-0.42t）
B	32.16exp（-0.28t）
C	11.64exp（-0.73t）
D	17.08exp（-0.06t）
E	17.20exp（-0.49t）
F	33.10exp（-0.34t）
G	34.39exp（-0.42t）
H	36.14exp（-0.15t）
I	24.69exp（-0.27t）
J	35.57exp（-0.05t）
K	38.45exp（-0.29t）
L	27.55exp（-0.20t）

表Ⅲ-36 個人訓練における労力量の計算結果

作業者	労力量	作業者	労力量
A	38.75	G	47.02
B	63.76	H	141.67
C	3.31	I	43.35
D	98.96	J	415.19
E	12.29	K	80.17
F	54.85	L	70.09
		全作業者の総労力量	1069.41

図Ⅲ-62は、それぞれ作業者AとB、KとLの熟練化関数を表したものである。図Ⅲ-61では、今後は作業者Aが作業者Bを常に指導することで能率的となる。また、図Ⅲ-62では、前半は作業者Lが、後半は作業者Kが指導的役割で訓練を実施することが望まれる。表Ⅲ-37はグループごとに熟練化に要する労力量を求めたものである。

次に2人の作業者が1グループになって熟練化訓練を行う場合、総労力量

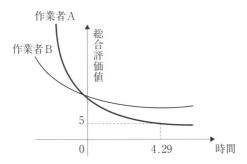

図Ⅲ−61　作業者AとBのグループでの訓練

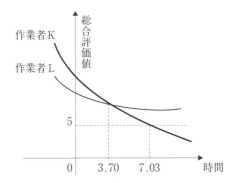

図Ⅲ−62　作業者KとLのグループでの訓練

が最小になる最適な作業者のグループ分けを考える（二人訓練）。表Ⅲ−38は、2人の作業訓練における労力量を作業者ごとにマトリックス形式（対称行列）で表したものである。

　これより、総労力量が最小となる作業者の組み合わせを求める問題は、割り当て問題に相当するため、式（4-14）から式（4-18）として定式化することができる。ただし、z_{ij}は0-1変数とし、作業者iとjの2人が同一グループになる場合、$z_{ij}=z_{ji}=1$とする。そうでなければ$z_{ij}=0$となる。また、作業者iとjの2人作業による労力量をα_{ij}で表す。

表Ⅲ－37　グループ訓練における労力量の計算結果

作業者グループ	労力量
A*とB	38.75
C*とD	3.31
E*とF	12.29
G*とH	47.02
I*とJ	43.35
K*とL*	64.96
総労力量（合計）	209.68

（注）：*印は指導的役割の作業者を示す。

表Ⅲ－38　2人の作業訓練における労力量

作業者

	A	B	C	D	E	F	G	H	I	J	K	L
A	−	38.75	3.31	29.53	12.29	38.75	38.75	38.75	35.48	38.75	38.75	38.19
B		−	3.31	45.36	12.29	54.64	46.51	63.76	43.35	63.76	63.76	59.52
C			−	3.31	3.31	3.31	3.31	3.31	3.31	3.31	3.31	3.31
D				−	12.29	38.72	32.67	81.77	37.29	98.96	49.56	54.65
E					−	12.29	12.29	12.29	12.29	12.29	12.29	12.29
F						−	46.73	54.85	42.87	54.85	54.85	51.61
G							−	47.02	38.60	47.02	47.02	43.91
H								−	43.35	141.62	79.68	70.09
I									−	43.35	43.35	43.35
J										−	79.72	70.09
K											−	64.96
L												−

作業者

$$\text{Minimize} \quad \sum_{i=1}^{n} \sum_{j=1}^{n} \alpha_{ij} z_{ij} \tag{4-14}$$

Subject to

$$\sum_{j=1}^{n} z_{ij} = 1 \quad (i = 1, 2, ..., n) \tag{4-15}$$

$$\sum_{i=1}^{n} z_{ij} = 1 \quad (j = 1, 2, ..., n) \tag{4-16}$$

$$z_{ij} = z_{ji} \tag{4-17}$$

表Ⅲ-39 2人の作業訓練での最適な作業者グループと最適労力量の計算結果

作業者グループ	労力量
BとC*	3.31
D*とF*	38.72
E*とH	12.29
G*とL*	43.91
A*とJ	38.75
I*とK	43.35
総労力量（合計）	180.33

（注）：*印は指導的役割の作業者を示す。

$z_{ij} = 0, 1$ (4-18)

結果として表Ⅲ-39に示すように、2人の作業訓練における作業者のグループ分けとその労力量が計算される。作業者DとFのグループと作業者GとLのグループでは、指導的役割を演ずる作業者が訓練中に交互に入れ替わることになる（二人訓練）。

6．考察とまとめ

本実施例としてのグループ訓練では、作業者を2人ずつ順番にAとB、CとD、EとF、GとH、IとJ、KとLのようにグループ化した場合、また最適なグループ分けをした場合について訓練効果を示した。この結果、表Ⅲ-36（個人訓練）と表Ⅲ-37（グループ訓練）では、グループ化の方が総労力量で859.73（=1069.41-209.68）の有利さが生じている。個人訓練よりも2人ずつのグループ訓練の実施の有効性が明らかとなる。

一方、最適なグループ訓練（表Ⅲ-39）と比較すると29.35（=209.68-180.33）のさらなる改善が見込まれる。このように最適な訓練方法を追及することにより、効率的な技能習得が可能となる。

第Ⅲ編のまとめと考察

［1］ 第2期ものづくり教育の指標と到達レベル

　第2期ものづくり教育の内容について、設計、工程計画、製作のものづくり工程の流れの中で、目指すものとその到達レベルの関係を考察する。第Ⅰ編で述べたように、人の発達段階に応じたものづくりの学び方のステージ・マップを図Ⅲ－63に示す。

　ここで、第2期ものづくり教育は、上図の領域D、E、Fであり、その内容は以下の通りである。

<u>領域D</u>：作りたい製品を図面に描き、製品の動きの解析や構造の解析を理論的に行い、目的をもって、製作の遂行を計画・設計することができる。また、製品の動力源と制御のしくみについては、モータ駆動を基本にし、メカトロニクスの知識を導入して、適切な制御を設計・計画することができる。

<u>領域E</u>：目的の製品に仕上げるために、道具類の適切な使用・管理から旋盤

図Ⅲ－63　学び方のステージ・マップ

表Ⅲ－40　第2期ものづくりでの指導

流れ	領域D 設計	領域E 工程計画	領域F 製作
指標項目	・製品の図面化、製品の動きや構造の解析 ・モータ駆動、メカトロ制御	・工作機械の適切な運用と管理 ・作業の科学的な管理 ・技能上達・教育訓練	・工作機械の導入 ・加工精度の向上
教育指導の内容	・製品の動きを理論的に解析し、確かめる。 ・製品の構造を解析し、強度を確かめる。 ・動力・制御系を電気・電子部品で設計できる。	・加工・組立の手順を科学的に分析し、理屈に合ったものづくりを計画する。 ・人の技能上達や管理法を科学的に考える。	・製品精度を考慮しつつ、個別の機械を活用したものづくりを理論的・科学的に実践する。

などの汎用工作機械の適切な運用・管理まで、作業設計法を十分考えることができる。また、上手に作るためには段取り作業の大切さに気づき、その訓練・教育の方法を科学的に考えながら、全体的なものづくり評価を行うことができる。

領域F：精度の良い均一な製品を作るために、汎用工作機械や数値制御工作機械を活用して、経験と科学に裏打ちされた理屈に合った製作活動をすることができる。

　この内容をめあてとして指導項目と指導内容を表Ⅲ－40にまとめる。

[2]　到達レベルに関する考察

　第2期ものづくり教育において、領域ごとの目標への到達レベルについて、作業者自身が、どの程度の到達であるかを判断しておく必要がある（表Ⅲ－41）。

(1)　設計領域に関する到達判定

　製品設計を創造する能力を2つの観点から考える。

〈観点1〉製品の動きや構造を解析しながら、目的に合った製品設計を行うことができる。

〈観点2〉動力・制御系の設計として、メカトロニクスの知識の活用法を身につける。

(2) 工程計画領域に関する到達判定

工程計画領域においては、次のような観点で指導を考える。

〈観点3〉加工・組み立てでの作業手順や段取り、さらには人の技能上達プロセスについて、科学的・理論的に考え、理屈に合ったものづくり計画を推

表Ⅲ－41　第2期ものづくり教育における目標到達の程度

領域	観点	(高) ← 目標到達の程度 → (低)			
D設計	観点1	製品の動きの解析や構造解析を製品設計に生かすことができる。	解析の実施を基本とするが、主観的な設計になる場合もある。	大枠として解析は実施するが、ほとんどは主観的・感覚的な設計である。	全体的に解析はしないで主観的・感覚的な設計である。
D設計	観点2	動力・制御系の設計においてメカトロニクスの知識をすべて活用できる。	動力・制御系の設計に多少なりともメカトロニクスの知識を適用することができる。	動力・制御系の設計にメカトロニクス的発想をあまり感じない。	動力・制御系の設計にメカトロニクス的発想を全く感じない。
E工程計画	観点3	加工・組立・段取り等のすべての作業について、作業分析を行い、科学的・理論的にむだのない作業計画を立てることができる。	代表的な作業についてのみ作業分析を行い、それに基づいて全体的な作業計画を立てることができる。	作業分析は行わないで、主観に基づいた経験的な作業計画を立てている。	作業計画を立てるようなことは考えない。
F製作	観点4	理にかなった機械の活用を提示でき、科学的・理論的にものづくり実践を行うことができる。	機械の活用を経験的な方法でとらえ、それを基盤にしたものづくり実践を理論的に行うことができる。	機械の活用とそれに基づくものづくりの方法論を経験的にとらえて、ものづくり実践を行うことができる。	機械の有効な活用を全く考えないで、製作活動を実践している。
F製作	観点5	製作目的に合った機械の活用を分析し、科学的・理論的に考え、適切な製作法を考慮できる。	目的に照らして、機械の活用を限定的な制約のもとで分析し、それをもとにものづくりを行うことができる。	製作目的に合うように機械の活用をすべて経験的・主観的にとらえ、ものづくりを行うことができる。	製作する場合には、目的意識をもたないでものづくり活動を実践する。

進できる。
(3) 製作領域に関する到達判定
　製作領域における指導内容を、以下の観点でとらえる
〈観点4〉個別の機械の活用法を科学的・理論的に考えながら、ものづくりを実践できる。
〈観点5〉製作目的に合った製作法を理論的に考えながら、解析を通して、適切な方法を選択できる。

［3］評価に関する考察
　第2期ものづくり教育の指標と作業者の到達したスキルの程度を、表Ⅲ－41と照らし合わせながら、各領域、各観点に基づいて、客観的に評価することができる。そして、次の期に向けての努力の方向性を定めることができる。
　第2期ものづくり教育の達成度を判断するパフォーマンス評価の一例を以下に示す。

　今、図Ⅲ－64に示すメカおもちゃ（ダンプ・トラック）について、そのしくみの設計（領域D）、工程計画（領域E）、製作（領域F）を具体的に考えることで、第2期のものづくり力の到達レベルを判断する。ダンプ・トラック自体の走行は手動とし、荷台の動作には、モータ駆動の電動装置を配備しているものとする。
　車体は金属（真鍮）の角材を用いた骨組み構造とし、その外形をブリキ板で覆い、固定するものとする。車輪は真鍮丸棒を旋盤で削って切断するものとする。領域Dを考えるにあたり、荷台の動作を制御するメカニズムとしては、車体内に制御動力源としてのモータを設置し、リンク装置を活用するものとする。
　たとえば、一例として、図Ⅲ－65に示すように、てこクランク機構を用いた荷台の動作制御メカニズムを考えることとし、観点別にまとめる。

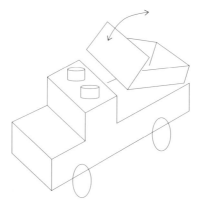

図Ⅲ−64　製作対象のメカおもちゃ（ダンプ・トラック）

観点1：荷台が上がるダンプ機構の動くしくみを考える。
観点2：荷台の動作状況に応じてランプがつく設計にする。リミットスイッチ回路によるLEDの制御とする。
観点3：モータからギヤボックスを介して、荷台の動作メカニズムの組立手順を考える。LEDとリミットスイッチによる回路設計・組立手順、さらには全体的な組み付け作業の効率化を考える。
観点4：旋盤による加工作業。機械の自動化機能の活用を考える。

　領域Dにおいて、荷台の動作と制御方法について考える（図Ⅲ−65）。
　荷台が下りて車体に取り付けたリミットスイッチがON状態になると緑色のLEDが点灯する。このとき、黄色のLEDは消灯する。リミットスイッチがOFF状態のとき、すなわち荷台が上昇中のときは黄色のLEDが点灯し、緑色のLEDは消灯する。
　このときの制御回路の一例を図Ⅲ−66に示す。
　領域Eの観点3において、工程計画段階では組立手順をツリー化表示することで、よりわかりやすくすることができる。図Ⅲ−67は、組立の際の部品構成ツリーの一例である。

第Ⅲ編のまとめと考察　199

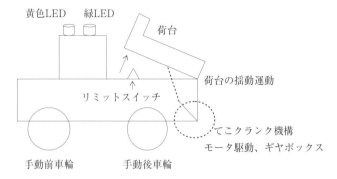

図Ⅲ-65　しくみの一例

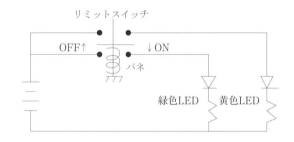

図Ⅲ-66　制御回路の一例

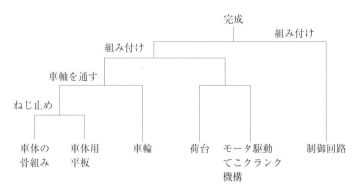

図Ⅲ-67　部品構成ツリーの一例

以上のように、課題を提示したパフォーマンス評価テストを実施し、その結果を人の発達段階に応じて考察することが必要である。第1期からのものづくり教育の円滑な流れを大切にしながら、第2期ものづくり教育での作業者の到達したものづくり力の程度を客観視する機会となる。

　ものづくりに関する基礎的技術をパフォーマンス評価テストを通して体験することで、理論通りに製品ができることの喜び、達成感を得ることができる。

第Ⅲ編の文献

[1] 牧野洋, 自動機械機構学, 日刊工業新聞社, 第1章, 1982.
[2] 大橋和正, 暮らしに役立つ技術と工学の基礎知識, 共立出版, pp. 69-71, 2008.
[3] 稲見辰夫, だれでもわかる解説と演習・機構学の基礎, 啓学出版, pp. 118-136, 1980.
[4] 齋藤二郎, 技能ブック (15) ／機構学のアプローチ, 大河出版, pp. 133-143, 2003.
[5] 大橋和正, 暮らしに役立つ技術と工学の基礎知識, 共立出版, pp. 59-63 & 69-71, 2008.
[6] 林洋次 (監修), 機械製図, 実教出版, pp. 167-210, 2003.
[7] 新学社編集部 (編), (新) 技術・家庭資料集, 新学社, pp. 34-39.
[8] 池本洋一, 財満鎮雄, 標準家庭機械・電気, 理工学社, pp. 9-32, 1996.
[9] 大橋和正, 暮らしに役立つ技術と工学の基礎知識, 共立出版, pp. 64-67, pp. 73-82, 2008.
[10] W. J. Stevenson, Production/Operations Management (5th edition), IRWIN, pp. 126-127, 1996.
[11] 大橋和正, "旋盤作業段取りの訓練計画に関する研究", 日本生産管理学会論文誌, Vol. 11, No. 2, pp. 159-164, 2005.
[12] 大橋和正, "人手による熟練化要素を考慮した段取作業研究", 日本生産管理学会論文誌, Vol. 7, No. 1, pp. 51-55, 2000.
[13] K. Ohashi, "Skill Strategy for Setup Operations at a Machining Center", Pacific Conference on Manufacturing Proceedings, Vol. 2, Sept., pp. 641-646, 2000.
[14] 大橋和正, "生産教育における技能訓練の効率化", オフィスオートメーション, Vol. 22, No. 2, pp. 44-49, 2001.
[15] 大橋和正, "段取作業のグループ訓練法", 日本生産管理学会論文誌, Vol. 8, No. 1, pp. 82-86, 2001.
[16] K. Ohashi, "Conceptual Design of Skill Training System for Setup Operations at a Machining Center", *Proceedings of Japan-USA Symposium on Flexible Automation*, Vol. 1, July, pp. 285-288, 2002.
[17] 大橋和正, "技能修得モデルの段取作業への適用", 日本生産管理学会論文誌,

Vol. 10, No. 1, pp. 73-77, 2003.

［18］ 大橋和正，"パレット上での段取作業の訓練法に関する研究――加工部品の 2 次元配置訓練法"，日本産業技術教育学会誌，Vol. 45, No. 3, pp. 127-134, 2003.

［19］ 大橋和正，"技能修得プロセスの動的モデルとデータベース"，日本生産管理学会論文誌，Vol. 11, No. 1, pp. 53-57, 2004.

［20］ S. N. Mukherjee, and S. K. Basu, Int. J. Mech. Tool Des. Res., Vol. 7, pp. 15-21, 1967.

［21］ 大橋和正，"機械加工における各種段取作業と訓練法"，日本生産管理学会論文誌，Vol. 12, No. 2, pp. 145-150, 2006.

［22］ 大橋和正，暮らしに役立つ技術と工学の基礎知識，共立出版，p. 90, pp. 136-138, 2008；他に，J. P. Ignizio（著），高桑宗右ヱ門（訳），単一目標・多目標システムにおける線形計画法，コロナ社，1985.

［23］ 大橋和正，"マシニングセンタにおける段取作業研究"，岡山大学教育学部研究集録，No. 107, March, pp. 65-70, 1998.

［24］ 精機学会 PS 専門委員会編，"マシニングセンタの無人運転技法"，精機学会，pp. 103-104, 1984.

［25］ 伊藤美光，"機械加工におけるジグの役割"，機械技術，Vol. 40, No. 3, pp. 18-26, 1992.

［26］ 酒井正一，"ジグはワークとマシンのインターフェイス"，機械技術，Vol. 40, No. 3, pp. 34-39, 1992.

［27］ 池田実，"One Minute Set-up"，機械技術，Vol. 41, No. 12, pp. 36-41, 1993.

［28］ K. Ohashi, "Design and Effective Use of Flexible Fixturing Systems for Factory Automation", Proc. of the 2nd CHINA-JAPAN Int. Symp. on Industrial Management, pp. 435-440, 1993.

［29］ 人見勝人，吉村允孝，大橋和正，東本暁美，"自動計測機能を備えたフレキシブル加工セルに関する研究（第 1 報）－自動芯出し装置の設計と実験"，システムと制御，Vol. 31, No. 10, pp. 741-747, 1987.

［30］ H. Asada, "Flexible Fixturing Systems Using Robot Manipulators", Proc. of JAPAN-USA Symp. on Flexible Automation, Osaka, pp. 567-570, 1986.

［31］ M. V. Gandhi, and B. S. Thompson, "Automated Design of modular Fixtures for Flexible Manufacturing Systems", Journal of Manufacturing Systems, Vol. 5, No. 4.

［32］ R. I. M. Young, and R. Bell, "Fixturing Strategies and Geometric Queries in

Set-Up Planning", Int. J. of Prod. Res. Vol. 29, No. 3, pp. 537-550, 1991.

[33] レスリー・ケリー（編），八木辰之（訳），テクニカル＆スキルズ・トレーニングハンドブック，フジ・テクノシステム，pp. 452-454, 1997.

[34] K. Ohashi, "Optimization Approach to Process and Parts-Layout Plannings", Proc. of Pacific Conference on Manufacturing, Osaka, Nov. pp. 26-33, 1992.

[35] K. Ohashi, "An Integration Approach to Process Design and Parts-Layout Planning", Int. J. of Prod. Econ., Elsevier, Vol. 33, pp. 237-245, 1994.

[36] 大橋和正，"加工シーケンスと部品配置の最適計画に関する研究"，日本経営工学会誌，Vol. 45, No. 5, pp. 447-453, 1994.

[37] 大橋和正，"パレット上での部品配置とオペレーション順序に関する評価・学習法"，日本経営工学会誌，Vol. 46, No. 4, pp. 332-338, 1995.

[38] 大橋和正，栢木紀哉，"生産スケジューリング学習システムに関する研究"，日本産業技術教育学会誌，Vol. 38, No. 3, pp. 223-229, 1996.

[39] 大橋和正，"段取作業の習熟性と評価に関する研究"，日本経営工学会秋季研究大会予稿集，pp. 303-304, 1994.

[40] 大橋和正，栢木紀哉，"マシニングセンタにおける段取・加工作業の能率化訓練法，"日本産業技術教育学会中国支部第25回大会発表要旨集，p. 16, 1996.

[41] P. Buckingham, M. Dooner, and S. Hodgson, "A Training Centre for Delivering Experiences of Competitive Engineering", Advanced Factory Automation, Conf. Publication No. 398, pp. 89-95, 1994.

[42] R. B. Brown, "Technology Literacy in Support of Systems Training", SME Technical Paper (Conference of Training for Automated Manufacturing Systems) MM88-793, Illinois, 1988.

[43] H. オーピツ編著，鈴木隆，三宅弘共訳，グループ・テクノロジー，日本能率協会，pp. 143-177, 1974.

[44] W. T. McCormick, Jr., P. J. Schweitzer, and T. W. White, "Problem Decomposition and Data Reorganization by a Clustering Technique", Operations Research, Vol. 20, pp. 993-1009, 1972.

[45] G. Purcheck, "Machine-Component Group Formation: an Heuristic Method for Flexible Production Cells and Flexible Manufacturing Systems", Int. J. of Prod. Res., Vol. 23, No. 5, pp. 911-943, 1985.

[46] M. Tarsuslugil, and J. Bloor, "The Use of Similarity Coefficients and Cluster Analysis in Production Flow Analysis", Proc. of the 20th Int. Machine Tool De-

sign and Res. Conf., Birmingham, pp. 525-531, 1979.
[47] H. K. Tonshoff, C. Freist, R. Granow, and J. Bussmann, "Use of the Cluster-Analysis for Developing a Flexible Manufacturing System for Rotational Parts", Proc. of the 23rd Int. Machine Tool Design and Res. Conf., Manchester, pp. 467-474, 1982.
[48] J. R. King, "Machine-Component Grouping in Production Flow Analysis: an Approach Using a Rank Order Clustering Algorithm", Int. J. of Prod. Res., Vol. 18, No. 2, pp. 213-232, 1980.
[49] J. D. Little, K.G. Murty, D.W. Sweeney, and C. Karel, "An Algorithm for the Traveling Salesman Problem", Operations Research, Vol. 11, No. 6, pp. 972-989, 1963.
[50] 大橋和正, "機械加工における作業条件設定のための意思決定訓練", 日本生産管理学会論文誌, Vol. 13, No. 2, pp. 69-73, 2007.
[51] K. Ohashi, "Strategic Planning of Skill Training for Manufacturing, International Journal of Manufacturing Technology and Management", Vol. 18, No. 4, pp. 386-395, 2009.
[52] S. Thiagarajan, "Goal-Free Evaluation of Media, Educational Technology", May, Vol. 15, No. 5, pp. 38-40, 1975.
[53] 平野朝久, "「目標にとらわれない評価（goal-free evaluation）」についての一考察", 教育方法学研究, 第7巻, pp. 29-36, 1981.
[54] 根津朋実, "「ゴール・フリー評価」（goal-free evaluation）の方法論的検討", カリキュラム研究, Vol. 7, No. 3, pp. 15-26, 1998.
[55] K. Hitomi, Manufacturing Systems Engineering, Taylor & Francis, pp. 207-209, 1996.
[56] 池田実, "One Minute Set-up", 機械技術, Vol. 41, No. 12, pp. 36-40, 1993.
[57] "社史　明治鉱業株式会社", 明治鉱業（株）発行, pp. 50-56, 1957.
[58] "八幡製鉄所80年史（総合史）", 新日本製鉄（株）発行, pp. 36-39, 1980.
[59] 大橋和正, "マシニングセンタにおける段取作業の評価・訓練システム", 日本産業技術教育学会誌, Vol. 40, No. 4, pp. 203-209, 1998.
[60] M. Yoshimura, T. Hamada, K. Yura, and K. Hitomi, "Design Optimization of Machine Tool Structures with respect to Dynamic Characteristics", ASME, J. Mech. Trans. Automat. Des., Vol. 105, pp. 88-96, 1983.
[61] C. T. Leondes (Ed.), and M. Yoshimura, Control and Dynamic Systems,

Vol. 48, Academic Press, New York, pp. 167-219, 1991.
[62] 労働省職業能力開発局編,職業訓練における指導の理論と実際,職業訓練教材研究会,pp. 187-188, 1999.
[63] K. Ohashi, "A Scientific Training Methodology of Setup Operations at a Machining Center", Proceedings of the 4th China-Japan International Symposium on Industrial Management, Oct., pp. 129-134, 1998.
[64] 大橋和正,"パレット上での段取作業の評価と熟練化",日本生産管理学会論文誌,Vol. 6, No. 1, pp. 39-44, 1999.

第Ⅳ編　ものづくりの最適化とともに、方略性ある効率化を考える教育
（大学から一般社会人の期間）

大学生から社会人にかけての第3期のものづくり期間は、今までの基礎・基本のものづくりから、進歩的でスマートなものづくりへと脱皮していく期間である（図Ⅳ－1）。設計段階では、コンピュータを活用した製品の最適設計を目指すことが大切である。たとえば、製品のスムーズな動作、むだのない動作に仕上げるためのメカニズムの最適設計、少資源で強度的に耐久性のある構造を有するための製品構造の最適設計等、経験則にもとづく設計から理論的に品質保証された設計への転換が必要となる。

　工程計画は、設計と製作のかけ橋的存在であるため、戦略的ものづくりを実施する観点では、最も重要視しなければならない分野の一つである。他者あるいは他社に負けないものづくりを行うためには、工程計画を構成する工程設計の部分と作業設計の部分において、戦略性との関係で、大きな思考の転換を必要とする。相手を意識し、相手に負けないものづくりを実践するためには、ものづくり全体をトータルで考え、競争力の望めない工程は別の得意作業で補完し、逆に差をつけるといった方略的生産教育が望まれる。

　製作段階においても、単機能の工作機械から複合工作機械等の生産システムを活用することで生産に関するフレキシビリティは高まる。また、コンピ

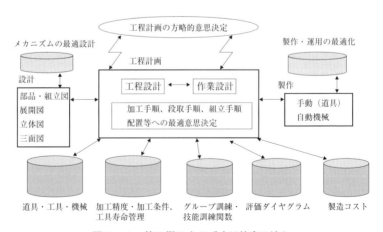

図Ⅳ－1　第3期のものづくり教育の流れ

ュータを用いての製作に関するシミュレーション、バーチャルファクトリーによる全体シミュレーション等、各種ものづくりのソフト的実験でものづくり力の効果が確かめられることになる。

第1章 ものづくりの設計論に関する研究

第1節 機械の動きの解析法とシミュレーション

1. 動きの解析法

　ベクトル解析を用いて、家庭用扇風機の首ふり機構の設計を考察する。首ふり角度の変更を目的とした場合、どのリンクの長さを変化させるのが効果的であるかを考える。実際の扇風機の首ふり機構の一例を図Ⅳ－2に示す。

　これは、てこクランク機構を構成しており、図Ⅳ－3のように、ベクトル解析のためのモデル化を図ることができる[1]。

　C_2は固定リンクベクトル、B_1は入力リンクベクトルでクランク（0から2πまで変化）である。ベクトル方程式は以下の通りである。

$$\begin{cases} P_3 = B_1 + C_2 & \quad (1\text{-}1) \\ B_5 = B_4 + P_3 & \quad (1\text{-}2) \end{cases}$$

　式 (1-1) より C_2 ベクトルは既知ベクトルであり、B_1 ベクトルには角度を与えることにより、既知ベクトルとなる。したがって、式 (1) より、θ_3 と

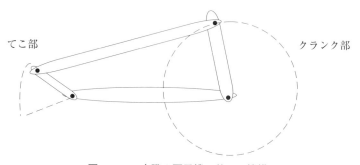

てこ部　　　　　　　　　　　　　クランク部

図Ⅳ－2　実際の扇風機の首ふり機構

第 1 章　ものづくりの設計論に関する研究　　211

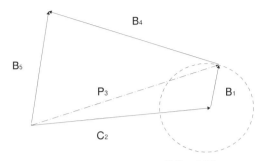

図Ⅳ－ 3　てこクランク機構の解析

p_3 を求めることを考える。

$$p_3\cos\theta_3 + ip_3\sin\theta_3 = b_1\cos\theta_1 + ib_1\sin\theta_1 + c_2\cos\theta_2 + ic_2\sin\theta_2$$
$$= (b_1\cos\theta_1 + c_2\cos\theta_2) + i(b_1\sin\theta_1 + c_2\sin\theta_2)$$

これより、

$$p_3\cos\theta_3 = b_1\cos\theta_1 + c_2\cos\theta_2$$
$$p_3\sin\theta_3 = b_1\sin\theta_1 + c_2\sin\theta_2$$

となればよい。p_3 を消去すると、次のように θ_3 を求めることができる。

$$\tan\theta_3 = \frac{b_1\sin\theta_1 + c_2\sin\theta_2}{b_1\cos\theta_1 + c_2\cos\theta_2} \tag{1-3}$$

同様にして、p_3 を次のように求めることができる。

$$p_3 = b_1\cos(\theta_1 - \theta_3) + c_2\cos(\theta_2 - \theta_3) \tag{1-4}$$

　次に、式 (1-3) と (1-4) を基にして式 (1-2) から、同様に θ_4 と θ_5 を求めることを考える。式 (1-2) を、複素ベクトルで表せば、次のようになる。

$$b_5\cos\theta_5 + ib_5\sin\theta_5 = (b_4\cos\theta_4 + ib_4\sin\theta_4) + (p_3\cos\theta_3 + ip_3\sin\theta_3)$$

この両辺を $(\cos\theta_3 + i\sin\theta_3)$ で割ると、

$$b_5\cos(\theta_5 - \theta_3) + ib_5\sin(\theta_5 - \theta_3) = b_4\cos(\theta_4 - \theta_3) + ib_4\sin(\theta_4 - \theta_3) + p_3$$

となり、上式の虚部と実部をそれぞれ比較すると、

$$b_5\sin(\theta_5 - \theta_3) = b_4\sin(\theta_4 - \theta_3)$$
$$b_5\cos(\theta_5 - \theta_3) = b_4\cos(\theta_4 - \theta_3) + p_3$$

この両辺を2乗してそれぞれ加えると、次の余弦定理を得ることができる。

$$b_5^2 = b_4^2 + p_3^2 + 2b_4 \cdot p_3 \cos(\theta_4 - \theta_3)$$

$$\therefore \quad \cos(\theta_4 - \theta_3) = \frac{b_5^2 - b_4^2 - p_3^2}{2b_4 \cdot p_3} \tag{1-5}$$

同様にして

$$\sin(\theta_4 - \theta_3) = \sqrt{1 - \cos^2(\theta_4 - \theta_3)}$$

（ただし、$-\pi < \theta_4 - \theta_3 \leq \pi$）

となり、$(\theta_4 - \theta_3)$ を求めることができる。よって、θ_4 を決めることができる。また、式(1-2)の虚部と実部をとって辺々割り算すると、

$$\tan\theta_5 = \frac{b_4 \sin\theta_4 + p_3 \sin\theta_3}{b_4 \cos\theta_4 + p_3 \cos\theta_3} \tag{1-6}$$

として、θ_5 を求めることができる。

以上より、θ_1 の動力としての変位に対して、θ_3 と p_3 を計算し、結果として θ_4 と θ_5 を求めることができる。

目的として、θ_5 の任意の揺動角を得る場合が多い。このとき、揺動角の角度変化分に対する各リンクの長さの割合について感度解析する必要がある。

今、ベクトル B_1、C_2、B_4、B_5 の長さを、それぞれ $b_1 = 17$、$c_2 = 300$、$b_4 = 250$、$b_5 = 250$ とする。これより、得られる　てこクランク機構の運動について感度解析を行う。

〈感度解析の手順〉
① B_1 の長さ変化に対して、C_2、B_4 ベクトルを固定し、ベクトル B_5 の揺動角 θ_5 の変化をグラフに表す（図Ⅳ-4）。
② C_2 の長さ変化に対して、B_1、B_4 ベクトルを固定し、ベクトル B_5 の揺動角 θ_5 の変化をグラフに表す（図Ⅳ-5）。
③ B_4 の長さ変化に対して、B_1、C_2 を固定し、ベクトル B_5 の揺動角 θ_5 の変化をグラフに表す（図Ⅳ-6）。

機構設計を実施する際、感度解析の結果を次のような観点で、指導の際に生かすことができる。

○揺動角を変化させたい場合
　→ B_1 の長さを変えるのが得策である。

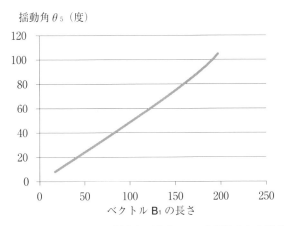

図Ⅳ-4　ベクトル B_1 の長さとベクトル B_5 の揺動角との関係

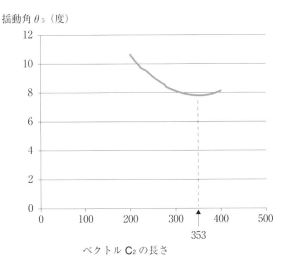

図Ⅳ-5　ベクトル C_2 の長さとベクトル B_5 の揺動角との関係

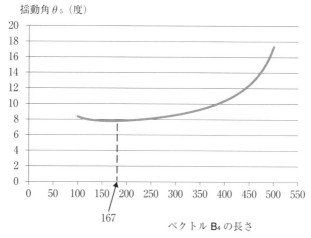

図Ⅳ-6　ベクトル B_4 の長さとベクトル B_5 の揺動角との関係

○揺動角を微妙に変えたい場合

→ C_2、B_4 の長さを変えるのが得策である。

また、図Ⅳ-5、図Ⅳ-6においては、ベクトル C_2、ベクトル B_4 を変化させたときの最小揺動角を求めることができる。

2．コンピュータによる動きのシミュレーション

　コンピュータを用いることで、動きのシミュレーションや機構学習を容易に行うことができる[2-4]。ここでは、江戸期のからくり人形の代表例である春駒人形を例にとり、その設計段階での動きの細かい解析を、ベクトル解析法を用いて、コンピュータでシミュレーションする。

　人は発達とともに学校教育の中で、多くの動きの解析手法を学ぶことになる。従来より、学んできた動きの解析手法、とくにベクトルを用いて数学的に動きを表現し、さらにコンピュータを用いて、動いている様を確認することができる。機構学的に動作しないメカニズムであれば、動作不能を表示する。

以下、からくり人形の代表例である春駒人形の設計（図Ⅳ－7）にあたって、まず動くメカニズムを創造し、本節で提案したベクトル解析法を実施し、コンピュータを用いて動きのシミュレーション化を図る。図Ⅳ－8、図Ⅳ－

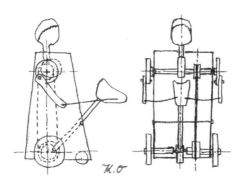

図Ⅳ－7　春駒人形の教材化モデル

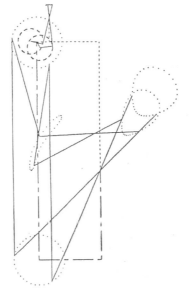

図Ⅳ－8　からくり機構の動作軌跡の表示例

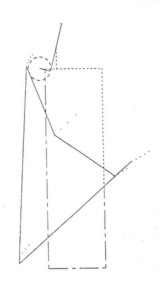

図Ⅳ－9　からくり機構の動作不良の表示例

9にシミュレーションの結果例を示す。

　クランク機構の長さを適切に設定することによって、図Ⅳ－8のように、動きの全景を視覚化し、把握することができる。

　また、リンクの長さを変えることによって、動きが不調になったり、動かなくなる場合も生じる。図Ⅳ－9は途中で動かなくなるケースを表示したものである。コンピュータの活用で設計時に動きのチェックを確実に実施できる。

第2節　機械構造の解析法とシミュレーション

　機械構造物としてのロボット本体の設計を行う場合には、各種外力を受ける箇所の構造設計を十分検討しておく必要がある。たとえば、図Ⅳ－13のような直交座標系ロボットアームが十分な強度をもって、繰り返し作業に耐えうるための適用材料、許容応力、アームがたわむことによるアーム先端の位

置決め精度の確保等を設計して決めていかなければならない。

1．たわみ式の理論的算出法

　材料として紙やブリキを用いたものづくりにおいて、製品の構造設計を行う場合、負荷のかかる部位での「はり」の形状を考慮することは重要である。第Ⅱ編において、紙を用いて、「はり」の強度実験を行い、「はり」の形状と強さの関係を感覚的に理解し、設計に役立たせてきた。人は成長し、中学校後半から高等学校にかかる時期においては、「はり」のたわみ量を論理的に考えることに興味をもち、「はり」のたわみ実験の結果と併せて理解が深まってくる。

　本節においては、「はり」のたわみ量を理論的に導出する方法について考察する。

　今、図Ⅳ－10に示すように長さ ℓ の片持ちばりの先端Bに荷重Wの負荷がかかったときのたわみ曲線yを求めることを考える。

　片持ちばりの長さxにおける曲げモーメントは

$$M(x) = -W(\ell - x)$$

である。

　ここで、Eを縦弾性係数、Iを「はり」の断面2次モーメントとすると、

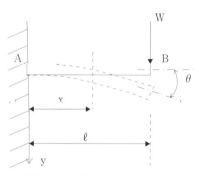

図Ⅳ－10　片持ちばりのたわみ

$$\frac{d^2y}{dx^2} = \frac{d}{dx}\left(\frac{dy}{dx}\right) = \frac{d\theta}{dx} = -\frac{M}{E \cdot I}$$

である。従って、

$$\frac{d^2y}{dx^2} = \frac{1}{E \cdot I} W(\ell - x)$$

$$\frac{dy}{dx} = \frac{W}{E \cdot I}\int_0^x (\ell - x)dx = \frac{W}{E \cdot I}\left(\ell \cdot x - \frac{1}{2}x^2\right) + C_1 \tag{1-7}$$

$$y = \frac{W}{E \cdot I}\left(\ell \int_0^x x dx - \frac{1}{2}\int_0^x x^2 dx\right) + C_1 \int_0^x dx$$

$$y = \frac{W}{E \cdot I}\left(\frac{1}{2}\ell \cdot x^2 - \frac{1}{6}x^3\right) + C_1 \cdot x + C_2 \tag{1-8}$$

「はり」の条件としては、$x = 0$ で $\frac{dy}{dx} = 0$、$x = 0$ で $y = 0$ であるため、

$C_1 = 0$、$C_2 = 0$

となる。よって、

$$y = \frac{W}{E \cdot I}\left(\frac{1}{2}\ell \cdot x^2 - \frac{1}{6}x^3\right) = \frac{W}{6 \cdot E \cdot I}x^2(3 \cdot \ell - x) \tag{1-9}$$

「はり」の自由端 B、すなわち $x = \ell$ でのたわみ角 θ、たわみ量 y は、

$$\theta = \left(\frac{dy}{dx}\right) = \frac{W}{E \cdot I}\left(\frac{\ell^2}{2}\right)、\quad y = \frac{W}{3 \cdot E \cdot I}\ell^3 \tag{1-10}$$

となる。

2．断面2次モーメント I と断面係数 Z の求め方

○断面形状が中実矩形（図Ⅳ－11(1)）の場合

$$I = \int_{-h/2}^{h/2} y^2 dA = \int_{-h/2}^{h/2} y^2 b dy = b\int_{-h/2}^{h/2} y^2 dy = \frac{b \cdot h^3}{12} \tag{1-11}$$

断面形状を Z とすれば、$Z = I/y$ である。これより、

第1章 ものづくりの設計論に関する研究　219

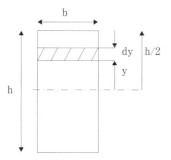

図Ⅳ－11(1)　中実矩形の断面

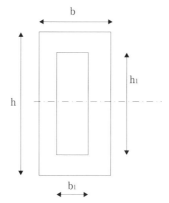

図Ⅳ－11(2)　中空矩形の断面

$$Z = \frac{I}{y} = \frac{b \cdot h^3/12}{h/2} = \frac{b \cdot h^2}{6} \tag{1-12}$$

となる。

○断面形状が中空矩形（図Ⅳ－11(2)）の場合、同様に

$$I = \frac{b \cdot h^3 - b_1 \cdot h_1^3}{12} \tag{1-13}$$

$$Z = \frac{1}{6} \cdot \frac{b \cdot h^3 - b_1 \cdot h_1^3}{h} \tag{1-14}$$

となる。

3．「はり」の断面形状の求め方

今、図Ⅳ－12に示すように「はり」の断面形状を長方形として、b/h＝2/3となるようにしたい。「はり」の許容曲げ応力をσ_{max}としたとき、「はり」の大きさを具体的に決めることができる[1]。

曲げモーメントは集中荷重の位置で最大M_{max}となる。従って、

$\quad Z = M_{max} / \sigma_{max}$

$\quad b/h = 2/3$

これより、$b = \dfrac{2}{3} h$

長方形の断面係数Zは、$Z = \dfrac{b \cdot h^2}{6}$

よって、$Z = \dfrac{h^3}{9}$

となる。

以上より、$\dfrac{h^3}{9} = \dfrac{M_{max}}{\sigma_{max}}$

となり、hを求めることができる。

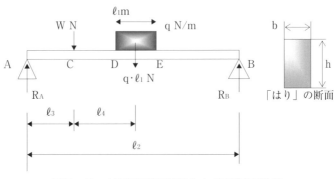

図Ⅳ－12　中実矩形断面形状をもつ両端支持はり

4．ロボットアームの構造設計

設計段階において、製品の強度や材料費の見積もり、さらには製品の質量を推定することも必要になる。複雑な形状のものは計算しやすい代表的な形状に置き換えて求めるとよい。小さい部品や丸みなどは影響が小さいものと判断できれば無視しても差し支えない。

従って、製品の質量Wは次のように求めることができる。

$$W = \sum_{i=1}^{部品総数} \{(部品iの密度) \times (部品iの体積)\}$$

今、図Ⅳ－13のように、製品として直交座標形ロボットのアーム部の構造設計を考える。

ロボットアーム部を構成する3つの部品A、B、Cの体積を計算し、台座に加わる力に関する全体的な強度特性について考察する。ロボットアーム構築のために用いられる各種材料の物理特性を表Ⅳ－1に示す。

<u>部品A</u>：縦、横、長さがそれぞれ10cm、10cm、長さ80cmの角柱のアルミニウム合金（密度2.7g/cm³）

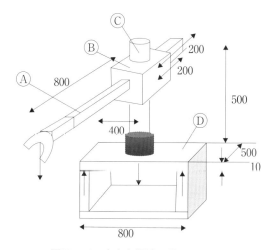

図Ⅳ－13　直交座標系ロボットアーム

表Ⅳ-1　各種材料の物理特性の概数

材料名	密度 (g/cm³)	縦弾性係数 (N/mm²)	縦弾性係数 (GPa)
真鍮（C3604）	8.43	100.9K	100.94
ステンレス（SUS304）	7.90	199.1K	199.14
鋼（炭素鋼S45C）	7.86	205.8K	205.80
アルミニウム合金（A2017）	2.7	70K	69.09
マグネシウム合金	1.80	44.1K	44.10
アクリル樹脂	1.19	3.14K	3.14

　$8000cm^3$ の体積だから、質量は 21.6kg

部品B：縦、横、長さがそれぞれ 15cm、15cm、長さ 20cm の角柱のアルミニウム合金（密度 $2.7g/cm^3$）

　体積 15×15×20 で質量は 12.15kg

部品C：直径 10cm、長さ 50cm の円柱のアルミニウム合金鋼（密度 $2.7g/cm^3$）

　体積 $π×5^2×(50-15)$ で、質量は 7.42kg

　ロボットアーム部の質量は、部品A、部品B、部品Cの各質量の総和で 41.17kg となる。この質量を同じくアルミニウム合金の台座の両端支持はりで受けることにすれば、この「はり」の全荷重、80×50×1×2.7＝10.8kg（等分布荷重 w＝135g/cm）に 41.17kg の集中荷重が加わることになる。

　図Ⅳ-14は両端支持はりと集中荷重の関係を表わしたものである。各部位での剪断力と曲げモーメントは次のように求めることができる。

(1)　x が AC 間

　　剪断力　$F = (26.0 - 0.135x) × 9.8$

　　曲げモーメント　$M = (26.0x - 0.135x·x/2) × 9.8$

(2)　x が CB 間

　　剪断力　$F = (26.0 - 0.135x - 41.17) × 9.8$

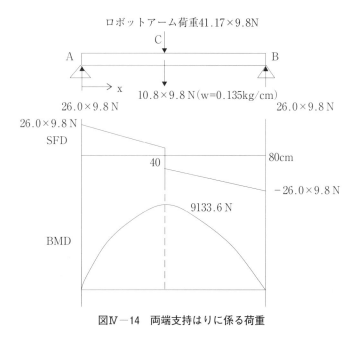

図Ⅳ-14　両端支持はりに係る荷重

曲げモーメント　$M = (26.0x - 41.17 \cdot (x - 40) - 0.135x \cdot x/2) \times 9.8$

はりの中央部のたわみ量を推定する場合には、中央部への集中荷重W、全荷重によるたわみ量 δ_{max} と考えれば、次式で表わされる。

$$\delta_{max} = \frac{W \cdot \ell^3}{48 \cdot E \cdot I} \tag{1-15}$$

次に、ロボットアーム先端のたわみ量を求める。
片持ちばりの先端に荷重 W がかかるとき、「はり」の先端のたわみ量は、

$$\delta_{max} = \frac{W \cdot \ell^3}{3 \cdot E \cdot I} \tag{1-16}$$

である。ロボットアームの断面形状や材質を考慮しながら、アームの許容精度制約のもとで、アーム設計を行う。ロボットアームの設計手順をまとめると次の通りである（図Ⅳ-15）。

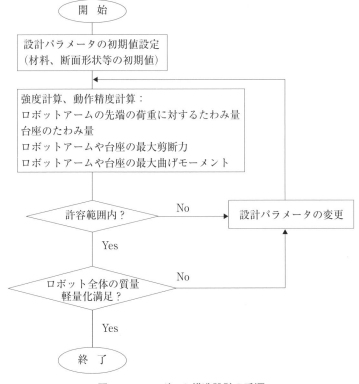

図Ⅳ-15 ロボット構造設計の手順

第3節 パルスモータ制御による設計技術

1．パルスモータの概要

　パルスモータ駆動の動くおもちゃの設計を考える。

　パルスモータはディジタル信号で駆動するモータであり、入力パルス数に比例して角度回転する同期電動機である[5,6]。オープンループの制御方式であるため、制御が簡単で動作も正確である。入力信号はディジタル方式で、コンピュータ制御が容易となる。ここでは、コンピュータ模型の製作を前提

にしたときの、動力源として、パルスモータを選択するとき、動力源設計法について考察する。今、パルスモータとして、3相パルスモータを取り上げる。このモータの構造は、図Ⅳ－16に示すようにモータ自体3つの相に分かれ、これらの相を順次励磁することで、ロータが回転することになる（図Ⅳ－17、18）。

　このモータを動力源として使用する場合には、まず、その静特性を把握しておく必要がある[5]。

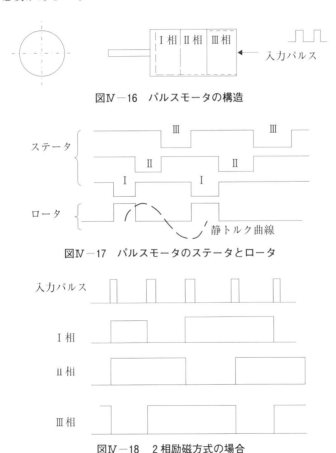

図Ⅳ－16　パルスモータの構造

図Ⅳ－17　パルスモータのステータとロータ

図Ⅳ－18　2相励磁方式の場合

2. パルスモータの静特性

パルスモータの静特性とは、パルスモータを励磁した状態で、モータの出力軸に外部より負荷トルクを加えて、ロータに角度変位を与えたときのトルクと変位の関係をいう。

図Ⅳ－19にパルスモータの静特性の実験例を示す。本実験で使うパルスモータは、日本パルスモータ（株）製 PF7-48型3相パルスモータ（可変リラクタンス型）を用いた。1ステップ角度は7.5度である。パルスモータの1相を励磁状態に保ち、励磁コイルに流れる電流の大きさを変化させて実験を繰り返す方法である。

パルスモータを1相励磁方式で励磁し、その出力軸に天秤棒をとりつけ、その両端におもりと補強ばねを取り付ける。重りWに対する天秤棒の角度変位をダイヤルゲージで読み取る。補強ばねの役割は、トルク曲線が負の傾斜になるとき、測定不可能になることを避けるためである。

ダイヤルゲージの測定値と角度変位の関係は、次の通りである。ここで、天秤棒の傾きをθ、そのときのダイヤルゲージの読みをαとする。

$$\theta = \tan^{-1}\left(\frac{\alpha}{a}\right)$$

従って、トルクTは

$$T = b \cdot W - （補強ばねのトルク）$$

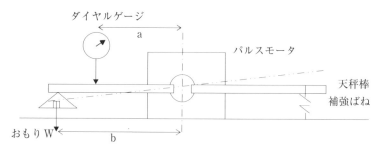

図Ⅳ－19　静特性実験例

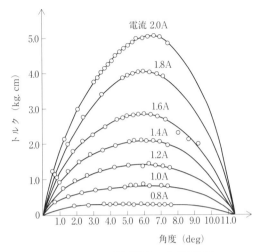

図Ⅳ－20　1相励磁トルク曲線[5]

となる。

図Ⅳ－20にその結果を示す。

3．パルスモータの駆動回路と応用例(1)

　使用するパルスモータの特性を把握することで、製作する動く模型の規模を定めることができる。また、パルスモータを使ったコンピュータ制御機械模型の製作においても、パルス発振はコンピュータから出力可能であり、製作する機械模型の運動特性や必要となるトルクの大きさで、パルスモータ自体を適切に選択する。また、励磁方式も2相励磁方式、1－2相励磁方式など適切な制御回路の選択が必要となる（図Ⅳ－21）。

　パルスモータ駆動の機械模型製作例を以下に示す。

　動く模型の動力源として、パルスモータを用いた制御方法について考える。

　図Ⅳ－22はパルスモータ駆動のからくり人形（春駒人形）[7]である。パルスモータの回転力を歯車列を通して、車輪のついたクランク軸に伝えている（図Ⅳ－23）。

人形の動作を制御するのみであるため、負荷トルクも小さいため、使用するパルスモータは小型で十分である。パルスモータへの入力パルスはコンピュータからの出力用パルス信号を用いるため、速度制御が容易である。

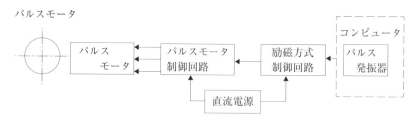

図Ⅳ－21　パルスモータの駆動回路

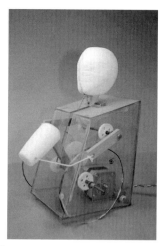

図Ⅳ－22　パルスモータ駆動のからくり人形（春駒人形）[7]

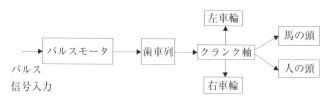

図Ⅳ－23　からくり人形の動力伝達に関するブロック図

4. パルスモータの駆動回路と応用例(2)

次に、図Ⅳ－24に示すように小型ボール盤のCNC化を目指して、主軸回転用モータと主軸送り用モータに、それぞれパルスモータを適用することを考える。ボール盤の主たる作業は材料への穴あけ作業である。材料の種類によっては大きな負荷がモータ自体にかかることになり、回転用・送り用共にトルク特性の優れたパルスモータの適用が望まれる。

駆動用モータとして、パルスモータを用いることで、コンピュータによる制御も容易となり、ボール盤による穴あけ加工（ドリル加工）のほか、ねじ切り加工（タップ加工）も適切に実施できることになる。

図Ⅳ－25に試作CNCボール盤の構成ブロック図を示す。

試作CNCボール盤の運用方法について考える。

試作CNCボール盤を用いて、効率的な加工作業を行うためには、任意の作業目的のもとで、最適な運用を行う必要がある。代表的な作業に関する目的関数としては、加工時間の最小化、工具寿命時間の最大化等があり、各種

図Ⅳ－24　パルスモータ駆動のボール盤の試作

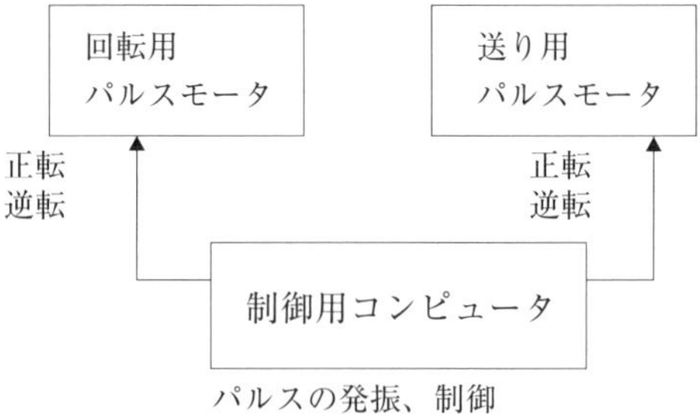

```
┌─────────────┐         ┌─────────────┐
│  回転用      │         │  送り用      │
│  パルスモータ │         │  パルスモータ │
└─────────────┘         └─────────────┘
      ↑                        ↑
    正転                      正転
    逆転                      逆転
      │                        │
      └────┬───────────────────┘
           │
    ┌──────────────┐
    │ 制御用コンピュータ │
    └──────────────┘
    パルスの発振、制御
```

図Ⅳ-25　構成ブロック図

制約条件のもとで、最適な運用を実現することである。運用パラメータとしては、切削速度 v(m/min) や送り量 f(mm/rev) であり、最適な切削速度 v*、最適な送り量 f* に応じたパルス信号を制御用コンピュータで発生させて、パルスモータに伝えることである。

コンピュータ内で計算する最適化に関する数学モデルは以下の通りである。

目的関数式 (1-17) は加工時間 T_1 の最小化であり、式 (1-18) は工具寿命時間 T_2 の最大化である。制約条件としての式 (1-19) は動力制約、式 (1-20) は切削力制約、式 (1-21) は切削速度制約、式 (1-22) は送り量制約である。解法としては目的関数を一つに絞った単一目標最適化問題として解く場合と、2つの目的関数を満足する多目標最適化問題として解く場合がある。いずれの場合も、最適切削速度 v*、最適送り量 f* を求めることになる。

$$\text{Minimize} \quad T_1 = \frac{\pi \cdot D \cdot L}{1000 \cdot f \cdot v} \tag{1-17}$$

$$\text{Maximize} \quad T_2 = \frac{\lambda_0}{v^{1/n_0} \cdot f^{1/n_1}} \tag{1-18}$$

$$\text{subject to} \quad f^{\alpha_1} \cdot v^{\beta_1} \leq \gamma_1 \tag{1-19}$$

$$f^{\alpha_2} \cdot v^{\beta_2} \leq \gamma_2 \tag{1-20}$$

$$v_{min} \leq v \leq v_{max} \tag{1-21}$$

$$f_{min} \leq f \leq f_{max} \tag{1-22}$$

ここで、Dはドリル工具径、Lは切削長さであり、n_0, n_1, α_1, α_2, β_1, β_2, γ_1, γ_2, λ_0 は、それぞれ定数とする。

第4節　ディジタル回路技術の最適設計に関する教材研究

おもちゃの製作を通して、ディジタル制御の基本学習のための教材について考察する。

第Ⅱ編第2章第2節で展開したヘリコプター教材をベースにして、制御回路を搭載したおもちゃの設計・製作を試みる。これは、単三乾電池1本を本体に内蔵し、1つの直流小型モータの出力軸にプロペラを連結したヘリコプターの模型である。制御機能として本体のメイン・プロペラの駆動制御のほか2種類のトグルスイッチを追加設置して、ヘリコプター本体用LED照明（前灯）、後方の尾翼用LED照明（尾灯）の制御も行うことができるものとする。制御回路はできるだけ簡単なものにすることで、製作費用を抑え、結線不良など故障の少ない回路構成を目指し、コンパクト化を図るものとする。図Ⅳ－26にその全体図を示す。表Ⅳ－2はその制御機能を示す真理値表である。

出力の状況を表す論理式を標準加法形で表すと次の通りである。

$$a = A \cdot B \tag{1-23}$$

$$b = \overline{A} \cdot B + A \cdot \overline{B} + A \cdot B \tag{1-24}$$

$$= \overline{A} \cdot B + A \cdot (\overline{B} + B)$$

$$= \overline{A} \cdot B + A \tag{1-24'}$$

$$= A + B \tag{1-24''}$$

$$c = A \cdot \overline{B} + A \cdot B \tag{1-25}$$

$$= A \cdot (\overline{B} + B)$$

$$= A \tag{1-25'}$$

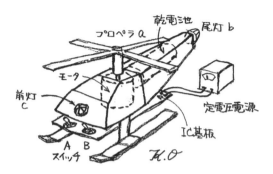

図Ⅳ－26　ディジタル制御用ヘリコプター

表Ⅳ－2　ヘリコプター制御のための真理値表

スイッチ入力		出力		
		プロペラモータ	尾灯 LED	前灯 LED
A	B	a	b	c
0	0	0	0	0
0	1	0	1	0
1	0	0	1	1
1	1	1	1	1

　式（1-23）、式（1-24）、式（1-25）を回路図で表すと図Ⅳ－27の通りである。AND 回路 6 個、NOT 回路 3 個、OR 回路 2 個の計11個である。

　さらに、式を簡略化すると、式（1-23）、（1-24'）、（1-25'）となり、その回路は、図Ⅳ－28に示される。AND 回路 2 個、NOT 回路 1 個、OR 回路 1 個の計 4 個である。

　さらなる式の簡略化で、式（1-23）、（1-24''）、（1-25'）となり、図Ⅳ－29がその最適化された回路図である。ここで、最終的には、AND 回路 1 個、OR 回路 1 個の計 2 個で十分であることがわかる。

　このように式を展開することによって、式（1-24）、（1-25）の等価回路が完成できることになる。図Ⅳ－29で示す回路図を実際の回路として具体化したものが図Ⅳ－30である。

第1章 ものづくりの設計論に関する研究 233

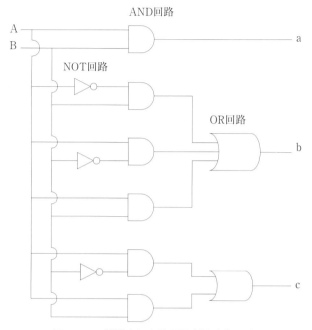

図Ⅳ-27 設計された論理回路例（その1）

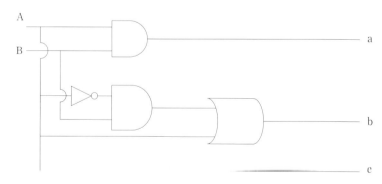

図Ⅳ-28 設計された論理回路例（その2）

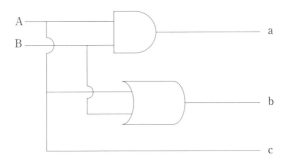

図Ⅳ-29 最適化された論理回路例

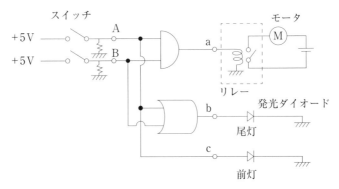

図Ⅳ-30 具体化された論理回路例

第2章 ものづくりにおける工程設計の最適化

原材料から製品へと変換する際の製造工程を明らかにする計画である。本章では、生産プロセス計画で用いられる代表的な手法について述べる。

第1節 最適な作業工程計画[8]

素材から製品に至るまでの過程を一つの工場で実施する場合を考える。工場内に設置された生産設備を必要に応じて順次活用しながら、製造のための計画を立てる必要がある。このとき、製造の工程をネットワークで表現することによって、総所要時間最小化基準のもとで、工程の最短経路を求めることを考える[9]。図Ⅳ－31は素材（ノード1）から製品（ノード7）までの製造工程を表したネットワーク図である。矢印上に付した数字はノード間での処理時間を示す。たとえば、第1工程では2つの設備での処理が可能であることを意味する。ノード1からノード2への経路では処理時間が5時間であるのに対して、ノード1からノード3への経路では、処理時間が4時間となる。

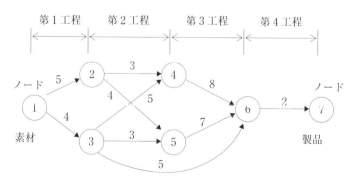

図Ⅳ－31 製品ができるまでのネットワーク図[8]

どちらかの経路を選択して処理する必要がある。このように製品が完成されるまでのすべての代替経路をネットワーク形式で表示する。結果として、素材から製品を製造するために、第1工程から第4工程までの生産プロセスにおいて、総所要時間が最小となる経路を決めることになる。

すなわち、図Ⅳ-31で示すネットワーク図を基に、最短経路で製造が行えるよう作業の経路を求める問題として、考えることになる。

このような問題を解決するための方法を以下に述べる。

評価基準を総所要時間最小化基準とし、各工程で使用する生産設備の代替案の中から適切な生産設備を求めるためには、ネットワーク図から経路の最短を求めればよい。最短経路を求めるアルゴリズムは以下の通りである[8,9]。

[最短経路アルゴリズム]

(Step 1) $j=1$ とし、ノード j での初期評価値を $E_j=0$ とする。

(Step 2) $j=j+1$ とし、各ノード j での評価値 E_j を求める。

ここで、E_j はノード j に入るすべての前のノード i において、次式を計算する。ただし、P_{ij} は、ノード i からノード j へ移るときの処理時間を示す。

$$E_j = \min(E_i + P_{ij}) \tag{2-1}$$

(Step 3) Step 2 へもどり、最後のノードまで計算を繰り返す。これより、最終ノード n における E_n が最短経路の評価値である。最短経路はノード n から、計算してきた経路を逆向きにたどることによって求めることができる(終了)。

[アルゴリズムの適用]

(Step 1) 初期値 $E_1=0$

(Step 2～3) $E_2 = \min(E_1 + P_{12}) = 0+5 = 5$ (経路：ノード1から2)

$E_3 = \min(E_1 + P_{13}) = 0+4 = 4$ (経路：ノード1から3)

$E_4 = \min(E_2 + P_{24}, E_3 + P_{34})$
$ = \min(5+3, 4+5) = 8$ (経路:ノード2から4)
$E_5 = \min(E_2 + P_{25}, E_3 + P_{35})$
$ = \min(5+4, 4+3) = 7$ (経路:ノード3から5)
$E_6 = \min(E_3 + P_{36}, E_4 + P_{46}, E_5 + P_{56})$
$ = \min(4+5, 8+8, 7+7) = 9$ (経路:ノード3から6)
$E_7 = \min(E_6 + P_{67})$
$ = \min(9+2) = 11$ (経路:ノード6から7)

最短経路の値は11($=E_7$)である。経路は逆向きにたどって、ノード1、ノード3、ノード6、ノード7の順となる。

第2節　最適な作業編成法[8]

素材から製品に至るまでの作業の順序付け(作業編成)を考える手法の一つに、PERT がある[9-13]。これは、Program Evaluation and Review Technique の略であり、プロジェクトタイプの問題で派生してくる多くの活動の順序付けを行う方法である。そして、プロジェクトを構成する多くの作業活動をネットワークで連結することで、互いの関連性を明らかにし、効率的に作業編成を行うものである。

以下に、PERT のネットワークについて作成法を述べる。

1. アロー・ダイヤグラム

アロー・ダイヤグラムとは、多くの生産活動や作業を矢印線で表わし、その作業等の先行関係や方向性を示すものである。その描き方の基本を次に示す。

① 作業の開始点、終了点をノードと呼ばれる丸印で表わし、丸印の中に番号を付す。丸印同士を矢印線で結び、作業の流れる方向性と処理時間等の

図Ⅳ−32　アロー・ダイヤグラムの描き方

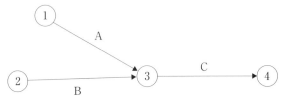

図Ⅳ−33　アロー・ダイヤグラムの描き方

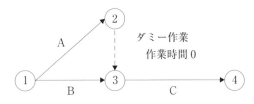

図Ⅳ−34　アロー・ダイヤグラムの描き方

情報を付加する（図Ⅳ−32）。

② 作業には先行する等の順序があり、その関係がわかるように表わす。たとえば、作業Cは作業Aと作業Bが完了して後に始めることができる場合であり、図Ⅳ−33のような表示になる。

また、図Ⅳ−34に示すように、ダミー作業といって、実際には作業を行わない架空の作業（作業時間ゼロ）が定義される。これは、作業の先行関係のみを表わす必要がある場合に用いられ、通常、点線の矢印で示す。作業Cは作業Aと作業Bが終わってから行う場合には図Ⅳ−34のようになる。

③ プロジェクトの開始点と終了点は、各一つのノードとする。

以上の基本ルールに基づき、ここでは具体例として、表Ⅳ−3に示す作業リストからアロー・ダイヤグラムを作成する。

表Ⅳ-3　先行作業リスト（例）

作業名（所要時間：hours）	先行作業
A（15）	——
B（14）	——
C（16）	A
D（10）	A, B
E（20）	A, B
F（9）	C
G（12）	D
H（10）	E, F, G

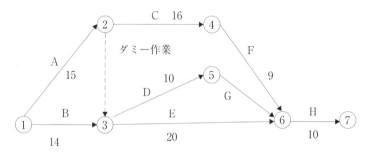

図Ⅳ-35　アロー・ダイヤグラム（例）[8]

2．結合点時刻の計算方法

① 最早結合点時刻（TE_i：Earliest node time）

　アロー・ダイヤグラムで表示したとき、ノードiから出ている作業が最も早く開始できる時刻を最早結合点時刻という。従って、ノード番号の若い順に最早結合点時刻を計算していき、終点のノードでの最早結合点時刻がプロジェクトの終了時刻となる。

② 最遅結合点時刻（TL_i：Latest node time）

　最遅結合点時刻は、①の計算で得られたプロジェクトの完了時刻から逆算して、各ノードでの終わる作業が遅くてもいつまでに終わっておくべきかと

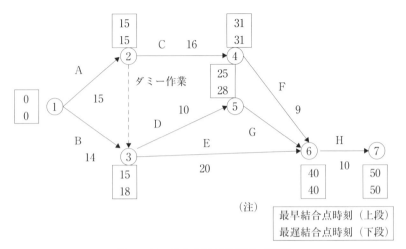

図Ⅳ-36　結合点時刻の計算（例題）

いう時刻である。

ここで、図Ⅳ-35の例について考える。アロー・ダイヤグラムをもとに、各ノードiでのTE_i、TL_i、すなわち最早結合点時刻、最遅結合点時刻を求めると図Ⅳ-36のようになる。

最早結合点時刻を計算する場合には、ノード3での計算に注意する必要がある。作業DとEは、作業AとBが終了しないと開始できないため、作業Bがいくら早く終わっても作業Aの終了まで待つことになる。従って、ノード3の最早結合点時刻は15時間となる。ノード3の最遅結合点時刻の計算では、ノード7から逆算して、遅くとも18時間後か20時間後、すなわち最小値の18時間後には前の作業が終わっておくとよい。

結果として、このプロジェクトの完成時刻は、50時間であり、ノード3及びノード5で余裕時間を生じていることが分かる（図Ⅳ-36）。

3．クリティカル・パス（Critical path）

アロー・ダイヤグラム上の各ノードにおいて、最早、最遅結合点時刻を計

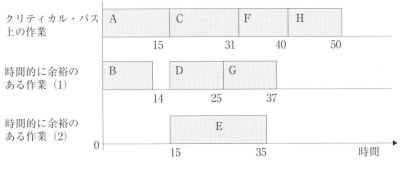

図Ⅳ-37　作業編成のガント・チャート

算したとき、作業に全く余裕のない経路をクリティカル・パスという。たとえば、図Ⅳ-36のアロー・ダイヤグラムにおいて、ノード1-2-4-6-7の作業経路の時間的余裕がなく、どれか一つでも作業時間が長引けば、直ちにプロジェクト完成時刻に影響を伴うことになる。これがクリティカル・パスである。

描かれたアロー・ダイヤグラムをもとに、クリティカル・パス上の作業の流れをガント・チャートで表すと図Ⅳ-37の通りである。

作業者数は、クリティカル・パス上の作業を行う作業者、時間的に余裕のある作業(1)と(2)の合計3名となる。

クリティカル・パス上の作業者は、精度よく確かなスキルを持つ作業者である必要がある。一方、時間的に余裕のある作業(1)、(2)は、クリティカル・パス上の作業を担当する作業者B、Cより、熟練度が低くても十分である。作業にかかる時間が延びても全体的な影響は少ない。

従って、コスト面でいえば、多少なりとも賃金の低い作業者に実施してもらうことで、費用を削減することができる。

また、次のような作業改善も必要となる。

時間的に余裕のある作業(1)の工程では、空き時間を含めて作業者を37時間分拘束することになり、37時間に相当する賃金を支払うことになる。そこで、

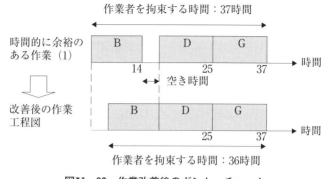

図Ⅳ－38 作業改善後のガント・チャート

空き時間を詰めることによって作業者を36時間分に減らすことができ、作業者に支払う賃金面からも大いに改善されたことになる（図Ⅳ－38）。

第3章　ものづくりの動的工程計画法に関する研究

第1節　マシニングセンタにおける工程計画法[14]

1．マシニングセンタを用いた効率的工程計画の意義と実現化

　ものづくりを行う工作機械の代表例としては旋盤やフライス盤等の汎用工作機械が主流であったが、コンピュータが登場してくると1台で多くの機能をもつ工作機械が脚光を浴びてきた。中でも多機能工作機械であるマシニングセンタは、第3編で述べたように、1台で多くの作業工程を具備し、コンピュータで制御された自動化のための工作機械として活用されている。この機械のハード的な特徴は、各種工具を収納した工具マガジンを備え、自動工具交換装置を用いて、必要な時に必要な工具と交換しながら、加工を行う数値制御の工作機械である。図Ⅳ－39にマシニングセンタの基本構造を示す。

　このようなマシニングセンタでの加工作業の特徴は、工具交換をしながら、通常パレットと呼ばれる加工テーブル上で効率的に行われることである。加

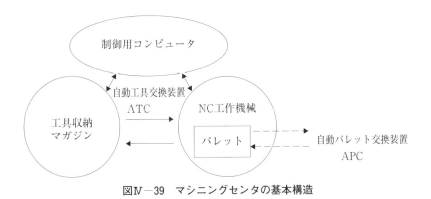

図Ⅳ－39　マシニングセンタの基本構造

工部品は部品取り付けステーションにおいて、まず治具・取付具を用いて、作業者によってパレット上に適切に固定され、その後自動パレット交換装置（APC）によって、パレットごとマシニングセンタに設置されるというしくみである。このようなマシニングセンタにおいて、パレット上で部品の加工シーケンスを設定する問題や加工条件を最適にする問題は多く解析されてきた[15-20]。しかし、パレット上での部品の配置計画と加工シーケンス設定の統合化問題は、大規模なモデルとなり、部品の最適配置や最適加工シーケンスを求めることは煩雑で困難な状況にある。そこで、パレット上での部品の配置計画問題と加工シーケンス設定問題を、工具の総移動距離最小化基準のもとで同時に解明することができれば意義深いと考える。

2．問題の設定

図Ⅳ-40に示すように、パレット上で部品の配置計画と加工シーケンス設定問題を解決するために、まず、ここでも複雑な加工部品形状・加工作業域を「単純化」し、数学モデルを構築する。そして、それを「最適化」し、得られた結果を「具体化」するという手順を踏むことにする[21,22]。

そこで、パレット上での部品の配置計画と加工シーケンスの設定を実行するために、次の前提条件をおく[14]。

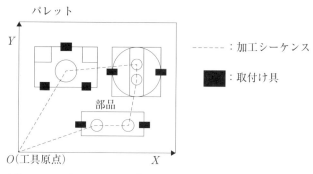

図Ⅳ-40　パレット上での加工シーケンス設定と部品配置計画

(1) パレット上での部品の配置を考える際には、加工部品の形状や治具・取付け具の形状、さらにはその加工作業にかかわる工具の移動領域を含めた作業領域を設定し、これら全体を幾何学的な円で表現する。
(2) パレット上での工具の移動速度は一定とし、パレット上を移動する工具の総移動距離の最小化を評価基準とする。ただし、工具の移動距離は水平方向の移動距離のみ考えるものとする。
(3) パレットの形状は矩形とし、その一端をX-Y座標系の原点とする。また、部品の配置は二次元的に取り扱われるものとする。
(4) パレット上での円形作業領域間、すなわち各部品間の加工シーケンスは、いかなる順序でも設定可能とする。
(5) 円形作業領域内での加工シーケンスは、ここでは考慮しないで、円の中心を加工作業の開始・終了点、すなわち基点と考え、これより円形作業領域間の加工シーケンスを設定するものとする。

以上の前提は、たとえばGT（グループ・テクノロジー）の概念を導入し、複数の類似形状部品を、可能な限り1パレット上にまとめて取り付けて効率よく加工を行う場合も想定している。

3．最適化の具体的アプローチ

最適化解析を行うためのシステム工学的アプローチにおいて、まず、「単純化」の第一段階は、パレット上の部品の複雑な加工作業域を円形で置換することである。これより、求めた円形作業領域間の加工シーケンスを列挙することになる。

次に、「最適化」処理では、パレット上での円形作業領域の配置問題と加工シーケンス設定問題の統合化問題を工具の総移動距離最小化基準の下で解く。「具体化」処理では、それらをディスプレイ上で視覚的に表すことになる。

4. 基本モデルの構築
4.1 加工作業領域の設定

「単純化」処理の第一段階である加工作業領域の設定において、ここでは、部品の複雑な加工作業領域を円形作業領域として単純化する方法を述べる。この手順としては、まず加工部品の形状から使用工具の移動領域を考慮しながら、加工作業のための必要最小限の領域を平面凸多角形で表現する。この多角形を含む最小半径の円を設定し、円形作業領域として定義する。図Ⅳ－41は、任意の加工部品に関する平面凸多角形及び円形作業領域の一例を示す。ここで、平面凸多角形から円形作業領域を求める手順については以下の通りである[14]。

（ステップ1）　任意の加工部品とその形状、さらにはその加工作業に関わる工具の接触・離脱開始位置を基に、それらを包括する最小の平面凸多角形を描く。

（ステップ2）　q←1、m←2とする。

（ステップ3）　平面凸多角形を構成するn個の端点から任意のm個の端点を選択する（m＜n）。ここで、選択手順は予め作成された探索分岐図に従って、系統的に行われるものとする。

（ステップ4）　m＝2ならばステップ5へ、そうでなければ、ステップ6へゆく。

（ステップ5）　選択されたm個の端点間の距離を直径とした定円を描く。ステップ7へゆく。

（ステップ6）　選択されたm個の端点を円周上にもつ定円を描く。ステップ7へゆく。

（ステップ7）　平面凸多角形を構成するすべての端点が、その定円内に包含されるかどうかチェックする。包含されていればステップ8へ、そうでなければステップ9へゆく。

（ステップ8）　得られた定円の半径をR_q^mとする。ステップ10へゆく。

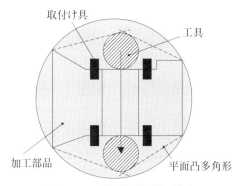

図Ⅳ-41　円形作業領域の設定

(ステップ9)　その定円の半径を∞とし、$R_q^m \leftarrow \infty$とする。ステップ10へゆく。

(ステップ10)　平面凸多角形を構成するすべての端点について検討したならば、ステップ11へゆく。そうでなければ、$q \leftarrow q+1$として、ステップ3へもどる。

(ステップ11)　m=3ならば、ステップ12へゆく。そうでなければ、$m \leftarrow m+1$、$q \leftarrow q+1$としてステップ3へもどる。

(ステップ12)　得られたR_q^mの最小値が求める円形作業領域の半径である(終了)。

4.2　加工シーケンスの設定モデル

パレット上で各加工部品の円形作業領域を設定した後、各作業領域間の距離を考えることが部品配置上必要になる。工具の総移動距離最小化基準のもとでの適切な部品の配置方法は、部品ごとの作業領域をできるだけ近接させることである。そのために、各円形作業領域の中心間最小距離(工具最小移動距離)を表Ⅳ-4として行列表示する。ここで、表中、記号Oは、矩形パレットの任意の端点で工具原点を表す。従って、その工具原点から半径r_iをもつ任意の円形作業領域E_iの中心までの最小移動距離は、領域E_iがX

表Ⅳ-4　円形作業領域間の最小距離行列

from \ to	E_1	E_2	...	E_n	O(F)
E_1	——	r_1+r_2	...	r_1+r_n	$r_1\sqrt{2}$
E_2	r_2+r_1	——	...	r_2+r_n	$r_2\sqrt{2}$
....					
E_n	r_n+r_1	r_n+r_2	...	——	$r_n\sqrt{2}$
O(S)	$r_1\sqrt{2}$	$r_2\sqrt{2}$	...	$r_n\sqrt{2}$	——

Y両軸に接して配置される場合であり、$r_n\sqrt{2}$となる。また、2つの円形作業領域E_i、E_j間の最小移動距離はr_i+r_jであり、E_iとE_jが外接状態であることを意味する。表Ⅳ-4をもとに、工具の総移動距離最小化基準のもとで部品の加工シーケンスを求める問題は、巡回セールスマン問題に類似しており、ここでは、分岐限界法[23]を用いることにする。

4.3　部品配置計画のモデル

表Ⅳ-4に基づき、分岐限界法で得られた任意の加工シーケンスをE_1-E_2-E_3-…-E_nとする。これより、パレット上への円形作業領域の配置を考える。ここで、部品の配置を工具の総移動距離最小化基準という目標関数のもとで考えるとき、まずは最初と最後に処理すべき作業領域E_1、E_nの配置を決めることである。図Ⅳ-42に示すようにX-Y座標系の第一象限を矩形パレット上とし、E_1、E_nの接点座標を$P(X,Y)$とする。そして、工具原点からE_1、E_nの中心O_1、およびO_nに移動する工具の総移動距離を最小にする(X,Y)座標を次式により求めることで二領域の配置が定まる。

第3章 ものづくりの動的工程計画法に関する研究　249

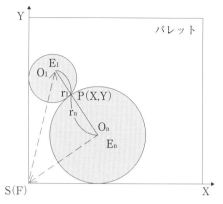

図Ⅳ-42　円形作業領域 E_1 と E_n の配置

$$Minimize \quad \frac{1}{r_n}\{(r_1+r_n)^2Y^2-2r_1r_n(r_1+r_n)Y+2r_1^2r_n^2\}^{1/2}$$

$$+\frac{1}{r_1}\{(r_1+r_n)^2X^2-2r_1r_n(r_1+r_n)X+2r_1^2r_n^2\}^{1/2} \qquad (3\text{-}1)$$

subject to

$$\frac{(X-r_1)^2}{r_1^2}+\frac{(Y-r_n)^2}{r_n^2}=1 \qquad (3\text{-}2)$$

$$\frac{2r_1r_n}{r_1+r_n} \leq X \leq 2r_1 \qquad (3\text{-}3)$$

$$\frac{2r_1r_n}{r_1+r_n} \leq Y \leq \frac{r_n(\sqrt{r_1}+\sqrt{r_n})^2}{r_1+r_n} \qquad (3\text{-}4)$$

2つの円形作業領域の半径が $r_1 > r_n > (3-2\sqrt{2})r_1$ なる関係であれば式(3-3)、(3-4)の代わりに次式が適用される。

$$\frac{2r_1r_n}{r_1+r_n} \leq X \leq \frac{r_1(\sqrt{r_1}+\sqrt{r_n})^2}{r_1+r_n} \qquad (3\text{-}5)$$

$$\frac{2r_1r_n}{r_1+r_n} \leq Y \leq 2r_n \qquad (3\text{-}6)$$

これらの方程式を解くことによって、まず最初と最後に処理すべき作業領域 E_1 と E_n の配置を定めることができる。そして、次に処理すべき作業領域 E_2 と最後に処理すべき作業領域 E_n 間の二領域の配置を領域 E_1 の存在を考慮しながら第 1 象限内で再度同様の方法で求める。このとき、領域 E_2 が E_1 にのみ外接し、座標軸と E_n の両方に接することがなければ、コンピュータとの対話形式で直接領域 E_2 の配置を容易に設定できる。このように、処理すべき作業領域を順次パレット上へ配置してゆき、工具の総移動距離を計算することが可能である。すなわち、

$$(x_1^2+y_1^2)^{1/2} + (x_n^2+y_n^2)^{1/2} + \sum_{i=1}^{n-1}\{(x_i-x_{i+1})^2+(y_i-y_{i+1})^2\}^{1/2} \qquad (3\text{-}7)$$

となる。ここで、n 個の円形作業領域の基点（円の中心座標）を (x_1, y_1), (x_2, y_2), ... (x_n, y_n) とする。

この計算された移動距離の値が加工シーケンス E_1-E_2- ... E_n での新しい下界値として更新され、さらに分岐手順を繰り返す。結果として、最小の下界値をもつ加工シーケンスが最適な作業順序となり、そのときの領域の配置が最適な円形作業領域の配置である。

以下に、パレット上での円形作業領域の最適配置と、そのときの工具の最小の総移動距離を求める手順を示す[14]。

（ステップ１）　円形作業領域数 n とその領域の処理順序を示す加工シーケンス E_1-E_2- ... -E_n を入力する。

（ステップ２）　q←1 とする。

（ステップ３）　最初と最後に処理すべき円形作業領域 E_1、E_n を互いに外接させ、かつそれぞれ XY 両座標軸に接するよう第 1 象限内に配置する。このとき、$r_1 \leqq r_n$ ならば E_1 を Y 軸に接するように配置する。$r_1 > r_n$ ならば E_n を Y 軸に接するように配置した後、$E_1 \leftarrow E_n$, $E_2 \leftarrow E_{n-1}$, …, $E_n \leftarrow E_1$ として処理順序を入れ換える。

（ステップ４）　式 (3-1) ～ (3-6) に基づき、円形作業領域 E_1 と E_n の配置

をモニタ上に描く。このとき、$r_1 \leq (3-2\sqrt{2})r_n$ ならば XY 両軸に接するように E_1、E_n を配置する。

（ステップ5）　$q \leftarrow q+1$ とする。

（ステップ6）　q が $n-1$ に等しいならばステップ13へゆく。そうでなければ、ステップ7へゆく。

（ステップ7）　次に処理すべき円形作業領域 E_q が、他の作業領域と重なることなしに第1象限内で直前に処理された作業領域 E_{q-1} に外接するかどうかモニタ上でチェックする。もし外接するならばステップ8へ、そうでなければステップ11へゆく。

〈ケース1〉（図Ⅳ-43の場合）（ステップ8～ステップ10）

（ステップ8）　円形作業領域 E_{q-1} に外接する E_q を描くために、E_q の中心座標を対話形式で設定する。すなわち、E_{q-1} の中心においてX軸とのなす角を入力する。

（ステップ9）　円形作業領域 E_q の配置をモニタ上に描く。

（ステップ10）　円形作業領域 E_q の配置に作業者が満足するならば、ステップ5へもどる。満足しなければステップ8へもどる。

〈ケース2〉（図Ⅳ-44の場合）（ステップ11～ステップ12）

（ステップ11）　円形作業領域 E_n と Y 軸の両方に接する領域 E_q をモニタ上に描く。

（ステップ12）円形作業領域 E_n と E_q について式 (3-1) ～ (3-6) を適用し、またすでに求められた E_{q-1} の位置を制約条件として考慮しながら、E_n と E_q の配置をモニタ上に描く。ステップ5へもどる。

（ステップ13）　2つの作業領域 En、E_{q-1} に外接する領域 E_q が第1象限内で得られれば、それをモニタ上に描く（終了）。もし得られなければ、ケース1なる配置処理を最初に行った u 番目の円形作業領域から配置をやり直

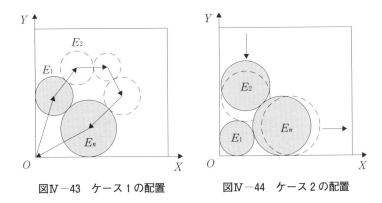

図Ⅳ-43　ケース1の配置　　　図Ⅳ-44　ケース2の配置

すため $q \leftarrow u$ としステップ8へもどる。

　図Ⅳ-43と図Ⅳ-44はケース1とケース2の処理手順を図解化したものである。これより、ケース1では円形作業領域同士が必ず外接するため、X軸とのなす角を入力することで作業者が満足する場所に作業領域を設定することができる。この場合は作業領域間での基点間距離を最小にすることができるため理想的な配置であるといえる。

　他方、ケース2は式（3-1）～（3-6）の解析方法に基づいて、円形作業領域を適正に配置する一手法であり、ケース1の理想的解が得られない場合に有効な最適化の一手段となる。

5．対話形式による最適化アルゴリズム

　これより、部品の加工シーケンスと部品の配置を同時に決定する対話形式の最適化アルゴリズムを次に示す[14]。

（ステップ1）　パレット上に設定すべき円形作業領域数 n を入力する。
（ステップ2）　作業領域設定アルゴリズムを用いて、各々の円形作業領域の半径を決定する。
（ステップ3）　パレット上における作業領域間の工具最小移動距離行列を作成する。

(ステップ4)　工具の総移動距離最小化基準に基づいて、作成された距離行列から加工シーケンスを求めるために分岐限界法を適用する。

(ステップ5)　分岐限界手順を繰り返し、下界値が最小となる1つの加工シーケンスを求める。そして、ステップ6へゆく。すべての加工シーケンスをチェックし終えたならばステップ9へゆく。

(ステップ6)　作業領域の配置決定手順を適用し、一連の円形作業領域の加工シーケンスに従って作業領域の配置を決定する。

(ステップ7)　求められた配置結果が、配置決定手順のケース2から得られる解であればステップ8へ、そうでなければステップ9へゆく。

(ステップ8)　その配置結果から工具の総移動距離を求め、それらを記録し、データとして蓄える。ステップ5へもどる。

(ステップ9)　これまでに蓄えられた加工シーケンスのうち、工具の総移動距離が最小となる加工シーケンスとそのときの作業領域の配置が最適解となる（終了）。

6．適用例

今、8種類の加工部品$W_1, W_2, ..., W_8$を類似加工および類似形状の部品として4つの加工グループにまとめ、それらを4つの作業領域$E_1, E_2, ..., E_4$に分類する。また、パレット上に部品を固定する際の取付け具とその位置、およびエンドミルと加工部品の接触・離脱開始位置を図Ⅳ－45に示す。これより工具の総移動距離最小化基準のもとで円形作業領域の設定手順に従って、それぞれの作業領域の半径が$r_1=23.1$（mm）、$r_2=24.0$（mm）、$r_3=41.3$（mm）、$r_4=47.8$（mm）として得ることができる（図Ⅳ－45）。

次に、これら4つの円形作業領域をパレット上に適切に配置し、加工シーケンスを求める。対話形式の最適化アルゴリズムに従って、まず各円形作業領域間の工具最小移動距離行列（表Ⅳ－5）を作成する。これは各円形作業領域の半径をもとに計算することができる。そして、工具の総移動距離最小

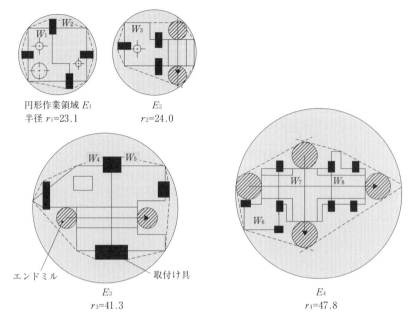

図Ⅳ-45 円形作業領域とその半径[14]

化基準のもとで分岐限界法を適用しながら下界値が最小となる1つの加工シーケンス $\{E_2-E_4-E_3-E_1\}$ を求める。この加工シーケンスは、ケース1より得られた解であるため、直ちに最適解となる。これより、工具の総移動距離は332.15（mm）である。図Ⅳ-46はパレット上での円形作業領域の最適配置と最適加工シーケンスを示したものであり、「具体化」段階として最終的にモニタ表示したものである。

表IV－5　円形作業領域間の最小距離行列（例題）

from \ to	E_1	E_2	E_3	E_4	O (F)
E_1	―	47.1	64.4	70.9	32.7
E_2	47.1	―	65.3	71.8	33.9
E_3	64.4	65.3	―	89.1	58.4
E_4	70.9	71.8	89.1	―	67.6
O (S)	32.7	33.9	58.4	67.6	―

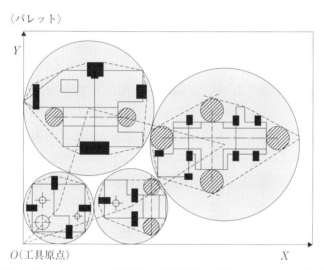

図IV－46　パレット上での部品の最適配置と最適加工シーケンス[14]

第2節　単一多能生産システムにおける動的工程計画法[24]

　競争的環境のもとで、ものづくり体制を考えるとき、多機能工作機械であるマシニングセンタは一つの生産戦略と考えることができる。とくに時々刻々と変わりゆくものづくり環境のなかで、マシニングセンタは、ハード的

にもネット社会に十分対応できる工作機械であり、ソフト的な工程計画の方法論をいかに構築するかが重要なポイントとなる。そこで、マシニングセンタに代表される一般的単一多能生産システムを競争的環境のもとで有効利用する場合の工程計画法を動的工程計画法として捉え、その方法論について考察する。

1．生産戦略としての動的工程計画法の意義

単一多能生産システムの代表例であるマシニングセンタを用いた工程計画の方法論は、自動化という観点から従来より多くの研究がなされてきた[25]。しかし、このマシニングセンタを一つの生産戦略として考えるとき、競争的環境のもとで、どのように活用するかがキーポイントとなる。そのためにはマシニングセンタをネットワーク環境のもとで使い、階層構造化した意思決定レベルとそのレベル選択を適切に行うための支援システムをもつことが求められる[26-28]。従って、競争相手を意識しつつ時間と共に変わり行く工程計画を意思決定しながら、能率的に実施する動的工程計画法について数学モデルを構築する。そして、工期短縮という観点で競争相手に負けないで時間的余裕を最大にする方法を提案する。さらに、実現化する動的工程計画法の有用性について検証し、考察する。

2．動的工程計画モデルとその基本構造

マシニングセンタの動的工程計画法は、図Ⅳ-47に示すように、競争的環境の中で、適切に工程設計と作業設計を行う必要がある。そのために、階層構造化された工程に関する意思決定（工程設計）と作業に関する意思決定（作業設計）について相互関係を明らかにし、また競争に打ち勝つための方針情報に基づいた適切なパラメータ修正レベルを明らかにする支援システムをもつことが必要になる。

マシニングセンタを用いてパレット上で能率的な加工作業を行う場合、次

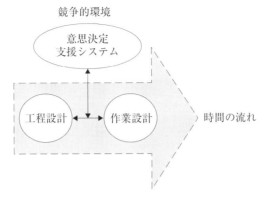

図Ⅳ-47　動的工程計画の概念

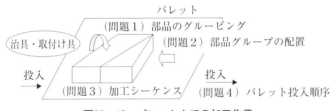

図Ⅳ-48　パレット上での加工作業

の4つの問題が生じる[24]。

（問題1）グループ・テクノロジーの考え方に基づき、同一種類の加工作業をもつ加工部品を1つにまとめ、加工作業のための加工部品グループと加工条件を決定する、（問題2）治具・取付け具を用いてパレット上に加工部品グループを適切に配置する、（問題3）パレット上に配置された加工部品を加工するための加工シーケンスを決定する、（問題4）マシニングセンタで順次能率良く加工するためのパレットの投入順序を決定する、等の工程計画問題が生じる。図Ⅳ-48は、以上の問題を図解化したものである。

これらの4つの問題は、個々には独立した問題ではあるが、互いに影響を及ぼす。そこで、競争的環境のもとでは、問題1から4をレベル1（低階層）

から４（高階層）に対応させた階層システムとして捉え、計画変更の際にはその変更すべき計画レベルを明確に指示する支援システムを備えた工程計画システムとする。この方法では、工程計画の能率化とともに、競争的環境下においても、どの計画レベルを重点的に改善するのが有利か等、計画変更時に柔軟かつ適切に対応できることになる。

３．動的工程計画モデルとその定式化

動的工程計画モデルの基本構造は、次の４つの問題と１つの意思決定支援システムからなる[24]。

（問題１　〈レベル１〉）：加工すべき加工部品について、使用工具、治具・取付け具をチェックし、グループ・テクノロジー（GT）の考え方を基に、加工部品グループ $G_1, G_2, ..., G_n$ を構築する。そして、各 G_i において得られた部品の加工長さから加工時間最小化基準のもとで最適な加工条件を決定する。その定式化を式（3-8）から式（3-11）に示す。

ここで、$T_h^{<i>}$ は加工部品グループ G_i におけるオペレーション h での加工時間を表す。L_h は、同じ加工部品グループ G_i に属する部品の加工長さ、あるいは部品同士の連続加工長さである。f_h、v_h、C_h は、それぞれオペレーション h での送り量、切削速度、定数を意味する。また、$f_{h\,max}$、$v_{h\,max}$ はそれぞれオペレーション h での最大送り量、最大切削速度であり、p、q、r は材料や工作機械などに依存する定数である。

$$Minimize \quad T_h^{<i>} = \frac{C_h \cdot L_h}{f_h \cdot v_h} \tag{3-8}$$

$$subject\ to \quad 0 < f_h \leq f_{h\,max} \tag{3-9}$$

$$0 < v_h \leq v_{h\,max} \tag{3-10}$$

$$0 < f_h^p \cdot v_h^q \leq r \tag{3-11}$$

（問題２　〈レベル２〉）：パレット上の各々の加工部品グループ G_i に対して、加工部品や治具・取付け具からなる加工グループの形状を半径が最小となる

円で包含する。これにより前節の基本モデルで提案した加工作業領域設定アルゴリズムに基づいて、円形作業領域[14, 28]を定める。

　求められた円形作業領域の円の中心をその加工グループの作業原点とする。パレット上の工具原から工具移動が始まり、それぞれの円の作業原点を一巡するルートを最小化するように各円をパレット上にそれぞれ適切に配置する。この配置法は、前節の基本モデル4.3部品配置計画モデルに示した式(3-1)〜式(3-4)を計算することで得られるものである。

(問題3〈レベル3〉)：パレット上の各々の加工部品グループ G_i に対して、円の中心である作業原点から出発しその加工グループ内での加工作業をすべて行うための加工シーケンスを所要時間最小化基準の下でそれぞれ決定する。これより、前述の(問題1)より得られたオペレーションごとの所要時間行列(加工時間に工具移動時間を加えたもの)から、加工シーケンスを求める問題は巡回セールスマン問題と類似しているため、分岐限界法を用いて解くことにする。定式化は以下の通りである。

$$\text{Minimize} \quad \left(\sum_{j=1}^{N^{<r>}} T_{0j}^{<r>} X_{0j}^{<r>} + \sum_{i=1}^{N^{<r>}} \sum_{j=1, j\neq i}^{N^{<r>}} T_{ij}^{<r>} X_{ij}^{<r>} + \sum_{j=1}^{N^{<r>}} T_{j0}^{<r>} X_{j0}^{<r>} \right) \quad (3\text{-}12)$$

subject to

$$X_{ij}^{<r>} = 0, 1 \quad (i, j = 0, 1, 2, ..., N^{<r>}, i \neq j) \quad (3\text{-}13)$$

$$\sum_{j=1}^{N^{<r>}} X_{0j}^{<r>} = 1 \quad (3\text{-}14)$$

$$\sum_{j=1, i\neq j}^{N^{<r>}} X_{ij}^{<r>} + X_{i0}^{<r>} = 1 \quad (i = 1, 2, ..., N^{<r>}) \quad (3\text{-}15)$$

$$\sum_{j=1}^{N} X_{j0}^{<r>} = 1 \quad (3\text{-}16)$$

$$\sum_{j=1, i\neq j}^{N} X_{ij}^{<r>} = 1 \quad (j = 1, 2, ..., N^{<r>}) \quad (3\text{-}17)$$

$$\sum_{i \in Q} \sum_{j \in \bar{Q}} X_{ij}^{<r>} \geq 1 \qquad (3\text{-}18)$$

ここで、$N^{<r>}$ は加工部品グループ G_r 内のオペレーション数を表す。また、$T_{ij}^{<r>}$ は、そのグループ G_r 内でオペレーション i からオペレーション j へ移行する際の所要時間を示す。Q はオペレーションの任意のサブシーケンスの集合であり、$\bar{Q}$ は Q の補集合を意味する。

(問題4〈レベル4〉):パレットごとに加工のための所要時間が求められるので、総所要時間最小化基準の下で、パレットの投入順序を求める。この場合、フローショップ・タイプ、ジョブショップ・タイプなど各種スケジューリング法があるが、いずれも分岐限界法を用いて容易に解くことができる。とくに、2機械のフローショップ問題では Johnson のアルゴリズム[29]、2ジョブのジョブショップ問題では Akers Jr. の方法[30]が有名であり、これらの場合には図式的に解を求めることができる。

(意思決定支援システム):上述の(問題1)から(問題4)を階層構造化し、レベル1からレベル4に対応させる。工期短縮という競争的環境の下で、どのレベルを改善するのが最も効果が大きいかをその都度探索することによって、その結果を迅速に意思決定者に知らせることで競争に対処するシステムとなる。

4. 競争的環境における意思決定支援システムの構造

提案する意思決定支援システムの構造は、次の9つのステップからなるアルゴリズムである[24]。

(ステップ1) 各レベルの計画を変更するために必要な準備時間(p_i, i=1, 2, ..., 4)を入力する。また、各レベルの問題(問題1〜問題4)の最適解集合を求め、W^* とする。

(ステップ2) 最適解集合 W^* の補集合を W とする。

(ステップ3) 集合 W の下でレベル4(問題4)を解く。得られた総所要時

間 T_{L4} と p_4 の和を LB に代入する。

（ステップ4）　集合Wの下でレベル3（問題3）を解く。各加工グループ G_i ごとに最適加工シーケンスと所要時間 T_{L3} を計算する。ここで、T_{L3} と p_3 の和を T_{L3} に代入する。この計算結果を基に、レベル4（問題4）を解く。レベル4で総所要時間 TT_{L3} を得る。

（ステップ5）　集合Wの下でレベル2（問題2）を解く。各加工グループ G_i の最適な配置が求まり、所要時間 T_{L2} を計算する。ここで、T_{L2} と p_2 の和を T_{L2} に代入する。この計算結果を基に、レベル3と4を解き、レベル4で総所要時間 TT_{L2} を得る。

（ステップ6）　集合Wの下でレベル1（問題1）を解く。各加工部品ごとの最適加工条件が求まり、加工グループごとの所要時間 T_{L1} を計算する。ここで、T_{L1} と p_1 の和を T_{L1} に代入する。この計算結果を基に、レベル2から4の問題を解き、レベル4で総所要時間 TT_{L1} を得る。

（ステップ7）　（LB, TT_{L3}, TT_{L2}, TT_{L1}）の中の最小値を LB に代入する。

（ステップ8）　LB が推薦すべき総所要時間であり、同時に改善すべきレベルも明示する。

（ステップ9）　もし、意思決定者がその解に満足しないならば、LB を W^* に代入しステップ2へ戻る。そうでなければ終了とする。

　図Ⅳ－49は、前述の（問題1）から（問題4）と意思決定支援システムの関係をまとめたものである。

　ステップ9では意思決定者の満足解を得る基準の1つとして、競争相手の工期解を目標解とし、それに対して最適解からの時間的余裕の最大化を行う。時間的余裕が大きければ、それに伴う費用削減等も考慮することができるからである。図Ⅳ－50は、その意思決定の過程を表したものである。探索過程として解1から解nの順に目標解に近づくことになり、最終的に目標解を越えない範囲内で時間的余裕が最大になる解が実行解として選択されることになる。

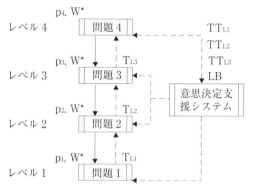

図Ⅳ-49　競争的環境における意思決定支援システムの構造[24]

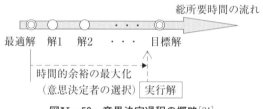

図Ⅳ-50　意思決定過程の概略[24]

5．動的工程計画システムを活用した例題

　例として,部品加工のみを行っている小規模工場への適用を考える。ここで,競争相手としての他の同規模工場に負けないものづくりの工程計画法を展開する。

　今,2台のマシニングセンタ(MC1、MC2)を用いて,フローショップ型生産を行う工場がある。パレットは,4つ準備されており,それらをP1、P2、P3、P4とする。その各々のパレット上には4つの加工部品グループG_1、G_2、G_3、G_4が加工のために段取りされるものとする。競争的生産を行う場合の競争相手側の工期目標解を57分とする。まず,提案したアルゴリズムをもとに最適解を求める。レベル1の問題(問題1)において,加工部品がグループ化され,定められた加工長さから最適加工条件が求められる。レ

ベル2に相当する問題2では、各加工部品グループの円形作業領域が求められ、パレット上にその最適配置が決定される。問題3より、パレット上での最適加工シーケンスが得られ、問題4で2機械フローショップ問題における最適パレット投入順序が決定される。表Ⅳ－6に各レベル変更における準備時間を、表Ⅳ－7に運用例における基礎データと計算結果（最適解）を示す。図Ⅳ－51は、一例としてパレットP4上の加工部品グループの最適配置とそのデータを示したものである。

結果として、問題1から問題4を解くことによって、最適な総所要時間が54.1分（図Ⅳ－52より）として求めることができる。これより、最適なパレット投入順序はP3－P1－P2－P4となる。また、そのときのガント・チャートを図Ⅳ－52に示す。

ここで、競争相手側の工期目標解は57分であり、最適解での運用をはかれ

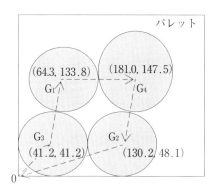

図Ⅳ－51 パレット上での円形作業領域の最適配置[24]

表Ⅳ－6 工程計画変更のために必要な準備時間表（単位：分）

準備時間 ケース	p_1	p_2	p_3	p_4
①	2	4	2	3
②	3	6	3	2
③	3	5	2	2

表Ⅳ－7　運用例における基礎データと計算結果（最適解）

	パレット	P1	P2	P3	P4
レベル1	加工部品グループ	G_1 G_2 G_3 G_4	G_1 G_2 G_3 G_4	G_1 G_2 G_3 G_4	G_1 G_2 G_3 G_4
レベル2	円形作業領域の半径 (mm)	59.1 41.8 58.0 70.0	46.0 50.4 68.5 69.3	40.3 30.1 50.2 35.0	54.2 48.1 41.2 63.3
レベル3	加工シーケンスと時間 (s)	G_2-G_1-G_4-G_3 57.0	G_1-G_3-G_4-G_2 58.8	G_2-G_1-G_3-G_4 39.0	G_3-G_1-G_4-G_2 52.2
レベル4	MC1での所要時間（分）	13.9	11.0	7.0	16.1
	MC2での所要時間（分）	7.6	6.6	12.6	6.1

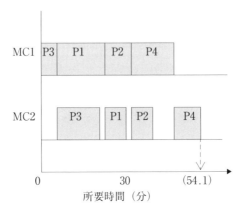

図Ⅳ－52　パレットの最適投入順序（ガント・チャート表示）[24]

ば、57.0−54.1＝2.9（分）の工期短縮となる。従って、この値が図Ⅳ−50に示す時間的余裕の限界値となる。そこで、提案した意思決定支援システムの実行を考える。最適解での実行という最善の方策を用いなくても競争相手に負けない程度の余裕ある生産体制で十分である。問題1から問題4の各レベルの計画を変更するために必要な準備時間を、それぞれ $p_1 = 2$ 分、$p_2 = 4$ 分、$p_3 = 2$ 分、$p_4 = 3$ 分とすれば、ステップ2からステップ9を実行することで、結果として総所要時間は56.1分（＜57.0分）となる。これより、総所要時間の延長は2.0分（＝56.1−54.1）となり、これが時間的余裕の最大値となる。このとき改善するために必要となるフィードバック先はレベル3となる（ケース①）。

次に、各レベルの計画を変更するための準備時間 p_i をパラメータとして同様の計算を行い、これらをケース②、ケース③とする。すなわち、ケース②では、$p_1 = 3$ 分、$p_2 = 6$ 分、$p_3 = 3$ 分、$p_4 = 2$ 分とし、得られた結果は総所要時間で56.6分、時間的余裕の最大値は2.5分となる（ステップ9）。

ケース③は、$p_1 = 3$ 分、$p_2 = 5$ 分、$p_3 = 2$ 分、$p_4 = 2$ 分の場合で、総所要時間は56.1分、時間的余裕の最大値は2.0分となる（ステップ9）。以上の計算結果を表Ⅳ−8にまとめる。

表Ⅳ−8　意思決定支援システムの実行例

	総所要時間（分）	時間的余裕の最大値（分）	フィードバックされるレベル	改善項目
目標解	57.0			
最適解	54.1	2.9	-----	-----
ケース①	56.1	2.0	レベル3	P1の所要時間
ケース②	56.6	2.5	レベル4	パレット投入順序
ケース③	56.1	2.0	レベル3	P1の所要時間

6．まとめ

マシニングセンタに代表される単一多能生産システムの工程計画において従来の意思決定手法は、計画変更の際に作業者の経験と勘に基づいて改善すべき計画レベルを特定してきた。しかし、マシニングセンタを競争的環境での使用を考えるとき、競争相手に負けないものづくり体制を築いて、それを活用することが望まれる。そこで、提案した動的工程計画法の理論を導入し、コンピュータ支援システムを活用すれば意思決定は容易となり、方略性あるものづくりの実現が可能になると考える。また、競争的環境下での工程計画モデルは、階層構造化されることで計画変更時にすばやく対応することができ、競争相手に時間的余裕をもって打ち勝つことが可能になる。このとき、時間的余裕を最大限に利用することこそが、ここで提案する動的工程計画法の最大の特徴である。

第4章　技能上達のための動的訓練モデルと訓練法に関する研究

　作業者の技能レベルは、人によって特徴があり、全員が同程度で、固定的なものではない。しかも、訓練を繰り返し実施することによって、技能レベルの向上をはかることができる。また、技能レベルは訓練によって日々向上するものであり、作業者ごとの技能レベルをコンピュータで管理し、把握しておくことで生産の能率化につながると考える。

　そこで本章では、作業者の訓練データをもとに、それをデータベース化すると共に、訓練での技能修得プロセスの動的モデルを構築[31]することを考え、考察する。

1. 段取作業における動的訓練システムの構築と意義

　生産の準備段階である段取作業は、複雑な作業と共に、人の判断を伴う場面が多く存在する。このような作業には自動化よりも、柔軟性のある人が作業するのに適しているともいえる。しかしながら、人の段取作業に関する技能レベルは作業者に依存するところが大きい。作業者の技能レベルが高ければ、煩雑な作業も能率的に、しかも簡単に行うことができる。しかし、作業者の技能レベルが高くない現状においては、段取作業を繰り返し訓練することによって、各自の技能レベルを向上させることが有効な手段となる[32-38]。訓練方法も工夫して実施することで作業経験と勘が大いに培われることになる。訓練によって技能レベルは時々刻々と変化するものである。これを動的訓練と名付け、その方法論を考察する。そのためには、訓練データを作業者ごとにデータベース化し、コンピュータで管理することが必要であり、科学的で能率的な段取作業訓練といえる。作業者の訓練法としては、

第Ⅲ編で述べた個人訓練法と二人訓練法を基本としながら、技能上達のための動的訓練システムを構築し、考察する。

2. 技能の熟練化プロセスとデータベース[31]

ここでは段取作業の評価尺度として、総所要時間の最小化を用いる。このとき、段取作業の総所要時間とは、次工程で必要となる作業の許容精度を確保するまでに要する工程準備時間をいう。この作業に熟練する訓練法には、1人で考えながら熟練化する個人訓練法と、2人でグループを組み技能の優れた作業者が他方の作業者を指導する二人訓練法が考えられる[32-38]。これらの訓練法では、いずれも訓練ごとに技能レベルを把握し、作業者個人の熟練化関数を更新していくことになる。従って、訓練データをデータベース化することで、訓練ごとのデータの入出力表示、熟練化関数の更新処理、熟練化のタイプと習熟予測について実行することができる。また、二人訓練を行う場合のパートナーとの技能特性の時系列的管理も容易になる。

3. 技能修得プロセスの動的モデル[31]

3.1 熟練化関数の基本形

熟練化関数は、作業者の訓練回数と技能習熟のレベルを関数で表したものと定義してきた[32-38]。具体的に、作業者 p の熟練化関数 y は $f_p(t)$ なる時間 t の関数と考えることができる。ここで、$f_p(t)$ の値は原点に近いほど技能レベルが高くなるものとする。この熟練化関数は、第Ⅲ編第4章で述べたように、作業者ごとに異なった特徴をもつ。図Ⅳ-53に一般的な熟練化関数の例を示す。

3.2 個人訓練と基本的技能習熟モデル

作業者が1人で訓練する場合、過去の訓練データをもとに、最小二乗法を適用して、その熟練化関数を求める。また訓練が追加されれば、再度最小二

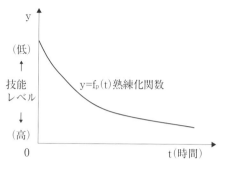

図Ⅳ-53 作業者 p の熟練化関数の例[31]

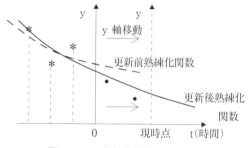

図Ⅳ-54 熟練化関数の更新[31]

乗法を用いて熟練化関数が更新されることになる。図Ⅳ-54は、その関数更新の概要を示したものである。

3.3 二人訓練と動的技能習熟モデル

作業者2人の熟練化関数が既知で、共同で訓練を行う場合の技能上達プロセスについて考える。この場合、作業者A、Bの熟練化関数が図Ⅳ-55に示すように将来にわたり交差しない場合と図Ⅳ-56のように交差する場合に分けて考える。

⑴ 2人の作業者のもつ熟練化関数が将来的に交差しない場合

作業者AとBが図Ⅳ-55に示すような熟練化関数をもつ場合、常に作業者Bが指導的立場に立って作業者Aの技能訓練を行うことになる。作業者Aは、

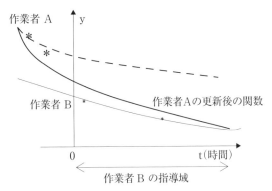

図Ⅳ-55　二人訓練における動的モデル（その1）[31]

作業者Bのもつ技能的知識を与えられることによって、技能上達することができる。従って、訓練後の作業者Aの熟練化関数は、作業者Aの過去の個人訓練データと作業者Bのもつその時点での訓練関数値を最小二乗法で関数近似することによって、新たな作業者Aの更新された熟練化関数を得ることができる。

(2) 2人の作業者のもつ熟練化関数が将来的に交差する場合

作業者AとBの熟練化関数が、将来的に交差する場合は、訓練中に技能レベルが逆転することになる。図Ⅳ-56のT2の時点で技能レベルは交差し、それ以降は作業者Aが指導的立場で訓練を実施することになる。これが第Ⅲ編で展開した静的モデルである。しかし、最初に訓練を受けた作業者Aは、作業者Bの指導で実際にはT1の時点で技能レベルが同等となる。それ以降は、この更新された作業者Aの熟練化関数のもとで、作業者Bが訓練を受けることになる。これを基に、さらに作業者Bの熟練化関数も更新される。これが本章で展開する動的モデルである。

従って、共同訓練を行う場合には、どちらの作業者が指導的立場になるかが重要で、その意思決定を更新された熟練化関数をもとに判断することになる。

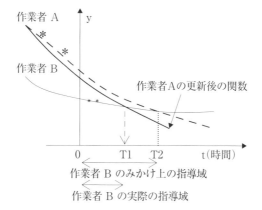

図Ⅳ-56 二人訓練における動的モデル(その2)[31]

3.4 訓練期間における指導法

以上より、訓練期間中にも、どの作業者と2人作業になるかによって、作業者の熟練化関数の更新作業があり、指導的立場の作業者として適切であると判断されれば、適切な時期に交代することになる。図Ⅳ-57は、二人訓練の場合の適切な指導者交代時期を求める流れを示したものである。

4. 適用例[31]

マシニングセンタを用いて、パレット上で部品加工を行う場合には、その部品を位置決めし、固定するという段取作業が生じる。この作業には、加工作業に卓越した知識と経験が必要であり、作業者は訓練によって段取技能を身につけなければならない。第Ⅲ編第4章で展開した段取作業を例に、まずは概要について述べる[37]。

対象とする加工部品は、第Ⅲ編第4章第2節の図Ⅲ-55に示すようにギヤポンプの上蓋とする。そこで述べた段取作業実験を同様の手順で行う。上蓋はパレット上に置かれたスクリューサポートの上で支持され、ステップブロックとステップクランプを用いて固定される。上蓋に面加工を施すため、水

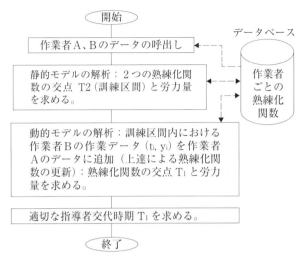

図Ⅳ-57　適切な指導者交代時期の求め方（二人訓練）

平精度を精密水準器で確認する。クランプの締め付け力によっては水平精度に狂いが生じることもあり、水平許容精度内に収まるまでこの作業を繰り返す。加工面の水平の精度は div0.5mm とする。

　この実験を行う作業者は11名とする。作業者Cはある程度の加工経験をもつ作業者であり、作業者Dは加工作業歴18年の熟練者である。残り9名の作業者は、大学生・大学院生のいわゆる未熟練作業者である。

　ここで、知的労働として必要な知識は、以下の2つの科学的知識であり、単純労働との違いという観点でまとめられる。

・知的労働
　〈知識1〉 3個のスクリューサポート上に加工部品を置く。
　〈知識2〉 加工部品をスクリューサポート上で固定する場合にはスクリューサポートの真上をステップクランプで押さえる。
・単純労働
　繰り返し作業で技能勘を養い、能率化をはかる。

4.1 技能訓練用データベースの構築

図Ⅲ－55に示すような段取作業を11名の作業者に多くて5回の訓練を実施する。現時点を5回目の訓練終了時としたとき、過去の訓練データをもとに最小二乗法を用いて作業者ごとの熟練化関数をそれぞれ求める。これをデータベース化し、本適用例の解析に利用することにする。表Ⅳ－9に、今回の段取作業訓練における実際の訓練データを示す（個人訓練）。なお、この表は、第Ⅲ編第4章第2節の段取作業実験において知的労働作業と単純労働作業をまとめたものである。これより求められた各作業者の熟練化関数を表Ⅳ－10に示す。

4.2 個人訓練における技能習熟

作業者C、E、Lが、この段取作業を引き続き1人で訓練する場合を考える。このとき、訓練によって得られたデータとその訓練ごとの熟練化関数の推移を、それぞれ表Ⅳ－11、表Ⅳ－12、表Ⅳ－13に示す。これより、各作業者は、訓練を1回終えるたびに、熟練化関数が自動更新されることになり、

表Ⅳ－9 段取作業の訓練結果（分秒）[31]

作業者 \ 訓練回数	1回目	2回目	3回目	4回目	5回目（現時点）
作業者A	62′16″	45′08″	9′25″	4′57″	5′34″
作業者B	---	6′53″	5′08″	5′03″	4′28″
作業者C	---	3′58″	3′15″	3′22″	3′29″
作業者D	---	2′48″	2′37″	2′51″	2′43″
作業者E	---	5′40″	6′38″	4′57″	6′30″
作業者F	9′14″	3′14″	3′03″	3′07″	2′47″
作業者G	20′19″	3′18″	5′16″	2′42″	2′58″
作業者H	6′29″	4′19″	4′11″	3′40″	3′27″
作業者I	21′52″	4′12″	3′46″	3′06″	3′14″
作業者J	10′08″	8′17″	9′01″	5′16″	4′56″
作業者L	---	12′17″	5′25″	3′49″	3′20″

表Ⅳ－10　作業者ごとの熟練化関数（初期値）

作業者	熟練化関数の表示
作業者 A	$y=3.64\exp(-0.70t)$
作業者 B	$y=4.37\exp(-0.13t)$
作業者 C	$y=3.78\exp(-0.04t)$
作業者 D	$y=2.74\exp(-0.0003t)$
作業者 E	$y=6.00\exp(0.01t)$
作業者 F	$y=2.31\exp(-0.24t)$
作業者 G	$y=2.18\exp(-0.40t)$
作業者 H	$y=3.25\exp(-0.14t)$
作業者 I	$y=2.24\exp(-0.41t)$
作業者 J	$y=4.95\exp(-0.19t)$
作業者 L	$y=2.84\exp(-0.43t)$

表Ⅳ－11　各作業者の訓練結果（分秒）

作業者＼訓練回数	（5）6回目	（6）7回目	（7）8回目	（8）9回目	（9）10回目
作業者C	2′38″	2′34″	---	---	---
作業者E	7′26″	5′03″	---	---	---
作業者L	2′55″	2′58″	5′32″	2′31″	2′29″

（注）（　）内は訓練の実回数

表Ⅳ－12　作業者C、Eの熟練化関数の推移

訓練回数（実回数）	熟練化関数の表示	
	作業者C	作業者E
6回目（5）	$y=2.85\exp(-0.08t)$	$y=6.85\exp(0.05t)$
7回目（6）	$y=2.60\exp(-0.08t)$	$y=5.99\exp(0.001t)$

技能の時間的習熟性が明らかになった。また、訓練を繰り返すことにより、各作業者の段取作業の技能習熟レベルも明らかとなった。

4.3　二人訓練における技能習熟

表Ⅳ－9において、現時点で5回目の訓練を終えた11名の作業者の中から、

第4章 技能上達のための動的訓練モデルと訓練法に関する研究

表Ⅳ-13　作業者Lの熟練化関数の推移

訓練回数（実回数）	熟練化関数の表示
6回目（5）	y=2.44exp（-0.34t）
7回目（6）	y=2.30exp（-0.26t）
8回目（7）	y=3.01exp（-0.14t）
9回目（8）	y=2.58exp（-0.14t）
10回目（9）	y=2.33exp（-0.13t）

任意の2人がパートナーとなり、共同訓練を実施する。このとき、図Ⅳ-56のように、2人の熟練化関数が交差する場合、すなわち作業者同士の技能レベルが逆転する場合を調べる。t-y座標系において、交点のt座標が正の値のときのみ、その時点で作業者間で技能レベルに逆転現象が生じることになる。これが静的モデルである。

表Ⅳ-14にそのような現象が起きる2人の作業者の組み合わせを示す。

ここで、動的モデルの代表例として、作業者BとDがペアを組み、引き続き6回目、7回目の共同訓練を行うとする。このとき、2つの熟練化関数の交点は、t=3.6となる。そこで、6回目（実回数5回目）の訓練は作業者Dが作業者Bを指導することになる。これによる作業者Bの更新された熟練化関数は、

$$y = 3.13\exp(-0.198t) \qquad (4\text{-}1)$$

となり、式(4-1)と作業者Dの熟練化関数との交点は、(t, y) = (0.68, 2.74)である。そこで、7回目（実回数6回目）の訓練からは熟練化関数(4-1)をもつ作業者Bが指導的立場となり、作業者Dを指導する。図Ⅳ-58は作業者BとDの熟練化関数における6回目の訓練の関係をまとめたものである。

以上より、動的モデルにおける作業者BとDの継続的訓練の結果を表Ⅳ-15に示す。このとき、静的モデルの結果も比較して示す。図Ⅳ-59、図Ⅳ-60は、作業者BとDの静的モデル、動的モデルの計算のプロセスを示したものである。

表Ⅳ-14　技能レベルが逆転する作業者の組み合わせ

作業者の組合せ	交点のt座標
A、G	1.71
A、I	1.67
B、C	1.61
B、D	3.60
B、J	2.08
C、D	8.10
C、J	1.80
D、H	1.22
D、J	3.12
G、I	2.72
H、J	8.41

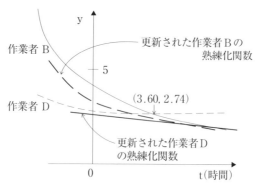

図Ⅳ-58　作業者BとDの熟練化関数[31]

ここで、表Ⅳ-15において、淡い網かけで示した熟練化関数は、その作業者がその訓練回数で指導的役割を果たすことを意味する。

これらの表をもとに、パートナーの指導による自らの能力向上を考慮した動的モデルでは、7回目の訓練より指導者が作業者Dから作業者Bに交代することが望ましいという結果を得た。他方、将来に向けて単なる訓練予測モデルとなる静的モデルでは、9回目の訓練より指導者がBに交代することが望ましいといえる。

このように、動的モデルでは、パートナーによる技能修得の影響を考慮して技能訓練の計画を詳細に立てるのに役立つのに対して、静的モデルでは、パートナーによる影響を考慮していないため、解析が容易となり、将来に向けての全般的計画を立てるときに適していると考えられる。

表Ⅳ-15 作業者B、Dの動的モデルと静的モデルの比較 （ は指導者側の熟練化関数を示す。$X_{00}=0.5$)

	訓練回数 (実回数)	6回目 (5)	7回目 (6)	8回目 (7)	9回目 (8)
動的モデル	作業者B	$3.13 \times \exp(-0.198t)$	$2.57 \times \exp(-0.198t)$	$2.11 \times \exp(-0.198t)$	$1.73 \times \exp(-0.198t)$
	作業者D	$2.74 \times \exp(-0.0003t)$	$2.65 \times \exp(-0.0097t)$	$2.37 \times \exp(-0.033t)$	$2.04 \times \exp(-0.057t)$
	交点 (t_1, t_2)	(0.67, 9.26)	(-0.16, 171.9)	(-0.7, 47.2)	(-1.17, 24.7)
	労力量	8.52	135.7	33.2	14.9
静的モデル	作業者B	$4.37 \times \exp(-0.13t)$	$3.84 \times \exp(-0.13t)$	$3.37 \times \exp(-0.13t)$	$2.96 \times \exp(-0.13t)$
	作業者D	$2.74 \times \exp(-0.0003t)$	$2.74 \times \exp(-0.0003t)$	$2.74 \times \exp(-0.0003t)$	$2.74 \times \exp(-0.0003t)$
	交点 (t_1, t_2)	(3.6, 16.7)	(2.6, 15.7)	(1.60, 14.7)	(0.60, 13.7)
	労力量	18.7	16.5	14.3	12.0

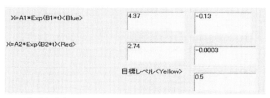

(1) 入力画面

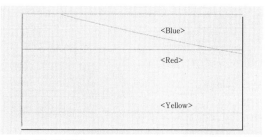

(2) グラフ出力画面

図Ⅳ－59 作業者Bと作業者Dの静的モデル

(1) 入力画面

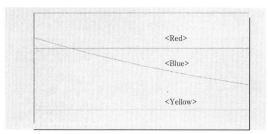

(2) グラフ出力画面

図Ⅳ－60 作業者Bと作業者Dの動的モデル

第Ⅳ編のまとめと考察

［1］ 第3期ものづくり教育の指標と到達レベル

　第3期ものづくり教育の内容について、設計、工程計画、製作のものづくり工程の流れの中で、目指すものとその到達レベルの関係を考察する。第Ⅰ編で述べたように、人の発達段階に応じたものづくりの学び方のステージ・マップを図Ⅳ－61に示す。

　ここで、第3期ものづくり教育は、上図の領域G、H、Iであり、その内容は以下の通りである。

<u>領域G</u>：ものづくりの目的を明確にもち、製品のメカニズムの最適設計や最適な構造設計、コンピュータシミュレーションの活用で、品質保証された製品の設計・計画を行うことができる。また、製品の動力源や制御方法については、パルスモータ駆動でディジタル制御を考慮した設計を計画・遂行する

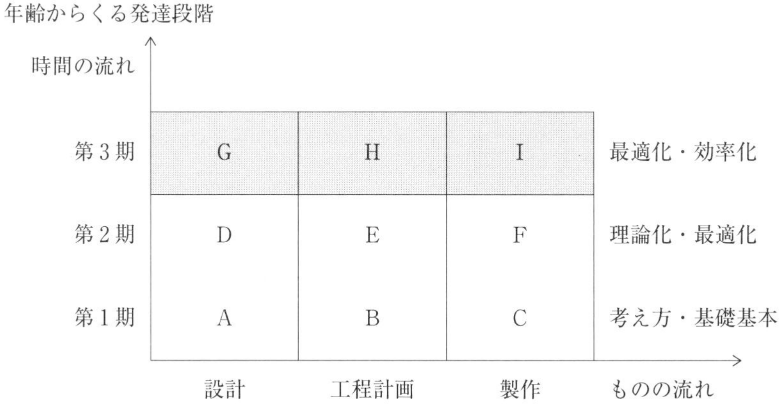

図Ⅳ－61　学び方のステージ・マップ

表Ⅳ-16　第3期ものづくりでの指導

流れ	領域G 設計	領域H 工程計画	領域I 製作
指標項目	・最適設計、最適構造設計 ・ディジタル制御 ・シミュレーション	・工作機械の最適運用 ・技能上達の質保証・最適管理	・複合工作機械の活用 ・人と機械の一体化
教育指導の内容	・最適化理論にもとづく最適設計を実施できる。 ・動力・制御系のディジタル設計 ・シミュレーションに基づく設計の効率化	・加工・組立に関する作業手順の最適化 ・人のグループ作業等工程の設計に関する最適化	・複合工作機械による製作の効率化 ・コンピュータ制御の加工技術やロボット技術による競争力ある一連の最適運用 ・人のグループ作業及び作業熟練化

ことができる。

領域H：製品の品質保証のために、汎用工作機械や複合工作機械を最適に運用しながら、バーチャルファクトリーによるものづくりの全体シミュレーションを通して、競争に負けないものづくりの方法論を考える。また、ダイナミックな環境変化に対応できる工程設計・作業設計を考えながら、作業者の技量の質保証のための訓練・指導法を考える。

領域I：作業者の技量上達のプロセスを理論的に管理しながら、人と機械が一体となって、汎用工作機械や複合工作機械を適切に活用し、競争力あるものづくりの製作法を完成することができる。

　この内容をめあてとして指導項目と指導内容を表Ⅳ-16にまとめる。

［2］　到達レベルに関する考察

　第3期ものづくり教育において、領域ごとの目標への到達レベルについて、作業者自身が、どの程度の到達であるかを判断し、考察する。

(1) 設計領域に関する到達判定

　動きのしくみを創造する能力、すなわち全体的製品設計能力を次の2つの観点から科学的に考える。

〈観点1〉製品設計を行う場合には、目標を定め、構築した数学モデルを解析し、シミュレーションを行いながら、目標を最適にするための機構設計、構造設計等を効率的に行うことができる。

〈観点2〉制御設計では、コンピュータ活用の観点から、ディジタル制御を主体とした設計法を身につける。

(2) 工程計画領域に関する到達判定

〈観点3〉加工や組立工程においては、作業編成手順の最適化、加工・組立機械においては作業条件の最適化を考え、工程の計画を実施することができる。

(3) 製作領域に関する到達判定

〈観点4〉コンピュータで制御された複合工作機械やロボットを効率的に活用し、さらには適材適所で人の作業の熟練化も重要な一工程として推進できる。

〈観点5〉複合工作機械やロボット、さらには人のグループ作業や熟練化技術を活用しながら、競争力をもったものづくり工程の最適運用を実行することができる。

［3］評価に関する考察

　第3期ものづくり教育の指標と作業者の到達したスキルの程度を、表Ⅳ-17を参照しながら、各領域、各観点に基づいて、評価することができる。

　第3期ものづくり教育の達成度を判断するパフォーマンス評価の一例を以下に示す。

　ここで提示するメカおもちゃについて、そのしくみの設計（領域G）、工程計画（領域H）、製作（領域I）を具体的に考えることで、第3期のものづく

表Ⅳ－17　第3期ものづくり教育における目標到達の程度

領域	観点	(高) ← 目標到達の程度 → (低)			
G設計	観点1	目標を定め数学モデルを構築して最適設計を効率的に行うことができる。	目標に向かって発見的な方法で効率化に向けて設計することができる。	目標は設定するが主観的・感覚的な解析を通して設計することができる。	目標は考えないで主観的・感覚的に設計する。
G設計	観点2	制御面ではコンピュータを導入したディジタル制御技術を効率的に活用することができる。	基礎的なディジタル回路を制御設計に生かし、効率化に向けて進めることができる。	効率化までは目指さず、ディジタル制御的発想もあまり考えないで、設計を進めることができる。	ディジタル的発想を全く考えないで主観的・感覚的設計に終始する。
H工程計画	観点3	工程設計、作業設計ともにコンピュータを活用した全体的に最適なものづくり計画を実施することができる。	工程設計や作業設計について局所的な一部の最適解を考慮したものづくり計画を実施することができる。	工程設計や作業設計について経験的な方策でものづくり計画を実施することができる。	工程設計や作業設計についてより良い方策を探究することを感じない。
I製作	観点4	コンピュータで制御された複合工作機械やロボットさらには人の熟練工程を連携して全体的に最適制御し、効率的・理論的な製作を実施することができる。	複合工作機械やロボットを個別に適正に制御し、さらには人の熟練工程も交えて局所的には適正に製作活動を実施することができる。	複合工作機械やロボットをそれぞれ個別に経験に基づいて制御し、人の熟練工程も経験的に導入を判断し、製作することができる。	複合工作機械、ロボット、人の熟練工程等の導入の判断や制御方法について分析して活用する必要性を感じない。
I製作	観点5	複合工作機械、ロボット等の活用、さらにはグループ作業で競争力あるものづくりの全体的最適運用を科学的・理論的に実施できる。	競争力あるものづくりの製作活動に複合工作機械やロボットを限定的に適用したり、一部グループ作業の活用で運用を実施することができる。	競争力あるものづくりに向けて経験に基づいて、工作機械の導入など主観的・感覚的に判断し、運用を図ることができる。	ものづくりの単なる自動化には必要性を感じるが、競争力を意識したものづくり体制の必要性は感じない。

り力の到達レベルを判断する。

　対象となるメカおもちゃとしては、コンピュータで制御された自動化工場内を走行している自動搬送装置（Automated Guided Vehicle；AGV）の模型製作を考える。AGVの構造は、図Ⅳ－62に示すように工場内に敷かれたガイドレールの上を走行し、パルスモータ駆動でコンピュータで制御されている

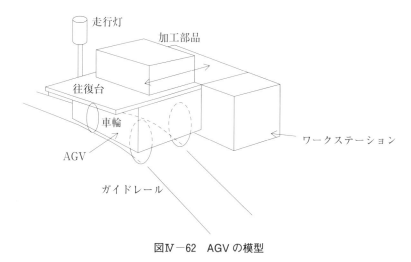

図Ⅳ-62　AGVの模型

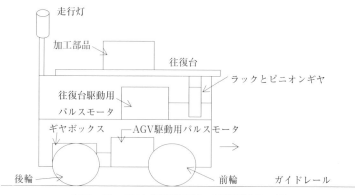

図Ⅳ-63　AGVの機構設計、構造設計の一例

ものとする。目的のワークステーションに到着後は、AGV上の往復台に取り付けられた加工部品が別の専用パルスモータの駆動でそのワークステーション上に移動できる構造になっている。

　領域Gの観点1、2に基づいて、AGVの機構設計・構造設計の一例を示す（図Ⅳ-63）。

　また、ディジタル回路によるAGVの制御設計については、A、Bの2入

力スイッチで3種類の動作を制御することを考える。その一例を真理値表で表Ⅳ－18に示す。

これより、論理式は以下の通りである。

$a = A \cdot B$

$b = \bar{A} \cdot B$

$c = A \cdot \bar{B} + A \cdot B$

$ = A \cdot (\bar{B} + B)$

$ = A$

結果として、図Ⅳ－64のような論理回路を設計・製作することになる。

領域Hの観点3において、作業編成手順として、人のグループ作業を考え

表Ⅳ－18 制御のための真理値表

入力 A B	出力 a AGVの前進走行 走行灯の点灯	出力 b 往復台の前進動作	出力 c 往復台の後退動作
0　0	0	0	0
0　1	0	1	0
1　0	0	0	1
1　1	1	0	1

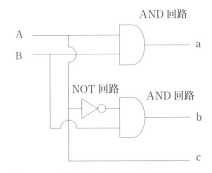

図Ⅳ－64 真理値表を実現する制御回路例

たとき、PERT技法を活用することで作業の効率化を図ることができる。表Ⅳ－19は、各作業間の先行関係を表示した作業表である。

作業の先行関係を示す作業表を基に、アロー・ダイヤグラムを作成する。その一例を図Ⅳ－65に示す。領域Hの観点3から、作業1人1人の技量も考慮しながら、各工程に作業者を適切に配置することより、作業の効率化を図ることができる。

以上のように、課題を提示したパフォーマンス評価テストの実施により、

表Ⅳ－19　先行作業表

作業記号	作業内容	先行作業
A	本体骨組み	--
B	骨組み構造を平板で固定する	A
C	ギヤボックスの取り付け	A、B
D	軸付車輪	C
E	AGV駆動用パルスモータの取り付け	A、B、C、D
F	往復台駆動用パルスモータの取り付け	A、B、C、D
G	ラックとピニオンギヤの取り付け	F
H	往復台の取り付け	F、G
I	走行灯の取り付け	A、B
J	制御回路基板の取り付け	F、G、I

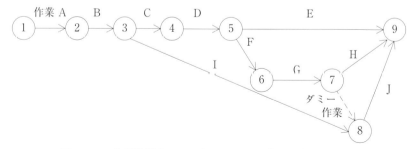

図Ⅳ－65　先行作業表からできるアロー・ダイヤグラムの一例

第1期から続いてきたものづくり教育を振り返りながら、その結果について考察することができる。そして、高度専門知識を駆使した効率的なものづくりとして実践できているかどうかを評価する必要がある。

第Ⅳ編の文献

［1］ 大橋和正，暮らしに役立つ技術と工学の基礎知識，共立出版，pp. 64-82, 2008.
［2］ 大橋和正，大賀正也，"コンピュータによる機構学習に関する研究"，岡山大学教育学部研究集録，Vol. 111, pp. 153-160, 1999.
［3］ 大橋和正，"対戦型ロボットの機構設計に関する授業実践"，岡山大学教育学部研究集録，Vol. 129, pp. 97-102, 2005.
［4］ 大橋和正，妹尾一道，"ロボットコンテストを利用したものづくり教育に関する研究"，岡山大学教育学部研究集録，Vol. 144, pp. 7-12, 2010.
［5］ 大橋和正，相羽三良，"負荷トルクを考慮した定角位置切換方式パルスモータの動特性"，奈良高専研究紀要，Vol. 12, pp. 9-14, 1976.
［6］ 大橋和正，相羽三良，"定角位置切換方式パルスモータの停止時挙動"，奈良高専研究紀要，Vol. 13, pp. 17-20, 1977.
［7］ 大橋和正，小山健太朗，平松義弘，井上准一，"コンピュータ制御機械模型に関する教材化"，岡山大学教育学部研究集録，Vol. 86, pp. 129-139, 1991.
［8］ 大橋和正，暮らしに役立つ技術と工学の基礎知識，共立出版，pp. 138-154, 2008.
［9］ 人見勝人，生産システム工学（第2版），共立出版，pp. 77-79, 149-152, 1990.
［10］ 関根智明，PERT・CPM，日科技連，pp. 12-58, 1983.
［11］ 長畑秀和，大橋和正，Rで学ぶ経営工学の手法，共立出版，pp. 147-162, 2008.
［12］ 大橋和正，ホームオートメーションへのアプローチ：生活と情報システム，大学教育出版，pp. 116-119, 1997.
［13］ 大橋和正，那須康彦，趙金峰，"生産教育のためのコンピュータ援用組立作業システム"，岡山大学教育学部研究集録，Vol. 106, pp. 87-93, 1997.
［14］ 大橋和正，"加工シーケンスと部品配置の最適計画に関する研究"，日本経営工学会誌，Vol. 45, No. 5, pp. 447-453, 1994.
［15］ K. Hitomi and K. Ohashi, "Optimum Process Design for a Single-Stage Multi-functional Production System", Transactions of the ASME, J. Eng. Ind., Vol. 103, No. 2, pp. 218-223, 1981.
［16］ K. Ohashi and K. Hitomi, "A New Approach to Process Planning and Scheduling for Flexible Machine Cells", Manufacturing Systems, Vol. 17, No. 4,

pp. 249-259, 1988.
[17] K. Ohashi and K. Hitomi, "Analysis of Flexible Machining Cells for Unmanned Production", Int. J. Prod. Res., Vol. 29, No. 8, pp. 1603-1613, 1991.
[18] 岸浪建史, 吉田竹利, 斉藤勝政, "多段機械加工システムにおける加工順序の決定", 精密機械, Vol. 41, No. 6, pp. 527-532, 1975.
[19] B. K. Lambert and A. G. Walvekar, "Optimization of Multi-Pass Machining Operations", Int. J. Prod. Res., Vol. 16, No. 4, pp. 259-265, 1978.
[20] B. Malakooti, "An Interactive On-line Multi-objective Optimization Approach with Application to Metal Cutting Turning Operation", Int. J. Prod. Res., Vol. 29, No. 3, pp. 575-598, 1991.
[21] 吉村允孝, 濱田年男, 由良憲二, 野池清文, 人見勝人, "機械構造システムの多層最適設計", 日本機械学会論文集（C編）, Vol. 50, No. 452, pp. 724-732, 1984.
[22] M. Yoshimura, T. Hamada, K. Yura and K. Hitomi, "Design Optimization of Machine-Tool Structures with Respect to Dynamic Characteristics", Transactions of the ASME, Journal of Mechanisms, Transmissions, and Automation in Design, Vol. 105, March, pp. 88-96, 1983.
[23] J. D. Little, K. G. Murty, D. W. Sweeney and C. Karel, "An Algorithm for the Traveling Salesman Problem", Oper. Res., Vol. 11, No. 6, pp. 972-989, 1963.
[24] 大橋和正, "単一多能生産システムにおける動的工程計画法", 日本経営工学会論文誌, Vol. 53, No. 5, pp. 378-383, 2002.
[25] たとえば, R. A., Wysk, et al., "Unit Machining Operations: An Automated Process Planning and Selection Program", Trans. of the ASME, J. of Eng. for Ind., Vol. 102, pp. 297-302, 1980.
[26] K. Ohashi, "Dynamic Process Planning System for Machining Operations in an FMS Environment", Proc. of the 14th ICPR, Vol. 1, pp. 106-109, 1997.
[27] K. Ohashi, "Decision Support System for Dynamic Process Planning at a Machining Center", Proc. of Japan-USA Sympo. on Flexible Automation, pp. 633-636, 1998.
[28] K. Ohashi, "Dynamic Process Planning System for a Machining Center in an FMS Environment", Int. J. of Prod. Econ., Vol. 60-61, pp. 457-464, 1999.
[29] S. M. Johnson, "Optimal Two- and Three- Stage Production Schedules with Setup Times Included", Naval Res. Log. Quarterly, Vol. 1, No. 1, pp. 61-68, 1954.
[30] S. B. Akers Jr., "A Graphical Approach to Production Scheduling Problems",

Oper. Res., Vol. 4, No. 2, pp. 244-245, 1956.

[31] 大橋和正, "技能修得プロセスの動的モデルとデータベースシステム", 日本生産管理学会誌, Vol. 11, No. 1, pp. 53-57, 2004.

[32] 大橋和正, "人手による熟練化要素を考慮した段取作業研究", 日本生産管理学会論文誌, Vol. 7, No. 1, pp. 51-55, 2000.

[33] K. Ohashi, "Skill Strategy for Setup Operations at a Machining Center", Pacific Conference on Manufacturing Proceedings, Vol. 2, Sept., pp. 641-646, 2000.

[34] 大橋和正, "生産教育における技能訓練の効率化", オフィスオートメーション, Vol. 22, No. 2, pp. 44-49, 2001.

[35] 大橋和正, "段取作業のグループ訓練法", 日本生産管理学会論文誌, Vol. 8, No. 1, pp. 82-86, 2001.

[36] K. Ohashi, "Conceptual Design of Skill Training System for Setup Operations at a Machining Center", Proceedings of Japan-USA Symposium on Flexible Automation, Vol. 1, July, pp. 285-288, 2002.

[37] 大橋和正, "技能修得モデルの段取作業への適用", 日本生産管理学会論文誌, Vol. 10, No. 1, pp. 73-77, 2003.

[38] 大橋和正, "パレット上での段取作業の訓練法に関する研究——加工部品の2次元配置訓練法", 日本産業技術教育学会誌, Vol. 45, No. 3, pp. 127-134, 2003.

本書に関連する著者の学術論文等

●著　書

[B－1]　人見勝人（監修），コンピュータによる設計・生産・管理（CAD・CAM・CAP），共立出版，（分担執筆），1984年9月1日初版1刷発行，1987年4月10日初版2刷発行／CIMへの道：コンピュータによる設計・生産・管理（CAD・CAM・CAP），1991年4月1日初版3刷発行／（韓国語訳）；鄭泰亨（訳），普成文化社，1988年.

[B－2]　K. Hitomi, M. Yoshimura, and K. Ohashi, "Optimum Design and Control of Industrial Robots in Manufacturing Systems, Control and Dynamic Systems, Vol. 48, pp. 221-261, Academic Press, Inc., USA, 1991.（分担執筆）

[B－3]　大橋和正，生活と情報システム，大学教育出版，1992年4月20日初版第1刷発行，1993年4月10日初版第2刷発行，1995年4月10日第2版第1刷発行.

[B－4]　人見勝人（監修），CIM総論（コンピュータによる設計・生産・管理：第2版），共立出版，1993年1月15日第2版第1刷発行，（分担執筆）.

[B－5]　日本能率協会IEハンドブック翻訳委員会訳，W. K. ハドソン編，メイナード版IEハンドブック，日本能率協会マネジメントセンター，1994年4月1日初版第1刷発行，（分担訳）.
（担当：第6部第3章工程分析と作業計画，pp. 347-359，第4章フレキシブル生産システム：設計・作業問題と解法，pp. 361-372）

[B－6]　大橋和正，ホームオートメーションへのアプローチ：生活と情報システム，大学教育出版，1997年5月30日初版第1刷発行，全131ページ.

[B－7]　長畑秀和，大橋和正，Rで学ぶ経営工学の手法，共立出版，2008年1月30日初版第1刷発行，全244ページ.
（英文名：Introduction to Production Management using R）

[B－8]　大橋和正，暮らしに役立つ技術と工学の基礎知識，共立出版，2008年11月25日初版第1刷発行，全180ページ.
（英文名：Fundamentals of Skills and Technology used in Actual Life）

[B－9]　加藤幸一，他（監修代表），大橋和正，他（編集），新しい技術・家庭　技術分野，東京書籍，2011年2月15日検定済（教科書検定本），全251ページ.

292　本書に関連する著者の学術論文等

●学術論文

［R－1］ K. Hitomi, and K. Ohashi, "Optimum Process Design for a Single-Stage Multifunctional Production System", Transactions of the ASME (the American Society of Mechanical Engineers), Journal of Engineering for Industry, Vol. 103, No. 2, pp. 218-223, 1981；（転載露訳）

［R－2］ 大橋和正，人見勝人，"単一多能生産システムの工程計画とスケジューリングに関する研究"，日本経営工学会誌，Vol. 33, No. 2, pp. 106-114, 1982.

［R－3］ 大橋和正，人見勝人，"多品目生産の新しいスケジューリング方式―――単一多能生産システムの工程計画とスケジューリングに関する研究（第2報）"，日本経営工学会誌，Vol. 35, No. 3, pp. 156-162, 1984.

［R－4］ K.Hitomi, M.Yoshimura, K.Ohashi, and A.Higashimoto, "Design and Effective Use of Automatic Setup Equipment for Flexible Manufacturing Cells", Proceedings of Japan-USA Symposium on Flexible Automation, Osaka, Japan, July, pp. 559-566, 1986.

［R－5］ K. Ohashi, and K.Hitomi, "A New Approach to Process Planning and Scheduling for Flexible Machining Cells", Proceedings of the 19th CIRP International Seminar on Manufacturing Systems, Penn State, USA, June, pp. 169-174, 1987；（転載）"A New Approach to Process Planning and Scheduling for Flexible Machine Cells", Manufacturing Systems, Vol. 17, No. 4, pp. 249-259, 1988.

［R－6］ 人見勝人，吉村允孝，大橋和正，東本暁美，"自動計測機能を備えたフレキシブル加工セルに関する研究（第1報）―――自動芯出し装置の設計と実験"，システムと制御，Vol. 31, No. 10, pp. 741-747, 1987.

［R－7］ 大橋和正，人見勝人，"フレキシブル加工セルの工程計画とスケジューリングに関する研究（無人生産のための効率的運用法）"，日本機械学会論文集C編，Vol. 55, No. 514, pp. 1531-1537, 1989.

［R－8］ K. Hitomi, M. Yoshimura, and K. Ohashi, "Design and Scheduling for Flexible Manufacturing Cells with Automatic Setup Equipment", International Journal of Production Research, Vol. 27, No. 7, pp. 1137-1147, 1989.

［R－9］ 大橋和正，吉村允孝，人見勝人，"自動計測機能を備えたフレキシブル加工セルに関する研究（第2報）―――加工セルの効率的運用法"，システム制御情報学会論文誌，Vol. 3, No. 5, pp. 128-137, 1990.

［R－10］ 大橋和正，"フレキシブル加工セルの工程計画とスケジューリングに関する研究"，工学博士学位論文，京都大学，1990; K. Ohashi, "Process Planning and Scheduling for a Flexible Machining Cell", Doctoral Thesis, Kyoto University, 1990.

［R－11］ K. Ohashi, and K. Hitomi, "Analysis of Flexible Machining Cells for Unmanned Production", International Journal of Production Research, Vol. 29, No. 8, pp. 1603-1613, 1991.

［R－12］ K. Ohashi, "An Optimization Approach to Process Planning for Multi-Product Production", Proceedings of the 11th International Conference on Production Research, Hefei, China, August, pp. 272-276, 1991.

［R－13］ K. Ohashi, "Computer Aided Process Planning for a Flexible Machining Cell", Proceedings of the first China-Japan International Symposium on Industrial Management, Beijing, China, Oct., pp. 390-395, 1991.

［R－14］ K. Ohashi, "Optimization Approach to Process and Parts-Layout Plannings", Proceedings of Pacific Conference on Manufacturing, Sakai City, Osaka, Japan, Nov., pp. 26-33, 1992.

［R－15］ K. Ohashi, "Design and Effective Use of Flexible Fixturing Systems for Factory Automation", Proceedings of the 2nd China-Japan International Symposium on Industrial Management, Beijing, China, Oct., pp. 435-440, 1993.

［R－16］ K. Yura, K. Ohashi, M. Nakajima, M. Yoshimura, M. Ota, and K. Hitomi, "Strategic Planning for CIM to Enhance the Competitive Ability", Proceedings of 16th International Conference on Computers & Industrial Engineering (ICC&IE-94), Ashikaga, Japan, March, pp. 321-324, 1994.

［R－17］ K. Ohashi, "An Integration Approach to Process Design and Parts-Layout Planning", International Journal of Production Economics, Elsevier, Vol. 33, pp. 237-245, 1994.

［R－18］ 由良憲二，大橋和正，中島勝，吉村允孝，太田雅晴，人見勝人，"CIMの戦略的構築"，オフィス・オートメーション，Vol. 15, No. 1, pp. 83-86, 1994.

［R－19］ 大橋和正，"加工シーケンスと部品配置の最適計画に関する研究"，日本経営工学会誌，Vol. 45. No. 5, pp. 447-453, 1994.

［R－20］ 大橋和正，"パレット上での部品配置とオペレーション順序に関する評価・学習法"，日本経営工学会誌，Vol. 46, No. 4, pp. 332-338, 1995.

［R－21］ R. Kawtummachai, S. Miyazaki, and K. Ohashi, "Scheduling in JIT/FMS

Environment with Cost Minimization Objective: Meta Scheduling Method", Proceedings of the Pacific Conference on Manufacturing, Seoul, Korea, Oct. 29-31, Vol. 1, pp. 313-318, 1996.

［R－22］ 大橋和正，栢木紀哉，"生産スケジューリング学習システムに関する研究"，日本産業技術教育学会誌，Vol. 38, No. 3, pp. 223-229, 1996.

［R－23］ 人見勝人，中島勝，大橋和正，奥田和重，太田雅晴，由良憲二，石倉弘樹，"循環型産業システムの基本的研究課題の提案"，オフィスオートメーション，Vol. 18, No. 1-2, pp. 52-55, 1997.

［R－24］ R. Yang, and K. Ohashi, "Manufacturing Strategy for Constructing an FMS", Proceedings of the 14th International Conference on Production Research, Vol. 2, Aug. 4-8, Osaka, Japan, pp. 988-991, 1997; INFORMS Conference on Information Systems and Technology, May 5, San Diego, 1997.

［R－25］ K. Ohashi, "Dynamic Process Planning System for Machining Operations in an FMS Environment", Proceedings of the 14th International Conference on Production Research, Vol. 1, Aug. 4-8, Osaka, Japan, pp. 106-109, 1997.

［R－26］ カオタマチャイ・ルアンサック，大橋和正，宮崎茂次，"フローショップ形FMSにおけるコスト最小化──バックワード・メタスケジューリング解法"，日本経営工学会誌，Vol. 48, Nos. 2・3, pp. 74-80, 1997.

［R－27］ R. Kawtummachai, Y. Yanagawa, K. Ohashi, and S. Miyazaki, "Scheduling in an Automated Flow Shop to Minimize Cost: Backward-Meta Scheduling Method", International Journal of Production Economics, Elsevier, Vol. 49, pp. 225-235, 1997.

［R－28］ K. Ohashi, "Decision Support System for Dynamic Process Planning at a Machining Center", Proceeding of Japan-USA Symposium on Flexible Automation, July 12-15, Otsu, Japan, pp. 633-636, 1998.

［R－29］ K. Ohashi, "A Scientific Training Methodology of Setup Operations at a Machining Center", Proceedings of the 4th China-Japan International Symposium on Industrial Management (ISIM' 98), Oct. 14-16, Dalian China, pp. 129-134, 1998.

［R－30］ 大橋和正，"マシニングセンタにおける段取作業の評価・訓練システム"，日本産業技術教育学会誌，Vol. 40, No. 4, pp. 203-209, 1998.

［R－31］ 大橋和正，栢木紀哉，"段取・加工の2段階作業における能率的訓練システム"，日本生産管理学会論文誌，Vol. 5, No. 2, pp. 133-138, 1998.

［R−32］ Ruengsak Kawtummachai, 柳川佳也, 大橋和正, 宮崎茂次, "フローショップ形FMSにおけるJIT生産を考慮した多目的スケジューリング", 日本機械学会論文集（C編）, Vol. 64, No. 627, pp. 4519-4524, 1998.

［R−33］ K. Ohashi, "Dynamic Process Planning System for a Machining Center in an FMS Environment", International Journal of Production Economics, Elsevier, Vol. 60-61, pp. 457-464, April, 1999.

［R−34］ 大橋和正, "パレット上での段取作業の評価と熟練化", 日本生産管理学会論文誌, Vol. 6, No. 1, pp. 39-44, 1999.

［R−35］ 大橋和正, "循環型産業システムの物の流れに関する研究", 日本生産管理学会論文誌, Vol. 6, No. 1, pp. 55-58, 1999.

［R−36］ 大橋和正, "SOHO化時代へ向けてのホーム・オートメーションに関する研究", 日本生産管理学会論文誌, Vol. 6, No. 2, pp. 91-94, 1999.

［R−37］ 大橋和正, "手づくり製品の製作評価法に関する研究", 日本生産管理学会論文誌, Vol. 6, No. 2, pp. 87-90, 1999.

［R−38］ 大橋和正, "人手による熟練化要素を考慮した段取作業研究", 日本生産管理学会論文誌, Vol. 7, No. 1, pp. 51-55, 2000.

［R−39］ K. Ohashi, "Skill Strategy for Setup Operations at a Machining Center", Proceedings of the Pacific Conference on Manufacturing, Southfield-Detroit, Michigan, USA, Sep. 6-8, Vol. 2, pp. 641-646, 2000.

［R−40］ 大橋和正, "生産教育における技能訓練の効率化", オフィスオートメーション, Vol. 22, No. 2, pp. 44-49, 2001.

［R−41］ K. Ohashi, "Dynamic Process Planning Systems in the Competitive Environment", International Journal of Manufacturing Technology and Management, Vol. 3, No. 3, pp. 260-272, 2001.

［R−42］ K. Hitomi, K. Ohashi, K. Okuda, M. Ota, K. Yura, and H. Ishikura, "A Proposal of Recycling-Oriented Industrial Systems", International Journal of Manufacturing Technology and Management, Vol. 3, No. 3, pp. 325-337, 2001.

［R−43］ 大橋和正, "段取作業のグループ訓練法", 日本生産管理学会論文誌, Vol. 8, No. 1, pp. 82-86, 2001.

［R−44］ K. Ohashi, "Conceptual Design of Skill Training System for Setup Operations at a Machining Center", Proceedings of 2002 Japan-USA Symposium on Flexible Automation, Vol. I, Hiroshima, Japan, July 14-19, pp. 285-288, 2002.

［R−45］ 大橋和正, "単一多能生産システムにおける動的工程計画法", 日本経営工

学会論文誌, Vol. 53, No. 5, pp. 378-384, 2002.

［R－46］　大橋和正,"技能修得モデルの段取作業への適用", 日本生産管理学会論文誌, Vol. 10, No. 1, pp. 73-77, 2003.

［R－47］　大橋和正,"パレット上での段取作業の訓練法に関する研究——加工部品の2次元配置訓練法——", 日本産業技術教育学会誌, Vol. 45, No. 3, pp. 127-134, 2003.

［R－48］　大橋和正,"技能修得プロセスの動的モデルとデータベースシステム", 日本生産管理学会論文誌, Vol. 11, No. 1, pp. 53-57, 2004.

［R－49］　K. Ohashi, "A Proposal of Skill Acquisition Model for Training Education" Proceedings of the 7th International Conference on Industrial Management (ICIM' 2004), Nov. 15-17, Okayama, pp. 717-721, 2004.

［R－50］　K. Ohashi, "A Theoretical Planning Model of Skill Acquisition for Training Education", Proceedings of the 8th International Conference on Manufacturing Management, Dec. 8-10, Australia (Gold Coast), pp. 384-389 (Volume 1), 2004.

［R－51］　大橋和正,"旋盤作業段取りの訓練計画に関する研究", 日本生産管理学会論文誌, Vol. 11, No. 2, pp. 159-164, 2005.

［R－52］　大橋和正,"機械加工における各種段取作業と訓練法", 日本生産管理学会論文誌, Vol. 12, No. 2, pp. 145-150, 2006.

［R－53］　大橋和正,"機械加工における作業条件設定のための意思決定訓練", 日本生産管理学会論文誌, Vol. 13, No. 2, pp. 69-73, 2007.

［R－54］　栢木紀哉, 大橋和正,"生産教育のための自動化された機械工場モデルの学習教材", 日本産業技術教育学会誌, Vol. 49, No. 4, pp. 289-296, 2007.

［R－55］　K.Ohashi, "Strategic Planning of Skill Training for Manufacturing", International Journal of Manufacturing Technology and Management, Inderscience Enterprises Ltd, Vol. 18, No. 4, pp. 386-395, 2009.

［R－56］　栢木紀哉, 大橋和正,"機械工場モデルを利用した制御学習に関する研究", 日本産業技術教育学会誌, Vol. 52, No. 1, pp. 1-9, 2010.

［R－57］　村松浩幸, 杵淵信, 渡壁誠, 水谷好成, 山本利一, 川原田康文, 川崎直哉, 吉田昌春, 松永泰弘, 紅林秀治, 松岡守, 関根文太郎, 大橋和正, 田口浩継,"ロボット学習を通して形成される生徒の技術観・職業観を把握する意識尺度の開発", 日本産業技術教育学会誌, Vol. 52, No. 2, pp. 103-110, 2010.

●研究紀要

[K-1] 大橋和正, 相羽三良, "負荷トルクを考慮した定角位置切換方式パルスモータの動特性", 奈良高専研究紀要, Vol. 12, pp. 9-14, 1976.

[K-2] 大橋和正, 相羽三良, "定角位置切換方式パルスモータの停止時挙動", 奈良高専研究紀要, Vol. 13, pp. 17-20, 1977.

[K-3] K. Kaga, K. Ohashi, ICSR Research Group, and K. Okushima, "Study on Behavior of Carriage with Interlocking Constant-Speed Return Method", NTC Technical Note, Vol. 13, pp. 21-25, 1977.

[K-4] 加賀勝也, 大橋和正, 大谷幸一, 杉本治信, 奥島啓弐, "ねじ旋削における待ち時間に関する研究", 奈良高専研究紀要, Vol. 14, pp. 5-9, 1978.

[K-5] 大橋和正, "マシニングセンタの最適工程設計", 奈良高専研究紀要, Vol. 15, pp. 7-10, 1979.

[K-6] 加賀勝也, 大橋和正, 奥島啓弐, "ねじ旋削断続法に関する研究", 奈良高専研究紀要, Vol. 15, pp. 11-14, 1979.

[K-7] 大橋和正, "旋削加工の最適化", 奈良高専研究紀要, Vol. 16, pp. 1-4, 1980.

[K-8] 加賀勝也, 大橋和正, 奥島啓弐, "ねじ旋削断続法に関する研究(第2報)", 奈良高専研究紀要, Vol. 16, pp. 5-7, 1980.

[K-9] 加賀勝也, 大橋和正, 奥島啓弐, "ねじ旋削における横送り装置に関する研究", 奈良高専研究紀要, Vol. 17, pp. 1-3, 1981.

[K-10] 大橋和正, "旋削加工の対話形最適化法", 岡山大学教育学部研究集録, Vol. 62, pp. 15-24, 1983.

[K-11] 大橋和正, 井上准一, 可児弘毅, 上田達伸, "技術・家庭における女子向き機械領域の教材開発", 岡山大学教育学部研究集録, Vol. 64, pp. 237-243, 1983; 教育学論説資料第3号(第4分冊), 論説資料保存会, pp. 512-515, 1983.

[K-12] 大橋和正, 小山健太朗, 平松義弘, 井上准一, "コンピュータ制御機械模型に関する教材化", 岡山大学教育学部研究集録, Vol. 86, pp. 129-139, 1991.

[K-13] 大橋和正, 神田鉄工, "コンピュータによる電子制御エンジン学習システムに関する研究", 岡山大学教育学部研究集録, Vol. 99, pp. 195-206, 1995.

[K-14] 大橋和正, 那須康彦, 趙金峰, "生産教育のためのコンピュータ援用組立作業システム", 岡山大学教育学部研究集録, Vol. 106, pp. 87-93, 1997.

[K-15] 大橋和正, "マシニングセンタにおける段取作業研究", 岡山大学教育学部

　　　　　　研究集録，Vol. 107, pp. 65-70, 1998.
［K－16］　大橋和正，大賀正也，"コンピュータによる機構学習に関する研究"，岡山大学教育学部研究集録，Vol. 111, pp. 153-160, 1999.
［K－17］　大橋和正，"対戦型ロボットの機構設計に関する授業実践"，岡山大学教育学部研究集録，Vol. 129, pp. 97-102, 2005.
［K－18］　大橋和正，栢木紀哉"AGV を適用した工場モデルの教材化に関する研究"，岡山大学教育学部研究集録，Vol. 132, pp. 29-37, 2006.
［K－19］　大橋和正，妹尾一道，"ロボットコンテストを利用したものづくり教育に関する研究"，岡山大学教育学部研究集録，Vol. 144, pp. 7-12, 2010.
［K－20］　大橋和正"ペーパークラフトによる動くおもちゃの製作実践"，岡山大学教育学部研究集録，Vol. 145, pp. 77-84, 2010.
［K－21］　大橋和正，"小学校におけるものづくり教育の実践"，岡山大学教育学部研究集録，Vol. 153, pp. 89-95, 2013.
［K－22］　大橋和正，野本悠，"ペーパークラフトによるからくりおもちゃの製作――動力伝達部品を取り替えて動きを学習できる春駒人形づくり"，Vol. 155, pp. 101-108, 2014.

索　引

【あ行】

足踏みミシン　46
圧縮応力　72
遊び歯車　102, 103
厚さ評価　81
穴あけ（加工）　12, 118, 127, 133, 155, 156, 161, 229
アルゴリズム　82, 84, 236, 252, 259, 262
アロー・ダイヤグラム　237, 238, 239, 240, 241, 285
AND 回路　232, 233, 284
意思決定支援システム　257, 258, 260, 261, 262, 265
板カム　45, 48, 49, 97
インボリュート曲線　53, 54, 100, 101, 102
インボリュート歯形　46, 53, 54, 100
インボリュート歯車　53, 54
Akers Jr. の方法　260
FMC（Flexible Machining Cell）　18
FMS（Flexible Manufacturing System）　18
円形作業領域　183, 184, 245, 246, 247, 248, 249, 250, 251, 252, 253, 254, 255, 259, 263, 264
エンジン　45, 57
往復運動　63, 64, 65, 97
オートメーション　8
オープンループ　224
送り量　124, 125, 126, 130, 131, 132, 134, 140, 142, 143, 144, 146, 147, 148, 156, 158, 160, 230, 258
オシロスコープ　74

【か行】

おもり　32, 33
OR 回路　232, 233

回転（クランク）運動　63, 64, 65, 91, 103, 104, 109
下界値　250, 254
加工シーケンス　244, 245, 247, 248, 250, 252, 253, 254, 257, 259
加工条件　7, 96, 160, 208, 258
加工精度　7, 76, 78, 79, 80, 121, 122, 128, 129, 131, 132, 133, 135, 158, 195, 208
加速度（特性）　97, 98, 99
片持ちばり　66, 217, 223
カム　5, 25, 45, 48, 50, 51, 52, 63, 114
カム曲線　50, 98
カム軸　49, 50, 52
カム線図　48, 97, 98
カムの（運動）特性　98, 99
カム輪郭　48, 49, 97, 98
からくり　24, 25, 28, 32, 45, 47, 62, 65, 66, 90, 114, 214, 215, 216, 227, 228
機巧図彙（からくりずい）　24
感度解析　212, 213
乾燥時間　81, 82, 85
乾電池　16, 32, 44, 87, 116, 231
ガント・チャート　82, 117, 119, 120, 241, 242, 263, 264
機械加工　89
機械式時計　26, 27
希求水準　132
機構解析　108
機構設計　5, 14, 97, 114, 213, 281, 283

299

機械要素　　45, 47, 48, 62, 97, 99
基礎円　　48, 54
キャビネット図　　96
ギヤポンプの上蓋　　177, 178, 271
切りくず　　125, 136, 137, 146, 147, 148, 149, 150, 154
切込み（量）　　124, 125, 126, 147, 148, 149, 150, 153, 154
CAD（Computer Aided Design）（システム）　　18, 96
CAM（Computer Aided Manufacturing）　　18
CAPP（Computer Aided Process Planning）　　18
教示プログラム　　174
競争的環境　　7, 255, 256, 257, 260, 262, 266
技能訓練（関数）　　7, 96, 164, 208, 273
技能習熟　　177, 178, 179, 181, 268, 269, 273, 274
技能修得（上達）　　162, 164, 173, 174, 175, 195, 196, 267, 268, 269, 270, 280
具体化　　9, 163, 234, 244, 245, 254
組み木　　5, 69, 70, 73, 74, 78, 79
首ふり機構　　210
クラスター分析法　　138
クランク機構　　57
クランク軸　　57, 58, 59, 60, 227, 228
クランク棒　　58, 60
クリティカル・パス（Critical path）　　240, 241
グループ訓練　　164, 167, 168, 170, 174, 175, 176, 177, 180, 181, 186, 187, 189, 192, 193, 208
グループ構成　　181
グループ・テクノロジー　　136, 138, 245, 257, 258

訓練計画　　173
訓練（用）（支援）システム　　123, 128, 133, 134, 136
研削加工　　118
限界乾燥時間　　82
工具交換　　122, 123, 126
工具最小移動距離（行列）　　247, 253
工具寿命　　96, 126, 208, 229, 230
工具マガジン　　243
構造設計　　4, 5, 14, 16, 66, 97, 111, 114, 155, 216, 217, 221, 224, 279, 280, 281, 283
工程計画　　7, 8, 9, 10, 13, 14, 15, 18, 22, 87, 88, 89, 90, 96, 194, 196, 198, 208, 235, 243, 256, 262, 266, 279, 281, 282
工程設計　　5, 7, 8, 14, 17, 22, 80, 96, 208, 235, 256, 257, 280, 282
工程評価　　81
個人訓練　　164, 167, 168, 174, 175, 181, 186, 189, 190, 193, 268, 273
固定リンク　　46, 103, 104, 105
ゴール（Goal）　　132, 139, 140, 145, 146, 148, 149, 158, 159, 161
ゴール・フリー評価（GF; Goal-Free Evaluation）　　6, 10, 139, 140, 145, 148, 150, 152, 153, 154, 155, 160, 161
ゴム　　4, 33, 34, 38, 87

【さ行】
サイクロイド曲線　　53, 100, 101
サイクロイド歯形　　46, 53, 100
最小二乗法　　166, 169, 172, 189, 268, 270, 273
最早結合点　　239, 240
最短経路　　235, 236, 237
最適化　　4, 7, 9, 14, 15, 18, 87, 163, 194, 230, 232, 234, 235, 244, 245, 279, 281

索　引　301

最適化アルゴリズム　252, 253
最適（加工）シーケンス　82, 84, 86, 244, 254, 255, 261, 263
最適設計　7, 16, 18, 208, 231, 279, 280, 282
最適切削（加工）条件　131, 143, 144, 146, 148, 152, 157, 158, 159, 160, 261, 262
最適（部品）配置　183, 184, 244, 250, 254, 255, 263
最適労力量　193
差異変数　132, 142
最遅結合点　239, 240
作業計画　196
作業順序　83
作業設計　5, 7, 8, 14, 17, 22, 69, 80, 96, 121, 208, 256, 257, 280, 282
作業条件　123, 124, 127, 128, 131, 133, 134, 281
作業手順　89
作業評価値　165
作業分析　84, 196
作業編成　237, 241, 281, 284
作用点　70, 72
仕上げ（面）粗さ　124, 125, 142
治具　135, 138, 244, 245, 257, 258
CNC（Computer Numerical Control）　229
指数型（関数）　164, 167, 189
自動工具交換装置（ATC; Automatic Tool Changer）　243
自動搬送装置（AGV; Automatic Guided Vehicle）　7, 282, 283, 285
自動パレット交換装置（APC; Automatic Pallet Changer）　243, 244
シミュレーション　16, 17, 209, 210, 214, 215, 216, 279, 280, 281

シミュレータ訓練　163
実地トレーニング（On the job training; OJT）　135, 162
熟練化関数　123, 164, 165, 166, 167, 168, 169, 170, 171, 172, 173, 174, 175, 176, 181, 185, 186, 187, 188, 189, 190, 268, 269, 270, 271, 272, 273, 274, 275, 276, 277
熟練化評価値　167, 168, 169, 170, 172, 173, 176
熟練化（総）労力量　186, 187, 188, 189
ジョブショップ　260
Johnsonのアルゴリズム　260
巡回セールスマン問題　138, 248, 259
支点　70, 72
指南車　26, 27
指標　87, 89
軸受ボックス　49, 50, 51, 52, 55, 56, 57, 59, 60
軸間距離　101, 103
辞書式最小化　131, 132, 142, 144, 158
集中荷重　66, 111, 220, 222, 223
JIS（日本工業規格）　96, 99
従動節　45, 48, 50, 51, 52, 63, 97, 98
真理値表　231, 232, 284
数値制御（NC; Numerical Control）（工作機械）　16, 96, 195, 243
スクリューサポート　129, 177, 178, 179, 271, 272
ステージ・マップ　15, 87, 194, 279
（ステップ）クランプ　129, 136, 137, 271, 272
ステップブロック　129, 136, 178, 179, 271
すべり　47, 107
スケジューリング法　260

302　索引

スライダークランク機構　47, 63, 90
スローアウェイバイト　126
図面評価　81
製作工程　12
製作支援システム　84
製作評価　84
生産プロセス（計画）　13, 235, 236
静的モデル　270, 272, 274, 275, 276, 277, 278
静特性　225, 226
静トルク　225
製品設計　80, 81, 111, 114, 195, 196, 281
製品評価　81
製造コスト　7, 96, 208
設計支援システム　96
切削加工　118, 120
切削条件　124, 125, 126, 127, 128, 130, 132, 133
切削速度　125, 126, 130, 131, 230, 258
切削力　125, 141, 142, 143, 144, 150, 151, 153, 154, 155, 230
接合関係　82
線形計画　132
先行作業　82, 83, 85, 239, 285
センサー技術　5
旋削（加工）　122, 139, 146, 152, 155
旋盤　10, 12, 16, 122, 123, 124, 134, 140, 141, 142, 146, 152, 153, 154, 155, 243
旋盤用刃物台　188
剪断力　72, 111, 112, 222, 224
剪断力線図（SFD; Shearing Force Diagram）　112, 113, 223
ぜんまい　24, 25, 27, 32, 33
戦略（性）　7, 136, 208, 256
総移動距離最小化　137, 138, 182, 244, 245, 247, 248, 253

総移動距離評価　183, 184, 185, 188
総加工時間最小化　154
総合評価値　185, 186, 188, 189, 191
総所要時間最小化　82, 83, 235, 236, 260
総労力量が（を）最小（化）　168, 186, 188, 190, 191
速度（特性）　97, 98, 99
速度比　101, 102, 103

【た行】

第三角法　96
代替経路　236
たすき掛け（クロスベルト）　47, 107, 108
多機能工作機械　18, 134, 243, 255
妥協解　142
達成関数　131, 132, 133, 134, 142, 144, 145, 158
縦弾性係数　217, 222
ダミー作業　238, 239, 240, 285
多面体構造　37
多目標（評価）　9, 140, 141, 142, 145, 150, 230
たわみ（量）　66, 67, 217, 218, 223, 224
探索分岐図　246
段取り　87, 88, 89, 122, 127, 128
段取訓練　123, 128, 129
段取作業　121, 122, 127, 128, 130, 134, 135, 136, 137, 162, 163, 164, 167, 169, 170, 173, 174, 177, 180, 182, 183, 185, 186, 188, 267, 268, 271, 273, 274
断面形状　66, 67, 68, 107, 112, 218, 219, 220, 223, 224
断面係数　218, 220
断面2次モーメント　217, 218
単一多能生産システム　255, 256, 266

単一目標（評価）　9, 140, 141, 145, 152, 156, 157, 160, 230
単純化　9, 163, 244, 245, 246
単純労働　173, 174, 175, 177, 179, 180, 272, 273
力のつりあい　111
チェック・リスト表　136, 137
知的複雑（労働）作業　173, 174, 175, 180
知的労働　173, 174, 175, 177, 178, 179, 272, 273
茶運び人形　24, 25, 45
中実（角材）（矩形）　68, 218, 219, 220
中空（角材）（矩形）　68, 219
中段休止型（関数）　165, 174, 181
直線型（関数）　165
直列　16, 44, 87
土練り　80
ツリー（図）　117, 119, 120, 121, 198, 199
停滞型（関数）　165, 174, 181
てこクランク機構　46, 103, 104, 114, 115, 197, 199, 210, 211, 212
データベース　77, 78, 80, 96, 123, 125, 128, 160, 167, 172, 267, 268, 272, 273
ディジタル（制御）　17, 224, 231, 232, 279, 280, 281, 282, 283
展開図　3, 4, 7, 14, 22, 28, 29, 30, 31, 38, 39, 40, 43, 49, 54, 55, 58, 59, 60, 96, 208
伝達効率　53
電動糸のこぎり　5
電動糸のこ盤　3, 10, 22, 23, 69, 73, 74, 76, 79, 88
等角図　96
到達度　90
到達レベル　87, 88, 195, 197
等分布荷重　111, 222

動作原理　89
動的（訓練）モデル　267, 268, 269, 270, 271, 272, 275, 277, 278
動的工程計画　243, 255, 256, 257, 258, 262, 266
読解力　11, 12, 14, 96
取付け具　244, 245, 247, 253, 254, 257

【な行】
逃げ面摩耗幅　126
ねじ切り　12, 229
ねじり掛け　107
ねずみのメモホルダー　36, 37
ネットワーク（図）　235, 236, 237
NOT回路　232, 233, 284
のりしろ面積　31

【は行】
歯厚　54, 55, 56, 57
バイト　12, 123, 124, 125, 126, 140, 148
配置計画　244, 248, 259
パフォーマンス（評価）　89, 91, 136, 197, 200, 281, 285
PERT（Program Evaluation and Review Technique）　237, 285
パートナー選択問題　168
バーチャルファクトリー　7, 17, 209, 280
歯形（曲線）　46, 53, 100
歯車　27, 45, 46, 53, 54, 55, 56, 99, 100, 101, 102, 103
歯車列　101, 102
歯付きプーリ　107
歯付きベルト　107
春駒人形　24, 25, 214, 215, 227, 228
はさみ　5, 70, 72
歯数　99, 101

旗振り　91
ばたつき現象　73
発光ダイオード（LED）　116, 198, 199, 231, 232, 234
はり　66, 67, 68, 111, 112, 217, 218, 220, 223
パルスモータ　17, 224, 225, 226, 227, 228, 229, 230, 279, 282, 283, 285
パレット　135, 136, 138, 163, 174, 177, 178, 182, 184, 188, 243, 244, 245, 247, 248, 253, 254, 255, 256, 257, 260, 262, 263, 264, 271
汎用工作機械　16, 17, 96, 122, 127, 195, 243, 280
ピッチ円（直径）　99
ピットマン棒　46
複素ベクトル　108, 211
評価ダイヤグラム　7, 22, 96, 208
標準加法形　231
標準作業　84, 85
平ベルト　47, 60, 106, 107
平ベルト車（平プーリ）　47, 60, 61, 62, 106, 107
Fishbone diagram　117
負荷トルク　226, 228
複合工作機械　17, 208, 280, 281, 282
Vベルト　60, 107
Vプーリ　107
二人訓練　164, 167, 168, 170, 175, 191, 193, 268, 269, 270, 271, 272
部品配置評価　183, 185, 188
フライス盤　127, 128, 129, 130, 134, 243
ブリキ　32, 43, 197, 217
フローショップ　260, 262, 263
分岐限界法　138, 168, 248, 253, 254, 259, 260

平行掛け（オープンベルト）　47, 107, 108
平面凸多角形　246, 247
並列　16, 34, 44, 87
ヘリコプター　38, 39, 40, 41, 42, 43, 231, 232
ベルト　47, 60, 62, 106, 107
ベルト車　46, 47, 60, 62
ボール盤　10, 12, 127, 128, 129, 130, 132, 133, 134, 156, 157, 158, 160, 161, 170, 229

【ま行】
曲げ応力　220
曲げモーメント　111, 112, 217, 220, 222, 223, 224
曲げモーメント線図（BMD; Bending Moment Diagram）　112, 113, 223
マシニングセンタ（MC; Machining Center）　134, 135, 163, 177, 182, 243, 244, 255, 256, 257, 262, 266, 271
マスコット・ちりとり　30, 31
豆電球　16, 44, 87
溝加工　118
溝カム　45, 48
無次元化（表示法）　98
無次元変位　98
メカトロニクス　16, 18, 194, 195, 196
目標計画法（ゴール・プログラミング）（GP; Goal programming）　131, 132, 142, 145, 158
モジュール　99
モジュラー治具システム　135
モータ　14, 16, 32, 43, 44, 87, 194, 195, 197, 198, 199, 224, 225, 226, 229, 231, 232, 234
モノコック構造　4

【や行】

弓曳き童子　25, 26
揺動（てこ）（運動）　46, 64, 65, 103, 105, 106, 114, 212, 213, 214
余弦定理　115, 212
4つ棒リンク装置　57, 103

【ら行】

力点　70, 72
力覚センサー　74, 76, 78, 79
立体カム　45, 48
両クランク機構　46, 103, 104, 105
両端支持はり　111, 112, 220, 222, 223
両てこ機構　46, 103, 105, 106
リテラシー　136
リミットスイッチ　198, 199
リンク装置　46, 47, 57, 63, 103, 197
類似性評価　81
励磁方式　225, 226, 227, 228
連結部品　83, 84, 86
労力量　168, 186, 187, 189, 190, 192, 193, 277
論理（式）　231, 233, 234, 284

【わ行】

ワークステーション　283
和時計　26, 27
輪ゴム　14, 33, 34, 35, 36, 37, 38, 39, 41, 42, 63

著者紹介

大橋　和正（おおはし　かずまさ）
1976年　山梨大学大学院工学研究科精密工学専攻修了
1977年　大阪大学工学部産業機械工学科研究生（2年間）
1990年　京都大学工学博士
1996年　アメリカ合衆国イリノイ大学客員研究員（8ヶ月間）
現　在　岡山大学大学院教育学研究科教授、工学博士
　　　　この間、岡山大学教育学部附属小学校・校長（兼任）
　　　　　　　　岡山大学教育学部・附属学校部長
　　　　　　　　岡山大学教育学部・副学部長
　　　　　　　　岡山大学大学院教育学研究科・副研究科長
専　門　生産教育、技術教育、生活工学
著　書　「Control and Dynamic Systems, Vol. 48, Part 4」（分担執筆、USA: Academic Press, Inc., 1991）／「ＣＩＭ総論」（分担執筆、共立出版、1993）／「メイナード版ＩＥハンドブック」（分担訳、日本能率協会マネジメントセンター、1994）／「生活と情報システム」（大学教育出版、1997）／「Ｒで学ぶ経営工学の手法」（共著、共立出版、2008）／「暮らしに役立つ技術と工学の基礎知識」（共立出版、2008）

人の発達段階を考慮したものづくり教育の体系化

2015年2月20日　初版第1刷発行

　　　　著　者　　大　橋　和　正
　　　　発行者　　風　間　敬　子

発行所　　株式会社　風　間　書　房
〒101-0051　東京都千代田区神田神保町 1-34
電話 03(3291)5729　FAX 03(3291)5757
振替 00110-5-1853

印刷　太平印刷社　　製本　井上製本所

Essence for Manufacturing Education based on Transitions
of Human Cognitive Development

©2015　Kazumasa Ohashi　　　　　　　　NDC 分類：375
ISBN978-4-7599-2072-7　Printed in Japan
JCOPY〈(社)出版者著作権管理機構　委託出版物〉

本書の無断複写は、著作権法上での例外を除き禁じられています。複写される場合はそのつど事前に(社)出版者著作権管理機構（電話 03-3513-6969、FAX 03-3513-6979、e-mail: info@jcopy.or.jp）の許諾を得て下さい。